Günther Weber
Ich glaube, ich zweifle

Günther Weber

Ich glaube, ich zweifle

Notizen im nachhinein

Benziger Verlag, Zürich und Düsseldorf

Umschlag:
Gesicht Christi – Gesichter der Menschen
© Chrétiens-Médias – 108, rue Saint Maur, 75011 Paris

Die Deutsche Bibliothek – CIP-Einheitsaufnahme
Weber, Günther:
Ich glaube, ich zweifle : Notizen im nachhinein / Günther Weber. – Zürich ; Düsseldorf : Benziger, 1996
ISBN 3-545-24121-1

Alle Rechte vorbehalten
© 1996 Benziger Verlag,
Zürich und Düsseldorf
Satz: Fotosatz Moers, Mönchengladbach
Druck und Einband: Clausen & Bosse, Leck
Printed in Germany

ISBN 3-545-24121-1

Inhalt

1. Ich glaube – ich zweifle 7
2. Gott thront nicht mehr im Himmel 19
3. Religion – wozu gut? 31
4. Gott ist anders 46
5. Im Anfang schuf 72
6. Die Klage wird abgewiesen 81
7. Von Gott geoffenbart? 93
8. Die mißverstandenen Bilder 112
9. Der, auf den es ankommt 134
10. Am Kreuz geopfert? 166
11. Dem Grab entstiegen? 179
12. Vom Geist erleuchtet? 199
13. Die geheimnisvolle Rose 225
14. «Wie das Gras, das am Morgen noch blühte» 252

Ich glaube – ich zweifle

Ich glaube

Doch! – Auch noch heute, in der Zeit meines beginnenden Alters, stehe ich zu der Entscheidung, die ich einst in jungen Jahren getroffen hatte: die Entscheidung für den christlichen Glauben, die Entscheidung für eine Grundorientierung meines Lebens, Denkens, Suchens und Handelns an jener Person, die im Mittelpunkt dieses Glaubens steht: *Jesus Christus*.

Ich glaube, daß im Leben und in der Lehre Jesu eine «Wahrheit» zutage getreten ist, an der ich meine Grundeinstellung zur Welt und zum Menschenleben und auch mein Verhältnis zu dem Grundgeheimnis des Daseins, das wir Gott nennen, orientieren kann. Ich glaube, daß dieser Mann aus Nazaret in einer tiefen Übereinstimmung mit *Gott* lebte und daß er deshalb der Menschheit einen *Weg* zu einem menschlicheren und heileren Leben weisen kann.

Ja, ich glaube auch, daß von diesem Jesus auch nach seinem Tod ein *Geist* ausgeht, der über die Zeiten hinweg Menschen ergreifen, verändern und bessermachen kann. Ich glaube, daß dieser Geist, der Geist Gottes, Menschen, die sich ihm öffnen, zu einer Gemeinschaft zusammenbinden kann, zu einer Gemeinschaft, die wir *Kirche* nennen. Deshalb zähle ich mich auch heute noch zu dieser Gemeinschaft; trotz allem, was mir in der Kirche fragwürdig erscheint.

Ein Leben lang habe ich aus diesem Glauben heraus gelebt und gedacht. Er hat mich in meinem Denken und Fragen viel beschäftigt und meinen Lebensweg und manche Lebensentscheidungen wesentlich mitbestimmt. Ich bin mit ihm verwachsen; man könnte fast sagen: «unlösbar» verbunden.

Mein Ja zum christlichen Glauben gilt auch heute noch.

Ich zweifle

Trotz aller Bindungen an den Glauben und an die Kirche – auch das muß ich ehrlich bekennen – war mein Glauben im Hintergrund immer auch von Zweifeln begleitet, mal mehr und mal weniger. Ich leugne sie nicht. Sie entsprangen bei mir gewiß keiner ablehnenden Grundeinstellung zum Glauben oder zur Kirche. Im Gegenteil: Sie sind herausgewachsen aus dem Bemühen, meinen Glauben auch geistig zu verantworten und dem, was er meint, auch mit dem verstehenden Denken näherzukommen.

Die Zweifel, die meinen Glauben begleiteten und oft bedrängten, sind – ich geniere mich fast, es so anspruchsvoll zu sagen – «durchlitten». Sie haben deshalb Gewicht; zumindest für mich. Heute, da ich älter bin, drängen sie sich mir im nachhinein stärker auf als früher. Vielleicht liegt das auch daran, daß ich heute in der «Freiheit», die das Alter gewährt, unbefangener und ergebnisoffener fragen, nachdenken und sprechen kann.

Soll ich nun die sich aufdrängenden Zweifel einfach verdrängen, beiseite schieben? Kann ich mir so unangefochtene Glaubenssicherheit bewahren? Oder soll ich – so wie es so viele tun, die im kirchlichen Bereich lehren oder schreiben – meine Zweifel verschweigen, für mich behalten, übertönen oder larvieren? Das wäre wahrscheinlich klüger und würde mir vielleicht eine Menge Ärger ersparen.

Aber wird dieses Verdrängen und Verschweigen von kritischen Bedenken dem Anspruch des Glaubens gerecht? Wie der Glaube, so haben auch Zweifel Anspruch darauf, ernst genommen zu werden. Auch sie haben Anspruch darauf, daß ich mich ihnen stelle, sie ausspreche und benenne, sie durchfrage und durchdenke. Um der Wahrhaftigkeit des Glaubens willen! Denn sie sind gewachsen aus dem gleichen Grund, aus dem heraus ich einst auch zum christlichen Glauben hingefunden habe: *dem Suchen nach Wahrheit.*

Zweifeln – ein Teil der Wahrheitsfindung

Das Wort «zweifeln» hat *im kirchlichen Sprachgebrauch* keinen guten Leumund, besonders dann nicht, wenn es in Verbindung mit dem Wort «glauben» gebraucht wird. Zweifeln erscheint hier durchweg als ein destruktiver Vorgang, welcher den Glauben in Gefahr bringt und in Frage stellt.

Glauben und Zweifeln scheinen sich gegenseitig auszuschließen: Wer wirklich glaubt, tief und fest, der kennt keine Zweifel. Und wem Zweifel kommen, der hat keinen starken Glauben. Zweifeln ist gefährlich für den Glauben; es kann ihn bedrohen und zersetzen. Der Zweifel gilt als etwas, was gegen Gott, gegen den Glauben und gegen die Kirche gerichtet ist, und wird deshalb abgewehrt und sogar dem Sündhaften zugeordnet. Noch im päpstlichen Weltkatechismus von 1993 heißt es: «Freiwilliger Glaubenszweifel ist die Vernachlässigung oder Weigerung, für wahr zu halten, was Gott geoffenbart hat und die Kirche zu glauben vorlegt.» (Nr. 2087)

Aber ist es wirklich richtig, den Zweifel nur so einseitig negativ zu beurteilen? Ist der Zweifel wirklich des Glaubens feindlicher Gegenpart? *Zweifel kommen eigentlich nur dem, der nach einer Wahrheit fragt.* – Das beginnt schon im einfachen Alltag, wenn einer sich fragt, ob wirklich wahr ist, was ein anderer ihm gesagt hat, und ob er sich darauf verlassen kann, oder wenn er überlegt, ob seine bisherige Beurteilung eines Sachverhaltes wirklich zu Recht besteht oder vielleicht aufgrund neuer Informationen korrigiert werden muß.

Auch im Bereich des *wissenschaftlichen Denkens* – von Sokrates über Descartes bis Karl Popper – gilt der Zweifel als unverzichtbares *Element der Wahrheitsfindung und Erkenntnisbildung.* Fast alle wichtigen neuen Erkenntnisse, die zu tieferen Einsichten in Sachverhalte und zu einer größeren Annäherung des Erkennens an die Wahrheit geführt haben, hatten immer zur Voraussetzung, daß Zweifel aufbrachen, Zweifel an der Richtigkeit und Gültigkeit vorgegebener Meinungen und Lehren. Und diese aufgebrochenen Zweifel wurden dann zum Grundstein für neues und zukunftweisendes Verständnis einer Sache.

Die Wissenschaften gehen deshalb wie selbstverständlich davon aus, daß ihre Antworten nur vorläufige sind und korrigiert werden müssen, sobald neue Einsichten dies erforderlich machen. Deshalb gewähren sie im Gegensatz zum religiösen Glauben die *Freiheit zur Anzweiflung* der gefundenen Ergebnisse.

Zweifeln aus Glauben

Nun sind aber religiöser Glaube und wissenschaftliche Erkenntnis nicht dasselbe. Der Glaube nähert sich dem «Gegenstand» seines Erkennens und Sprechens, dem Grundgeheimnis des Daseins, *Gott* genannt, in anderer Weise als die Wissenschaften. Der christliche Glaube beruft sich auf eine geschichtliche Selbstmitteilung Gottes, auf eine Offenbarung.

Die «Wahrheit», die den biblischen Menschen aufgegangen ist, besonders in der Begegnung mit der Person, dem Leben und der Lehre Jesu, ist jedoch nicht einfach identisch mit dem Verständnis, das sich in den Sätzen und Lehren niedergeschlagen hat, in denen die kirchliche Tradition fast zweitausend Jahre lang versucht hat, diese «Wahrheit» mit dem Verstehen einzuholen, festzuhalten, auszudrücken und mitzuteilen. Nicht anders als alles andere menschliche Erkennen, Verstehen und Sprechen unterliegen auch das Erkennen, Verstehen und Sprechen im Bereich des Glaubens der *Begrenztheit menschlichen Erkenntnisvermögens* und seiner Gebundenheit an *zeitbedingte Vorstellungen*. Die Kirchengeschichte beweist es.

Ich habe im Laufe meines Lebens gelernt, skeptisch zu sein gegen meine eigene Sicherheit, etwas Wahres und Richtiges erkannt zu haben. Zu oft habe ich mich korrigieren müssen. Damit habe ich aber auch gelernt, skeptisch zu sein gegen andere, die den Anspruch erheben, aufgrund ihres Amtes oder

aufgrund einer Überlieferung Wahrheit irrtumsfrei zu besitzen. Der Zweifel an der Endgültigkeit und Unveränderbarkeit eines vorgegebenen *Glaubensverständnisses* bedeutet demütige *Anerkennung der Begrenztheit* menschlichen Verstehens, von dem auch der Glaubende nicht ausgeschlossen ist. Das immer neue Nachfragen hält den Blick offen auf die alle Erkenntnis übersteigende Dimension jener «Wahrheit», auf die sich der Glaube bezieht. Es gibt nicht nur ein «*Zweifeln am Glauben*», sondern auch ein «*Zweifeln aus Glauben*».
Würde ich nicht glauben, würden mich die Fragen nach der Wahrheit des Glaubens nicht so bedrängen. Würde ich mich nicht von den Fragen nach der Wahrheit des Glaubens bedrängen lassen, hätte ich keine Zweifel bekommen. Würde ich nicht glauben *und* zweifeln, hätte ich diese Notizen nicht geschrieben.

Glauben – mehr als Fürwahrhalten

Glauben im biblischen Sinne, vor allem Glauben im Sinne Jesu, ist ein vertrauendes und wagendes Sicheinlassen auf jene letzte Wirklichkeit, die Jesus «Vater» nennt. Dieses Glauben ist immer *mehr als unangefochtene Rechtgläubigkeit*. Glauben ist immer mehr als ein gehorsam-passives Fürwahrhalten eines von der Glaubensgemeinschaft vorgelegten Kataloges von zu glaubenden «Wahrheiten».
Wer sich mit einem Glauben in der Form eines unkritischen Festfürwahrhaltens der von einer unfehlbaren Hierarchie vorgelegten Lehren begnügt, der wird kaum vom Zweifel bedrängt werden. Die Wahrheit liegt ja bereits fertig vor. Man braucht sie nur noch «im Glaubensgehorsam» zu übernehmen. Und je weniger man dabei fragt und nachdenkt, um so problemloser wird dies gelingen.
Wer aber den in der Kirche überlieferten Glauben nicht nur mitglauben, sondern auch *denkend bejahen und geistig verantworten* will, wird zwangsläufig in eine kritisch fragen-

de Auseinandersetzung hineingeführt. Und er wird dabei auch den Zweifel kennenlernen. *Der nach Wahrheit suchende Zweifel ist Teil eines geistig verantworteten mündigen Glaubens.* Der Zweifel ist der kritisch wachsame Gefährte des Glaubens, nicht sein Feind. Auch im Glauben dient der Zweifel dem Suchen, dem Finden und der Bewahrung der Wahrheit. Ohne ständigen kritisch fragenden Einspruch gerät der Glaube in Gefahr, zum musealen Relikt zu verstauben, zur autoritären Doktrin zu erstarren oder zum Aberglauben zu verkommen. Ein Glaube, der sich auf Dauer dem Zweifel entzieht, entzieht sich auch dem Anspruch seiner eigenen Wahrheit; er verliert seine Glaubwürdigkeit.

Die jahrhundertelange selbstsichere und überhebliche Abwehr aller durch Aufklärung und neuzeitliche Wissenschaften angemeldeten Zweifel hat eine fast unüberwindliche Kluft aufgerissen zwischen dem heutigen Denken der Menschheit und dem Reden des kirchlichen Lehramtes. Immer mehr Menschen stehen ratlos vor den sogenannten «Wahrheiten», die ihnen die Kirche zu glauben aufgibt. Und sie verabschieden sich.

Der Zweifel gibt uns kein Brot

Der Zweifel ist kein angenehmer Weggefährte. Wer sich allein seiner Führung anvertraut, geht bald durch ödes Land. Am Wegrand wachsen keine Blumen. Und am Ende des Weges wartet nicht selten die Wüste. Der Zweifel ist seiner selbst auch nie so sicher, wie er vorgibt. Ich traue ihm nie ganz, und ich liefere mich ihm nicht aus, auch wenn ich ihn ernst nehme. Ich bleibe auch ihm gegenüber skeptisch. *Der Zweifel allein kann keine der drängenden Fragen menschlichen Daseins beantworten.* Er erkennt die Risse im überputzten Gemäuer des alten Hauses; er entdeckt die bröckelnden Fundamente in seiner Gründung. Er kann ein Haus abreißen, aber er baut kein neues wieder auf. Er hin-

terläßt oft nur Leere. *Und Trauer!* Er gibt uns keine Wohnung; er gibt uns keinen Halt. Er wärmt nicht; er läßt uns kalt. Im Land des Zweifelns findet das Herz keine Heimat. Der Zweifel gibt uns kein Brot; er läßt uns hungern. Vielleicht ist es gerade der Zweifel, der das Herz immer wieder neu suchen läßt nach einem Glauben, der seinen Hunger nach Wahrheit stillen kann, nach einem Glauben, der aber auch der kritischen Nachfrage nach seiner Wahrheit standhält.
Die «Notizen» dieses Buches sind Ausdruck dieser Suche.

Sich Sicherheit bewahren?

Es ist leicht verständlich, daß auch kritisch denkende und wahrheitssuchende gläubige Menschen immer wieder gerne geneigt sind, aufdämmernde Zweifel zu verdrängen. Sie wollen ihren Glauben, der ihnen auch Lebenssicherheit vermittelt, nicht gefährden. Allzu gerne verzichten sie deshalb darauf, Gedanken nachzugehen, die gewohnte religiöse Denk- und Verhaltensweisen in Frage stellen könnten. Widersprüche werden geglättet und Ungereimtheiten verdeckt, am besten erst gar nicht zur Kenntnis genommen. Kritische Einwände werden fast instinkthaft, nicht selten mit emotionaler Heftigkeit, abgewehrt.

Es gibt eine *Steuerung* des Wahrnehmens und Erkennens, des Denkens und Wertens, die *psychogen* und auch *soziogen* begründet ist. Es gibt *Sperrungen und Blockaden des Denkens, Erkennens und Verstehens,* die nicht in Intelligenz und Wissen eines Menschen begründet sind, sondern in Strebungen aus der Tiefenschicht seiner Person, in seiner Lebenssituation, in seiner Biographie und seinen sozialen Abhängigkeiten wurzeln. Es gibt eine unbewußt wirksame Selektion von Informationen, welche man in sich aufnimmt und weiterverarbeitet oder von vornherein gar nicht zur Kenntnis nimmt.

Überzeugungen, die tief im Gefüge des Lebens verwurzelt

sind und das Leben tragen, in Frage zu stellen heißt nicht selten, alles in Frage zu stellen, woraus man bisher seine Lebenssicherheit schöpfte, wofür man sich mit seiner Lebenskraft einsetzte, worin man seinen Lebenssinn sah. Man muß fürchten, aus der Akzeptanz und dem Wohlwollen der Gruppe, in der man geistig und sozial beheimatet ist, herauszufallen und in die Isolation zu geraten.

Besonders bei jenen, die enger mit dem kirchlichen Leben verbunden sind, in der Kirche gar ein Amt oder eine Funktion haben, ist die Versuchung dazu groß. Auch ich war durch lange Zeiten hindurch immer wieder geneigt, in ähnlicher Weise meinen Glauben zu schützen und zweifelnde Gedanken zu verscheuchen.

Aber kann man sich so seine Glaubenssicherheit wirklich bewahren?

Ist das eigentlich noch Glaube im Sinne Jesu, was sich so sehr durch Verdrängung und Abwehr wahrheitssuchenden Nachfragens absichern muß?

Warum ich Zweifel verdrängte

Ich frage mich oft, wieso ich in den vielen Jahren, in denen ich mich in der Aufgabe der Glaubensverkündigung engagierte, in denen ich Bücher für den Religionsunterricht schrieb, in denen ich an Hunderten von Tagungen Vorträge und Referate hielt, in denen ich sogar hauptberuflich in einer verantwortungsvollen Position im Kirchendienst an der Aufgabe der wissenschaftlichen und praktischen Weiterentwicklung der Glaubensunterweisung arbeitete, die vielen Unwahrscheinlichkeiten und Unglaubwürdigkeiten in den kirchlichen Lehren nicht gesehen habe und mir so selten Zweifel gekommen sind.

Meine geistige Anstrengung war in diesen Jahren vorwiegend auf die verstehende Aneignung der kirchlichen Glaubenstradition gerichtet gewesen. Ich bemühte mich, *nach*-zudenken, was die kirchliche Tradition *vor*-gedacht hatte, und nur selten fand ich den Mut, die jeweilige Sache selbst zu befragen, um ein eigenes Verständnis aufzubauen. Irgendwie lähmte mich der Gedanke: Wie kannst du als kleines Licht Glaubensaussagen in Frage stellen, die in einer zweitausendjährigen Glaubensgeschichte überliefert worden sind, in einem Prozeß, an dem die größten Geister des Abendlandes beteiligt waren, einem Prozeß, der außerdem noch vom Heiligen Geist geleitet worden war.

Wenn mir manche Glaubenslehren dennoch recht wenig glaubwürdig erschienen, suchte ich meist die Ursache dafür bei mir selbst: in meinem mangelnden Wissen und in einer unzureichenden Tiefe meines Verstehens, sogar in meiner fehlenden Demut, die kirchlichen Glaubenssätze auch ohne Verständnis und ohne intellektuelle Zustimmung zu übernehmen. *Bevor ich an kirchlichen Lehren zweifelte, zweifelte ich eher an mir selbst.*

Zwar kamen mir auch damals schon einzelne kirchliche Lehren recht unglaubwürdig und bezweiflungswürdig vor, doch maß ich diesen Zweifeln damals kein übermäßig großes Gewicht zu. Irgendwie habe ich die Unglaubwürdigkeit einiger Lehren nur reduziert wahrgenommen. Sie beirrten mich nicht im Glauben, weil der Grundakt meines Glaubens ja nicht bei der Institution Kirche, nicht in einem System von Glaubenslehren, nicht bei einzelnen biblischen Darstellungen festgemacht war, sondern *in einer personalen Beziehung zur Person Jesu* wurzelte.

Die Glaubensformeln der Kirche erschienen mir demgegenüber als etwas Sekundäres. Sie waren für mich zeitabhängige, geschichtlich bedingte und immer unvollkommen bleibende Versuche von gläubigen Menschen, zumeist aus längst vergangenen Jahrhunderten, den persönlichen Akt ihres Glaubens verstehend zu erfassen und sprachlich zu artikulieren. Sie konnten dies nur in den weltbildgebundenen Vorstellungen ihrer Zeit. Und die waren ganz anders als heute.

Die neuere wissenschaftliche Theologie half mir, die geschichtliche Bedingtheit der kirchlichen Lehren zu erkennen und deren bleibenden Wahrheitskern von ihrer historischen

Einkleidung zu unterscheiden. So konnte ich auch mit kritischem wahrheitssuchendem Denken mein Credo zum überlieferten Glauben sprechen. Ich war voller Hoffnung, daß es nur eine Frage der Zeit war, bis sich in der Kirche ein zeitgerechtes Verständnis des christlichen Glaubens durchsetzte, das auch dem heutigen Denken Zustimmung zum Glauben möglich machen konnte.
Daß meine Hoffnung vergeblich war, wurde mir allerdings erst später klar, als Papst Johannes Paul II. damit begann, der Kirche den Stempel seiner klerikalistischen Spiritualität und seines dogmatischen Traditionalismus aufzudrücken.
Da erst begannen ernsthafte Zweifel in mir aufzusteigen.

Kein Haus abreißen

Nicht der christliche Glaube selbst ist es, der sich mir zur Frage stellt, nicht der Glaube an Jesus und seine Lehre.
Es sind vielmehr *Sprach- und Lehrformeln, Verständnis-, Darstellungs- und Vorstellungsformen*, in denen herkömmliches, kirchenübliches Denken und Sprechen diesen Glauben versteht, ausdrückt und darstellt. Diese geschichtlich bedingten Vorstellungsweisen und Verständnisformen sind es, die mir und wohl auch vielen, vielen anderen glaubenswilligen Menschen die Wahrheit des Glaubens mehr verdecken und verzerren, als daß sie mir diese eröffnen und aufhellen.
In den folgenden «Notizen» will ich versuchen, mich in größtmöglicher persönlicher Wahrhaftigkeit und Ehrlichkeit durch die Hindernisse hindurchzufragen, die es mir heute so schwermachen, so manche Lehren, die mir die Kirche zu glauben «vorlegt», in intellektueller Redlichkeit mitzuglauben. Vielleicht kann das Verständnis überlieferter Glaubenswahrheiten, das ich hier und da für mich persönlich gefunden habe, auch anderen helfen, heute und morgen noch in der Gemeinschaft der Kirche christlich zu glauben.
Ich will kein Haus abreißen, in dem ich so lange gelebt und gearbeitet habe, in dem so viele Freunde wohnen und Men-

schen, die ich schätze. Im Gegenteil: Ich frage nur deshalb so bohrend nach dem Wahrheitsgehalt kirchlicher Lehren, weil ich auf einen festen Grund stoßen möchte, auf dem ich mein Haus bauen kann; einen Grund, der nicht nachgibt, wenn ich ihn denkend belaste.

Such-Versuche

Viele, die im kirchlichen Bereich sprechen und schreiben, versuchen Schwierigkeiten aus dem Weg zu gehen, indem sie Gedanken, die vom vorherrschenden amtskirchlichen Verständnis abweichen, sprachlich verschleiern oder gar verschweigen. Deshalb ist die kirchliche Sprache in der Regel auch so schwammig, floskelhaft, steril und nichtssagend. Bei diesen «Notizen» will ich versuchen, offen und ehrlich niederzuschreiben, was meinem augenblicklichen persönlichen Erkenntnisstand entspricht.

Die «Notizen» sind Such-Versuche, Denk-Versuche, Verstehens-Versuche; sie bieten keine fertigen Antworten an. Deshalb kann ich es wagen, unbefangen nach einem neuen persönlichen Verständnis traditioneller religiöser Vorstellungen zu suchen, auch wenn es vom landläufig üblichen kirchlichen Verständnis etwas abweichen sollte.

Biblisch vermitteltes Urvertrauen

Mir hängt noch der alte scholastische Satz in der Seele, wonach alles Wahre, Gute und Schöne in Gott zusammenfällt. Nach *Wahrheit* zu suchen und nach *Gott* zu suchen ist für mich fast das gleiche. In jeder Annäherung an eine Wahrheit geschieht Annäherung an Gott. Deshalb kann ich unbefangen und ergebnisoffen meinen Zweifeln kritisch denkend nachgehen. Ich frage und denke aus dem *biblisch vermittelten Urvertrauen,* daß ich Gott nie verlieren kann, wenn ich nach Wahrheit suche; auch dann nicht, wenn mir dabei einige Gefäße zerbrechen, in denen vergangene Generationen einmal Wahrheit zu fassen und zu bewahren versuchten.

Ein Gott, der mir verlorenginge, weil ich ihn in ehrlicher Wahrheitssuche hartnäckig mit meinen Fragen bedrängte, könnte nicht Gott gewesen sein. Was ich für Gott gehalten hätte, wäre ein Götze gewesen; ein Götze, umkleidet mit den Imponiergewändern «unfehlbarer» Lehren. Wenn ich aufhören würde, den Glauben immer wieder neu auf seinen Grund und auf seine Wahrheit hin zu befragen, hätte ich das Bewußtsein, das Suchen nach jenem Gott aufzugeben, der die Wahrheit *ist*.

Der biblische Glaube begann mit Abraham, einem Mann, der aus den gefügten Sicherheiten seiner vertrauten Welt aufbrach, sich ins Unbekannte wagte, um ein neues Land zu suchen. Er vertraute darauf, daß der Gott, der zu ihm «*Zieh aus!*» gesagt hatte, mit ihm war. Ich vertraue deshalb darauf, daß ich bei einem wahrheitssuchenden Nachfragen nicht ins Leere falle, sondern auf einen Grund stoße, der meinen Glauben *in gewandelter Form* wieder zu tragen vermag.

Alles Lebendige muß immer wieder seine alte Gestalt hinter sich lassen und sich wandeln, um in neuer Gestalt weiterleben zu können. Sonst bleibt es nicht lebendig.

Dem Glauben geht es nicht anders.

Gott thront nicht mehr im Himmel

Glaubensvorstellungen – abhängig vom Weltbild?

Die Welt, in welcher der *biblische* und auch noch der mittelalterliche Mensch lebte, war nicht viel größer, als der Mensch damals nach naivem Augenschein wahrnehmen konnte. Sie war endlich, und gleich über dem Himmelsgewölbe begann die unendliche Welt Gottes mit den Engeln und Heiligen. Für ihn war *die Erde der Mittelpunkt des ganzen Kosmos,* um den sich alles andere drehte. Und der Mensch war von allen Geschöpfen das höchste, von Gott als Ebenbild geschaffen und hocherhaben über alle anderen Geschöpfe, die ihm zu dienen hatten. Der Mensch stand im Mittelpunkt des göttlichen Interesses. Die Weltgeschichte spielte sich ab zwischen ihm und seinem Gott. Der Ablauf dieser Geschichte bestimmte das Schicksal des ganzen Kosmos.

Der biblische Mensch konnte gar nicht anders, als seine Gotteserfahrung und seinen Glauben in Bildern, Sprachformeln und Vorstellungen zu artikulieren, die dem altorientalischen oder antiken Weltbild entsprachen. Die naive Vorstellung von der *Erde als Mittelpunkt der Welt* und vom Menschen, der als Ziel und Krone der Schöpfung im Mittelpunkt des göttlichen Interesses lebt, durchzieht alles, was die *Bibel* über Gott und Welt aussagt. Sie bildet das System, in dessen Koordinaten fast alle überlieferten kirchlichen Lehren über den Glauben eingetragen und formuliert wurden – bis hin zum neuen Weltkatechismus. Und auch die Gebete und Gesänge der *Liturgie* und die Mehrzahl aller Predigten tradieren unreflektiert das *geozentrische* und *anthropozentrische* Weltbild in die Köpfe der Gläubigen und koppeln es dort oft unlösbar mit dem Glauben.

Heute aber wissen wir, daß die Erde, auf der wir Men-

schen leben, nur ein kleiner Planet ist, der die Sonne umkreist. Und unser Sonnensystem ist nur eines von den vielen Millionen Sonnensystemen, die in den Spiralarmen unserer Galaxie, der Milchstraße, kreisen. Und es soll rund zwei Milliarden Galaxien geben.
Solche räumlichen Dimensionen übersteigen unser Vorstellungsvermögen. Schon der bloße ernsthafte Versuch, sich die Größe des Universums vorzustellen, genügt, um zu erkennen, wie winzig und unbedeutend unsere Erde im Ganzen der Welt ist, allein schon von der Größenordnung her. Selbst ein Staubkörnchen ist im Verhältnis zur Erdkugel größer als die Erdkugel im Verhältnis zum expandierenden Universum.

In dem Geo-Buch «Mensch und Kosmos» lese ich, daß die Wissenschaftler heute sogar davon sprechen, daß unser Kosmos kein Einzelfall ist. Er ist eingebettet in einen viel größeren Kosmos, in einen Mega-Kosmos. Gleich unserem Universum, das sich seit dem sogenannten Urknall wie eine «kosmische Blase» ausdehnt und einmal wieder in einer rückläufigen Zeit- und Raumbewegung kontrahieren wird, steigen immer wieder neue kosmische Blasen, neue Universen aus einem sogenannten «Urschaum» hervor. «Vor dem Urknall war der Urschaum», sagt man heute. (4/156)

Unter dieser Perspektive schrumpft unser unvorstellbar großes Universum zu einer *«örtlichen Affäre»*. Die Physiker reden deshalb inzwischen von einem «Multiversum». Der russische Physiker Andrej Dmitriewitsch Linde: «Bisher war vor dem Urknall das Nichts, danach alles. Jetzt brauchen wir nicht mehr anzunehmen, daß es ein einmaliges Universum gibt, das aus dem Nichts gekommen ist und das den Anfang aller Raum-Zeit darstellt.» (4/157)

Wundern wir uns nicht, wenn es für denkende und informierte Menschen immer schwieriger wird, dem üblichen kirchlichen Sprechen Glauben zu schenken. In dieser *geozentrischen* und *anthropozentrischen* Sicht wird das ganze unermeßliche Universum mit seinen in unvorstellbaren Zeiträumen ablaufenden physikalischen, chemischen und biologischen Prozessen und mit der unüberschaubaren Vielfältigkeit der Entwicklung des Lebens reduziert und verengt auf den Menschen – eine Sicht, die allem, was wir heute über Welt und Mensch wissen, widerspricht und nicht zu halten ist.

Die Welt – «... auf die Kirche hin erschaffen»?

Das naive Weltbild mit der Vorstellung von der Erde als Mittelpunkt der Welt hat die biblisch-kirchlichen *Vorstellungen von Gott* entscheidend mitgeprägt. *Hoimar von Ditfurth* macht in seinem Buch «Unbegreifliche Realität» darauf aufmerksam, daß die mittelalterliche Glaubensvorstellung von einem Gott, der an der Spitze himmlischer Heerscharen, Erzengel, Engel und Heiligen zusammen mit seinem verherrlichten Sohn hoch über der Erde thront und herrscht, eine *soziomorphe Projektion* ist, bei der unbewußt die sozialen Strukturen der antiken und mittelalterlichen feudalen Gesellschaftsordnung in das Bild Gottes hineingedacht wurde. (30/253)

Aus diesen geglaubten Vorstellungen eines hierarchischen Aufbaus der himmlischen Welt erfolgte notwendigerweise eine «*Rück-Projektion*» auf die irdisch-menschlichen Gesellschaftsordnungen. Die Stellung des Papstes an der Spitze vieler Kardinäle, Erzbischöfe, Bischöfe und Prälaten wurde ebenso bestätigt und göttlich legitimiert wie die weltliche Herrschaft des Kaisers an der Spitze einer feudal geordneten Sozialpyramide.

Die heftigen Abwehrreaktionen der Kirche, als *Kopernikus* gegen Ende des Mittelalters die Erde aus ihrer Mittelpunktstellung entthronte, werden auf diesem Hintergrund ebenso verständlich wie die Verurteilung *Galileis*. *Giordano Bruno*, der wohl als erster erkannte, welche theologische Sprengkraft in diesem veränderten naturwissenschaftlichen Bild von der Stellung der Erde im Kosmos verborgen war, mußte die theologischen Folgerungen, die er daraus zog, mit dem Flammentod bezahlen. Auch die päpstliche Inquisition spürte die Bedrohung der kirchlichen Herrschaft über die Seelen, die von dem neuen Weltbild ausging. Sollte wirklich stimmen, was Kopernikus behauptete, dann mußte auf die Dauer das ganze Vorstellungsgebäude einer auf Gott zentrierten, wohlgeordneten, *kosmischen Hierarchie* zerbrechen, und damit auch ihr Abbild in der kirchlichen Hierarchie.

Wenn sich aber die Geschichte Gottes mit der Welt auf sein Handeln am irdischen Menschen zentriert, rücken Papst und Bischöfe in den Mittelpunkt des Weltgeschehens. Ja, der ganze unermeßliche Kosmos, der vor mehr als sechzehn Milliarden Jahren aus dem Urknall expandierte, findet in der Kirche und ihren Leitern den Schlüssel zu seiner Vollendung in Gott. So behauptet der päpstliche Katechismus allen Ernstes: «*Die Welt wurde auf die Kirche hin erschaffen. Die Kirche ist das Ziel aller Dinge.*» (Nr. 760)

Solche Formulierungen konnten nur unter einem Weltbild gedacht und formuliert werden, das die Erde und den Menschen im Mittelpunkt des ganzen Universums sah. Unter dem heutigen Weltbild aber werden solche Äußerungen als Ausdruck einer selbstüberschätzenden Anmaßung gedeutet, in denen der Mittelpunktirrtum zum *Mittelpunktwahn* geworden ist.

Wie sehr muß man in seinem eigenen Denksystem eingekerkert sein, um sich der Vorstellung hingeben zu können, daß Gott das unermeßliche Universum mit einer Ausdehnung von Milliarden Lichtjahren und mit all seinen komplizierten und vielschichtigen physikalischen, chemischen, biologischen, psychischen, geistigen und kulturellen Prozessen hervorgebracht habe, damit es in der römischen Kirche mit dem Papst an der Spitze sein Ziel erreicht!

In Drewermanns Buch über Giordano Bruno sagt dieser zu seinem Ankläger: «*Ihr seid unfähig zu sehen, daß Gott nicht ein unendliches Weltall erschaffen hat, nur um sich in aller Zukunft ausschließlich mit der Geschichte der Bewohner eines einzigen kleinen Planeten zu beschäftigen.*» (5/148)

Vom Himmel herabgestiegen?

Die Lehre, daß der *Sohn Gottes auf die Erde herabgestiegen und dort Mensch geworden ist,* steht im Mittelpunkt des christlichen Glaubens. Sie konnte *in dieser Weise* nur formuliert werden in einem Weltbild, das die Erde und den Menschen im Zentrum des ganzen Universums sah. Sie ist eingebunden in ein Weltbild, das heute nicht mehr gültig ist.

Solange die Kenntnis der Menschen von der Welt nicht viel weiter reichte, als sie mit dem Augenschein wahrnehmen konnten, und sie ihren kleinen Erdkreis und sich selbst als Mittelpunkt der ganzen Schöpfung sahen, konnten sie sich ohne Schwierigkeit vorstellen, daß Gottheiten, die unmittelbar oberhalb der Erde wohnten, herabsteigen und als Menschen auf Erden wandeln konnten: In der Apostelgeschichte wird erzählt, daß der Apostel Paulus und sein Begleiter Barnabas in Lystra so als *Götter* angesehen wurden. «Die Götter sind in Menschengestalt zu uns herabgestiegen.» (Apg 14,11)

Die Vorstellung, daß Gott, der Schöpfer des Alls, sich auf dem kosmischen Staubkörnchen Erde in einen Menschen, der ein Zufallsprodukt der Evolution ist, inkarniert, konnten nur Menschen formulieren, deren Weltbild einem ganz naiven *Geozentrismus* und *Anthropozentrismus* verhaftet war und die *unverschuldet* nichts von der wirklichen Stellung des Menschen im Kosmos wußten. Ihnen kann kein Vorwurf gemacht werden.

Gewiß, ich weiß, daß die Redeweise «Gottes Sohn ist vom Himmel herabgestiegen und ist Mensch geworden» nur eine der vielen unzureichenden Versuche ist, in *bildhafter* Weise Erfahrungen aus der Begegnung mit der Person Jesu zum Ausdruck zu bringen. Es ist – ebenso wie das Bild «aufgefahren in den Himmel» – ein *Bild in mythischer Sprechweise.* Diese mythische Formel ist sogar ein gutes Bild, das helfen kann, auszudrücken und weiterzusagen, was Menschen in der Begegnung mit Jesus aufgegangen war: seine Verbundenheit mit Gott. Sie bleibt aber nur sinnvoll, wenn ich mir bewußt bin, daß sie eine bildhafte Redeweise ist!

In der landläufigen kirchlichen Lehrverkündigung jedoch, von der Predigt des Dorfpfarrers bis hin zur Weihnachtsansprache des Papstes, wird sie jedoch *nicht als Bild gedeutet, sondern als ein realer historischer Vorgang beschrieben:* Gott hat seinen vor aller Zeit gezeugten Sohn auf die Erde gesandt. Er ist dort im Schoße einer Jungfrau Mensch geworden. Ausdrücklich lehrt der Papst im Katechismus: «Der Glaube an die *tatsächliche* Menschwerdung des Sohnes Gottes ist das entscheidende Kennzeichen des christlichen Glaubens.» (Nr. 463)

Nur wenn wir diese Lehre als Bild stehenlassen, als Bild aus einer naiven Weltsicht, kann die Wahrheit, die ursprünglich mit diesem Bild gemeint war, über die Zeiten hinweg tradiert werden. Verstehen wir aber im Sinne des Papstes das Sprachbild von der Herabkunft eines Gottessohnes als Schilderung eines tatsächlichen Vorgangs, so werden wir dadurch verführt, die ursprünglich sinnvolle Aussageabsicht dieses Sprachbildes bis zur Widersinnigkeit zu verfälschen.

Vom statischen zum evolutiven Weltbild

Ungleich folgenschwerer als der Zusammenbruch des *geozentrischen* Weltbildes durch die Entdeckungen der modernen Astronomie seit Kopernikus dürfte für den Glauben der *Umbruch vom statischen zum evolutiven Weltbild* sein, der vor über hundert Jahren von Darwin ausgelöst wurde.

Die Erkenntnis Darwins, daß die Pflanzen, die Tiere und die Menschen sich in langen geschichtlichen Prozessen entwickelt haben, ist heute weit über den Bereich der Biologie hinaus zu einer bestimmenden Grundformel in fast allen Wissenschaften geworden: Alles, was in der Welt da ist, hat eine lange, vielschichtig verzweigte, oft von Zufällen gesteuerte *Entwicklungsgeschichte* hinter sich. Nichts war immer so, wie es jetzt ist. Nichts bleibt so, wie es jetzt ist. Alles wird sich weiterentwickeln und verändern. Nichts ist fertig. Eine Werde-Welt!

In einem Prozeß physikalischer und chemischer Evolution entwickelte sich in einem unvorstellbar großen Zeitraum, den die Physiker mit fünfzehn bis zwanzig Milliarden Jahren berechnen, das ganze *Universum*. Es ist *geworden*. Unser Planet, auf dem wir leben, die *Erde,* hat sich nach Auskunft der Fachwissenschaftler vor etwa viereinhalb Milliarden Jahren aus einer rotierenden Gaswolke, aus kosmischem Abfall, zusammengezogen. Sie ist *geworden*. Die Kontinente mit den Wüsten und Gebirgen und die Meere, alles hat sich – wie uns die Erdgeschichte nachweist – in langen Zeiträumen gebildet, gehoben und gesenkt, verschoben, gefaltet und überlagert. Und die stete Veränderung geht weiter.

Und genau so ist es mit dem *Leben auf der Erde*. Nach der Erkaltung der Oberfläche organisierte sich in einer langen und komplizierten Vorgeschichte aus «einfachen» chemischen Verbindungen das erste Leben, das sich dann in mehr als drei Milliarden Jahren in die unzähligen Arten von *Pflanzen und Tieren* auseinanderfaltete.

Auch wir Menschen *wurzeln in dieser Entwicklungsgeschichte*. Mit den Tieren, besonders mit den höher entwickelten Säugern, sind wir eng verwandt. Gesteuert von zufälligen Mutationen und Selektionen, entwickelten sich über Amphibien, Reptilien und Säuger schließlich die Vorfahren des heutigen *Menschen*. Und von diesen frühen Hominiden im Übergangsfeld vom Tier zum Menschen war es noch ein langer Weg, der in vielen irrtumsreichen Experimenten der Evolution über zahlreiche Zwischenstufen wie den *homo habilis* oder den *homo erectus* zum «homo sapiens» führte.

Es besteht keinerlei Anlaß anzunehmen, daß dieser evolutive Prozeß abgeschlossen ist. Die Entwicklung des Menschen ist noch im Gange. Was aus dem Menschen werden wird, wissen wir nicht. Er ist noch im Werden. Wir Heutigen sind die Neandertaler jener Menschen, die in fünfzigtausend Jahren auf diesem Erdball leben werden. Wenn überhaupt noch! Der heutige Mensch ist ein *Übergangsprodukt* mit einer offenen Zukunft. Und es besteht auch kein zwingender Grund zu der Annahme, daß es der biologischen Art «Mensch» anders ergehen wird als Millionen anderer Arten zuvor auch: Sie starben aus.

Nicht nur im Bau und in den Funktionen unseres Körpers, auch in unserem *Verhalten,* in unserem Denken, Fühlen, Erleben und Werten tragen wir das Erbe von Hunderten Millionen Jahren biologischer Vorgeschichte in uns. Wir sind ausgestattet mit dem ganzen widersprüchlichen Erbe unserer biologischen, psychischen und kulturellen Stammesgeschichte.

Die Verhaltensforschung und die Untersuchungen zur Entwicklung des Erkenntnisvermögens haben die stammesgeschichtliche Prägung unseres Denkens und Verhaltens deutlich gemacht. «Der Geist fiel nicht vom Himmel» lautet der Titel eines aufschlußreichen Buches von Hoimar von Ditfurth. Sogar die kulturellen Traditionen unterliegen ähnlichen Gesetzmäßigkeiten wie die biologische Evolution.

Sollten die *Religionen* da eine Ausnahme sein? Sollte die christliche Religion da eine Ausnahme unter den anderen Religionen sein? Sollten sich religiöse Vorstellungen nicht auch in ähnlicher Weise entwickelt haben?

Welcher Sprengstoff in den Arsenalen evolutiver Weltdeutung bereitliegt, ist den meisten der kirchlichen Amtsträger und auch den meisten Theologen noch gar nicht bewußt geworden.

Kirchliches Denken – evolutives Denken

Erst 1950 «*erlaubte*» (!) Papst Pius XII. in seiner Enzyklika *Humani generis* den katholischen Forschern, «*den Ursprung des menschlichen Leibes aus schon vorliegender und belebter Materie*» zu «untersuchen». Die Tatsache der Entwicklung unserer seelischen und geistigen Fähigkeiten und unseres Sozialverhaltens aus stammesgeschichtlichen Vorformen, die inzwischen für jeden Kundigen eine Selbstverständlichkeit darstellt, ist anscheinend, wie schon ein flüchtiger Blick in den neuen Katechismus erkennen läßt, vom *kirchlichen Lehramt* bis heute noch nicht bemerkt worden.

Allein schon die Erkenntnis der Evolutionsforschung, daß sich alles, was in der Welt da ist, *von unten nach oben*, aus einfachen Anfängen beginnend, immer höher und komplexer entwickelt hat bis hin zu den menschlichen Fähigkeiten des Denkens und Liebens, ja bis zum Gottesgedanken hin, steht völlig diametral zu den herkömmlichen hierarchischen Denkstrukturen der Kirche, wonach sich alles, Geist, Wahrheit, Leben, Liebe und auch Macht, *von oben nach unten* mitteilt.

Auch die Vorstellung, in den Glaubenslehren «*unveränderbare ewige Wahrheiten*» und «*überzeitlich gültige Verhaltensnormen*» zu besitzen und zu bewahren, ist eindeutig einem überholten *statischen Weltbild* verhaftet. Würde sich das kirchliche Denken dem evolutiven Weltbild öffnen, müßte die Kirche anerkennen, *daß sowohl ihre Lehren als auch ihre Verhaltensnormen geschichtlich geworden sind, keine abgeschlossene Endgültigkeit besitzen und sich immer wieder wandeln müssen. Wie alles Lebendige!*

Ich verstehe heute, weshalb die Kirche sich instinktiv gegen alle Veränderungen im Weltbild wehrt. Weil ihr ganzes Glaubensgebäude in das Weltbild des Altertums eingegründet ist, muß jede Veränderung im Weltbild die Fundamente ihres Glaubens erschüttern. Nicht zufällig hat sie noch nicht ausreichend zur Kenntnis genommen und theologisch verarbeitet, was Kopernikus, Bruno, Galilei, Darwin und Freud angestoßen haben. Allzu viele Lehren und Weisungen müßten korrigiert werden. Und das brächte alles ins Schwimmen, auch die Unfehlbarkeit des Lehramtes.

Kein Wunder, daß so viele Amtsträger in der Kirche das moderne, wissenschaftlich geprägte Weltbild mehr scheuen als der Teufel das Weihwasser.

Übersetzung ins Heute?

Das heutige Weltbild, das sich aus unzähligen Einzelerkenntnissen der verschiedensten Wissenschaften ergeben hat, ist zwar unvollständig und unfertig. Es muß ständig weiterentwickelt, überprüft, korrigiert und in unzähligen Einzelheiten ergänzt werden. Es wird sicherlich eines Tages auch als überholt gelten, *aber es führt kein Weg mehr nach hinten zurück zu dem Weltbild, an das sich die Kirche klammert.*

Bis zum Beginn der Neuzeit bezog der Glaube einen wesentlichen Teil seiner Überzeugungskraft aus der Einheit von Glaubensverständnis und Weltbild. Was man im Glauben für wahr hielt, entsprach auch dem Wissen über die Welt. Seit der Aufklärung und dem Aufkommen der modernen Naturwissenschaften ist diese Einheit immer mehr zerbrochen. Und sie wird immer noch weiter auseinanderdriften wie die Kontinente auf der Erdkugel. Was die Menschen wissen und was ihnen die Kirche zu glauben aufgibt, wird sich immer weiter voneinander entfernen.

Wenn die Kirche die Menschen nötigt, zugleich mit dem Glauben auch Vorstellungen aus einem überholten Weltbild mitzuglauben, wird sie damit auch den Glauben als eine «überholte Angelegenheit» erscheinen lassen und immer mehr Menschen aus dem Glauben vertreiben.

Es scheint mir wirklich die große Aufgabe der gegenwärtigen und zukünftigen Theologie zu sein, die großen Veränderungen im heutigen Welt- und Menschenbild theologisch aufzuarbeiten, um so die bleibende Wahrheit des christlichen Glaubens auch heutigen und zukünftigen Menschen wieder neu offenzulegen. Das wäre der Dienst, den sie dem Glauben zu leisten hätte.

Immer weniger verstanden

Ich habe mir noch einmal einen Aufsatz von Hoimar von Ditfurth herausgesucht, der mich schon vor Jahren nachdenklich gemacht hat. Hier einige Sätze daraus:

«Die Theologie wird die Befunde der wissenschaftlichen Welterklärung und deren Fortschreiten bei der Formulierung ihrer Antworten zu berücksichtigen haben, wenn ihre Auskunft nicht nur richtig, sondern überdies auch verständlich sein soll. Jedenfalls können sich weder der Theologe noch der gläubige Laie heute dem Einfluß des Evolutionsgedankens auf irgendeine Weise mehr entziehen. Das können sie nur, indem sie sich von dem Weltbild ihrer Epoche, von dem überindividuellen Bewußtsein ihrer Kultur in einer Art geistigen Gewaltaktes isolieren. Wer das tut, darf sich nicht beklagen, wenn er in die Isolation gerät. Wer sein Denken und seine Sprache von der zentralen geistigen Strömung seiner Zeit abkoppelt, riskiert, daß er zwar aufgrund ererbter Autorität auch weiterhin noch gehört, *aber immer weniger verstanden* wird. [...] Das von der Naturwissenschaft in den letzten Jahrzehnten immer klarer herausgearbeitete Bild einer sich evoluierenden Welt gibt objektiv jedenfalls längst zu keiner Berührungsangst mehr irgendwelchen Anlaß. Im Gegenteil: Mir scheint, daß es Sprachbilder und gedankliche Modelle bereithält, mit deren Hilfe sich bestimmte, zentrale theologische Aussagen zwangloser, und damit überzeugender formulieren lassen, als das im Rahmen des statischen Weltbildes gelingt, dem die Sprache der Theologie immer noch verhaftet ist.» (30/256 f.)

Die Einheit wiederherstellen

Es gilt als ausgemacht, daß man *religiöse* Fragen und *naturwissenschaftliche* Fragen säuberlich zu scheiden habe. Ich kann diese Grenzziehung nicht respektieren. Ich kann nicht, wenn ich religiös denke, dieses für wahr halten und, wenn ich wissenschaftlich denke, jenes andere Entgegengesetzte glauben und für wahr halten. Das ist *geistige Schizophrenie,* die ich intellektuell nicht redlich mitvollziehen kann. Ich akzeptiere zwar unterschiedliche, aber keine gegensätzlichen

Antworten. Genau an dieser Stelle, der Nahtstelle zwischen dem althergebrachten kirchlichen Glaubensverständnis und dem heutigen Weltbild, liegt eine wichtige Ursache vieler meiner eigenen Schwierigkeiten mit herkömmlichen kirchlichen Glaubensvorstellungen.

Die veränderte Sicht auf Welt und Menschenleben, die sich mir in der Auseinandersetzung mit dem heutigen, naturwissenschaftlich geprägten Welt- und Menschenbild erschlossen hatte, drängte mich *nach vorne* in die Suche nach einem Glaubensverständnis, das innerhalb des heutigen Weltbildes keinen Anachronismus darstellt und mir auch zukünftig Glauben ermöglicht. Gleichzeitig aber drängte mich das kirchliche Glaubensverständnis, das unter Papst Johannes Paul II. wieder aus den Truhen hervorgeholt und in der Kirche durchgesetzt wurde, *nach hinten* in die Vergangenheit zurück. Die Kluft, die sich dazwischen auftat, wurde für mich immer größer, und immer mehr drängten sich mir Zweifel auf. Ich kann in dieser Zwiespältigkeit geistig nicht leben – und auch nicht glauben.

Meine «Notizen» sind nichts anderes als mein ganz persönlicher Versuch, diese Einheit zwischen meinem Glauben und dem heutigen Weltbild wiederherzustellen. Für mich ganz persönlich. Und vielleicht für einige andere auch!

Religion – wozu gut?

Religion?

Die Religion hat in meinem Leben eine relativ große Rolle gespielt. Ich frage nun im nachhinein, wodurch sie für mich so wichtig geworden war. Religion, was ist das eigentlich? Wozu sind Religionen gut? Wodurch entstanden sie? Welche Rolle spielen sie im Leben des einzelnen und der ganzen Menschheit?

Wir können feststellen, daß sich Religionen in allen Kulturen herausgebildet haben und daß sie in allen Ebenen der menschlichen Existenz wirksam sind. Nach Auskunft der Ethnologen soll es auf dieser Erde kein Volk geben, bei dem nicht Erscheinungsformen religiösen Verhaltens festgestellt werden konnten. Kaum überschaubar ist die Mannigfaltigkeit, in der Religion im menschlichen Dasein sichtbar und wirksam werden kann.

Besonders in Ländern, in denen die Religion noch fast ungebrochen das Leben der Menschen trägt und bestimmt und bisher noch kaum einer kritischen Hinterfragung und einem Aufklärungsprozeß ausgesetzt war, zum Beispiel in den islamischen Ländern, auch in Indien und Nepal, konnte ich erfahren, wie tief Religion in der Seele des Menschen wurzelt und wie religionsbedürftig der Mensch im Grunde ist. Fast überall, wohin ich kam und wohin ich sah: Bei allem Tun und Treiben der Menschen war Religion im Spiel.

Ich konnte nicht umhin, immer wieder festzustellen, wie ähnlich die religiösen Verhaltensweisen der Menschen trotz aller Unterschiede in den Religionen und trotz der kulturell bedingten Andersartigkeit der Ausdrucksformen im Grunde sind.

Religiöses Verhalten unterliegt zwar kulturellen Variationen, scheint aber grundsätzlich in seinen Verhaltensmustern *genetisch* angelegt und vermittelt zu sein.

In vielfältigen Formen

Religion reicht von den mythischen Lebensdeutungen der Urvölker, den Weisheitslehren des Buddha und des Kohelet über die Gleichnisse der Evangelien, die Suren des Korans, die «Summa» des Aquinaten, die Erweckungspredigten amerikanischer Sekten bis zu päpstlichen Lehrschreiben. Religion stellt sich dar im magischen Zauber der Medizinmänner und in den Weihehandlungen des Papstes. Sie reicht von deren Federschmuck im Haar bis zu den Mitren auf den Häuptern der Bischöfe. Sie reicht von tabuierenden Bannungen bis zu kirchlichen Exkommunikationen, von intolerantem Fanatismus, der Andersgläubige verbrennt, bis zur selbstvergessenen liebenden Hingabe im Dienst an Armen, Schwachen und Kranken.

Die Gottesvorstellungen in der Menschheit reichen von magischen Naturgottheiten über die launischen Götter des Olymps bis zu der Vorstellung eines einzigen personalen Gottes in den biblischen Religionen, von Vorstellungen grausamer göttlicher Despoten, denen blutige Tier- und Menschenopfer dargebracht werden mußten, um sie zu besänftigen, bis zu dem Glauben an einen Gottessohn, der sich selbst am Kreuz opferte, um die Menschheit mit Gott zu versöhnen. Der Bogen der Religion spannt sich von den pharaonischen Gottessöhnen Ägyptens über den keuleschwingenden Gottessohn Herakles und den Gottes-Sohn-Titel des römischen Kaisers bis hin zu der demütig gehorsamen Gottessohnschaft des Nazareners, von den archaischen Fruchtbarkeitsgöttinnen über die ägyptische Isis und die sinnenfrohen Göttinen der Antike bis hin zur keuschen, jungfräulichen Gottesmutter Maria.

Religion drückt sich aus im rhythmischen Gestampfe kultischer Tänze afrikanischer Völker, in den gregorianischen Gesängen der Mönche, in den Choralwerken Bachs und in der Innigkeit des «Ave verum» Mozarts, in den beschwörenden Höhlenmalereien Altamiras, in den byzantinischen Fresken, in Raffaels Madonnen und in den schwebenden Engeln Marc Chagalls.

Religion verbindet die heilenden Medizinmänner im Busch, den Heilgott Asklepios von Epidaurus mit den Krankenheilungen Jesu, den Pilgerstätten des Mittelalters und den Heilung schenkenden Madonnen von Kevelaer und Lourdes.

Religion lokalisiert sich an heiligen Quellen und Steinen, in den Tempeln am Nil und in den Pagoden am Ganges, in den mittelalterlichen Kathedralen und auch in der Imitation des Petersdomes in der afrikanischen Steppe. Religion verbindet den tanzenden Derwisch mit dem beamteten Prälaten.

Die unüberschaubare Vielfalt religiöser Erscheinungsformen mit ihren Verzweigungen und Ähnlichkeiten kann deutlich machen, daß auch Religionen entwicklungsgeschichtlichen Entfaltungsprozessen und kultureller Ausdifferenzierung unterliegen. Wie man von einer biologischen und kulturellen Evolutionsgeschichte spricht, könnte man wohl ebenso von einer *religiösen Evolutionsgeschichte* sprechen.

Eine Frage der Geographie?

Im hohen Norden Deutschlands nahe der dänischen Grenze lebt meine Tochter. Ich besuchte sie und lernte dabei auch die Menschen kennen, die in ihrem Leben wichtig geworden waren. Wir saßen am Abend im Garten zusammen. Meine Tochter und ich waren die einzigen Katholiken; alle anderen waren evangelisch. Irgendwie kamen wir auf die Konfessionsfrage zu sprechen. Trotz aller wirklich vorhandenen Toleranz und höflichen Liebenswürdigkeit meiner Gesprächspartner spürte ich doch an ihren Äußerungen, daß es für sie fraglos feststand, in einer dem Katholischen überlegenen Form des christlichen Glaubens zu leben. – Wenn ich in Bayern oder Österreich oder gar in Spanien bin, mache ich dieselbe Erfahrung auch mit umgekehrten Vorzeichen.

Wie kommt es eigentlich dazu, daß Menschen eine bestimmte religiöse Überzeugung gewinnen und vertreten? – Obwohl mein persönlicher Weg in den Glauben bei mir sehr stark kognitiv bestimmt war und die Bildung meiner religiösen Überzeugungen von intensiven geistigen Auseinandersetzungen begleitet war, frage ich mich, ob ich auch zu der gleichen Kirche gekommen wäre, wenn ich statt im katholischen rheinischen Milieu etwa in Schleswig-Holstein als Sohn evangelischer Eltern geboren und dort in einem von der evangelischen Kirche geprägten Milieu herangewachsen wäre. Hätte mich meine geistige Auseinandersetzung dann auch zur katholischen Kirche hingeführt? Wohl kaum.
Oder wie wäre es, wenn ich in Kairo als Sohn des Basarhändlers Ali Ben Muhamed zur Welt gekommen wäre? Wäre ich dann ein überzeugter islamischer Koranlehrer geworden? Wie wäre es, wenn *Karol Wojtyla* nur wenige hundert Kilometer weiter östlich aufgewachsen wäre? Wäre er dann heute Patriarch einer orthodoxen Kirche?
Religiöse Überzeugung – eine Frage der Geographie?

In einem Sozialisierungsprozeß übernommen

Schon bei dieser kurzen konkretisierenden Nachfrage wird mir deutlich, wie wenig die Herausbildung religiöser Überzeugungen mit dem mühsamen geistigen Prozeß des Suchens und Erkennens von «Wahrheit» zu tun hat. Was die Religionen «Wahrheit» nennen, wird nicht in kognitiver Anstrengung «erkannt», sondern in ganz schlichter Weise *in einem Sozialisierungsprozeß übernommen.*
Religiöse Überzeugungen werden übernommen in einem meist nur wenig reflektierten Prozeß des *Hineinwachsens in die Denkweisen, Verhaltensordnungen und geistigen Traditionen des Milieus.* Die Psychologen sprechen von einer *Introjektion,* von einer Verinnerlichung vorgegebener, sozial vermittelter Wertungen. Die reflektierende Verarbeitung und die rechtfertigende Begründung dieser *sozial vermittelten*

Grundüberzeugungen erfolgen, wenn überhaupt, in der Regel erst nachträglich in einem zweiten Schritt.

Die Verhaltensforschung hat den Begriff der *Prägung* entwickelt. Konrad Lorenz benutzte diesen Begriff ursprünglich, um am Beispiel der sozialen Kopplung neugeborener Graugänse an ihre Mutter die Übernahme lebensnotwendiger Verhaltensweisen zu beschreiben. Prägungen sind *präkognitive Lernprozesse*. Beim Menschen dürften sich *Prägungen* sozialer, kultureller oder religiöser Art aus *anfänglich biologischen* Prägevorgängen herausentwickelt haben. Konrad Lorenz hat oft auf die Ähnlichkeit von biologischen und kulturellen Prägungen hingewiesen. Solche Prägungen sind beim jungen Menschen auch in der Übernahme von Denk-, Wertungs- und Verhaltensweisen aus seinem sozialen Umfeld wirksam. *Auch die Übernahme und die Aneignung religiöser Überzeugungen scheinen mir weitgehend das Ergebnis solcher Prägungen zu sein.*

Wenn der liebenswürdige Mönch, der mich im nepalesischen Baghdapur durch sein Kloster führte, ein überzeugter Buddhist war, dann wohl dadurch, daß er von Kind an durch diese Religion *geprägt* wurde. Wenn der ägyptische Lehrer, der mir die Tempelanlagen von Luxor zeigte, ein überzeugter Moslem war, doch wohl dadurch, daß sein Denken von der Religion seiner Umwelt *geprägt* wurde. Und warum wurde Ratzinger ein überzeugter katholischer Christ?

Prägungen sind meist *irreversible* Vorgänge. Sie widersetzen sich weitgehend der rationalen Hinterfragung und sind meist nicht umkehrbar. Wer auf eine bestimmte Kultur oder religiöse Überzeugung hin geprägt wurde, bleibt in der Regel zeitlebens dieser Überzeugung verbunden.

Was drängt Menschen in die Religion?

Was ist das eigentlich, was Menschen in die Religion drängt? Was macht Menschen offen und bereit, religiöse Lehren, Verhaltensordnungen und Rituale zu übernehmen? Was sind die gemeinsame psychische Disposition und Motivation zu religiösem Verhalten bei Hindus, Moslems, Buddhisten, Juden und Christen und all den unterschiedlichen Anhängern anderer Religionsgruppen?

Mit Sicherheit wäre es falsch, die Religiosität auf eine einzige Ursache im Menschen zurückführen zu wollen. Die Wurzeln der menschlichen Religiosität gründen in *vielen* und recht verschiedenen Schichten des menschlichen Lebens.

Eine ihrer Wurzeln dürfte schon in den Bereichen der elementaren biologischen und sozialen *Daseinssicherung* zu suchen sein. Die Sorge um die tägliche Nahrung suchte den Beistand von Jagdglück und Fruchtbarkeit schenkenden Gottheiten. Eine andere Wurzel wächst aus dem tieferen seelischen Bedürfnis nach Geborgenheit und Trost. Religionen liefern *Lebensordnungen* und Wegweisung. Religionen helfen dem Menschen, inmitten des undurchschaubaren Ganzen des Daseins den Ort seiner persönlichen Existenz zu finden.

Auch das Verlangen nach einer letzten Gültigkeit, die dem Leben Halt und Gewißheit gewähren kann, und das Suchen des menschlichen Geistes nach verläßlicher Wahrheit, die auf der Dunkelheit des Weges Licht gibt, führen Menschen zur Religion. Religion wächst aus dem Verlangen nach einem Lebenssinn, der aller erfahrbaren Widersinnigkeit des Daseins widersteht. Auch das Verlangen des menschlichen Herzens nach einem letztvertraulichen *Du*, einem personalen Gegenüber, auf das hin es sich dialogisch aussprechen kann, öffnet den Menschen für die Religion.

Geboren aus menschlicher Daseinsangst?

Viele – nicht alle – der unterschiedlichen Quellen der menschlichen Religiosität scheinen einem gemeinsamen Quellgrund zu entspringen: der ... *Angst*. Ist die menschliche Daseinsangst in ihren vielen offenen und larvierten Formen der Grund, aus dem die Religionen sich nähren?

Angst dient als Überlebenshilfe dem Schutz des Lebens. Sie beginnt schon in der Angst der Tiere vor dem Freßfeind. Sie wirkt auch im Vitalbereich der Menschen, die seit Urzeiten die Ungesichertheit, die Ausgesetztheit und die vielfältige Bedrohtheit ihrer Existenz in dieser Welt erfahren. Angst wächst aus der Erfahrung, wie Unheil schicksalhaft ins Leben einbrechen kann und wie alle Macht des Menschen nicht ausreicht, es zu bannen.

Das Unbekannte der Bedrohungen vertieft die Angst. Die Religionen verheißen, von der Angst zu befreien. Und sie tun es auch. Der Glaube an eine Gottheit, die man kennt und durch Kultrituale, durch Opfer, durch Gebete und Unterwerfung beeinflussen kann, mindert die Angst vor den vielen unbekannten Bedrohungen.

Der Wunsch des Menschen, den Beistand einer mächtigen Gottheit zu erlangen, ist verständlich. Die unbewußt wirkende Erinnerung an die schützende Geborgenheit, die man in der Kindheit von einem starken Vater oder von der bergenden Mutter empfing, wird auf die Gottheit übertragen. Diese kann dann die Züge des liebenden Vaters gewinnen, wie im Neuen Testament, oder das Antlitz einer sich huldvoll neigenden Muttergottheit, unter deren bergendem Mantel menschliche Not immerwährende Hilfe sucht, wie im Marienkult.

Um Unheil zu wenden?

Wo man im Hintergrund allen Geschehens eine Gottheit wirken sieht, werden Unglück und Unheil, Krankheit und Tod als strafendes Handeln dieser Gottheit gedeutet. Dann wird Religion zu einem Versuch, das Lebensschicksal zu beeinflussen, indem man die wirkenden Gottheiten durch Opfer, Kultrituale, Gebete und Unterwerfung zu versöhnen und freundlich zu stimmen trachtet. Auch die christliche Religion, besonders in ihrer katholischen Ausprägung, bildet da keine Ausnahme.

Fast alles, was die Religionen in ihren Mythen und Bildern, in ihren Ritualen und Kulten, ihren Worten und Lehren dem Menschen anbieten, kann auf dem Hintergrund der Angst verständlich werden. Wenn man einmal den in der biblisch-kirchlichen Tradition überlieferten Gebetsschatz thematisch analysiert, sei es in den Psalmen, sei es in der kirchlichen Liturgie oder der Volksfrömmigkeit, so dominiert eindeutig die Bitte um Hilfe in der Not, um Abwendung eines Übels, um Rettung vor dem Verderben.

Wohl die tiefste Wurzel der menschlichen Bereitschaft, sich auf Religion einzulassen, dürfte in der *Angst vor dem Tode* liegen. Soll der Tod wirklich alles beenden, alles, wofür man gelebt und gearbeitet hat, alles, was man geliebt und erhofft hat? Einfach nicht mehr dasein? Endgültig? Wie gerne klammert man sich da an die tröstliche Botschaft, daß ein lebendiger Gott jenseits der Todesschwelle auf einen wartet, alles in neues, heiles Leben umwandelt und Ewigkeit gewährt!

Religion: geboren aus der Angst? Angst vor dem Nichts an den Rändern unseres Lebens? Angst vor dem Bodenlosen unter unseren Füßen? Angst vor der Ungewißheit dessen, was kommt? *Ohne Tod keine Religion?*

Hervorgebracht von der Evolution?

Alle *angeborenen psychischen Dispositionen* haben ihren Ursprung in der Entwicklungsgeschichte der menschlichen Psyche. Sie haben sich irgendwann einmal unter bestimmten geschichtlichen Bedingungen aus dem freien evolutiven Zusammenspiel von Mutationen und Selektionen herausgebildet, sich als vorteilhaft für das Überleben des Individuums und der Art erwiesen und Eingang in die genetische Erbinformationen gefunden.

Nach all dem, was wir heute über die Zusammenhänge von biologischer und kultureller Evolution wissen, erscheint mir die Vermutung nicht ganz abwegig zu sein, daß auch das religiöse Verhalten in der Menschheit *im Bereich der biologisch-kulturellen Evolution* wurzeln könnte. Religion ist in ein Geflecht vieler entwicklungsgeschichtlich bedingter Prozesse eingegründet.

Nachdem ich das Buch «Kultur – Spätzündung der Evolution» (25) des bekannten Wiener Biologen und Philosophen *Rupert Riedl* gelesen habe, neige ich dazu, auch in der Religion *ein Spätergebnis der evolutiven Entfaltung* des Lebens zu sehen. Wie die «kulturelle Evolution» könnte auch die Herausbildung des Religiösen einen Entwicklungsschritt in der Weiterentfaltung und Höherentwicklung des Lebens aus dem biologischen in den psychischen, sozialen und geistigen Bereich des Menschen darstellen.

Wie alle «Erfindungen» der Evolution stände dann auch Religion im Dienst der Erhaltung und Entfaltung des Lebens.

Zur Festigung des sozialen Zusammenhalts?

Die Verhaltensforschung spricht von *«bandschlingenden Maßnahmen»* der Evolution, die im Tierreich zum Beispiel die einzelnen Fische oder Vögel zu einem Schwarm, die Zebras und Rinder zu Herden und die Wölfe zu Rudeln zusammenbinden: gleiche Farbmuster, gleicher Geruch, gleiche Verhaltensrituale, gleiche akustische Signale usw. Diese dienen der *Festigung des sozialen Zusammenhalts* und dadurch der *Überlebenssicherung.*

Auch beim Menschen sind in seiner Entwicklung solche «bandschlingenden Maßnahmen» erhalten geblieben und in modifizierter Form wirksam: Gemeinsame Kultur, gemeinsame Sprache, gemeinsame Verhaltensformen, gemeinsame Feste und Riten bewirken und festigen den Zusammenhalt der sozialen Gruppen. Sie binden die Einzelmenschen in Familien, in Sippen, in Völker zusammen. Auch Fahnen, Trachten und Gesänge dienen dieser Aufgabe. (9/124)

Mir drängt sich die Vermutung auf, daß auch die Religion, die gemeinsame Verehrung eines Gottes, zu diesen «bandschlingenden Maßnahmen» gehört, welche die menschliche Stammesgeschichte als Überlebenshilfe der menschlichen Art hervorgebracht hat. Religion dürfte sich in einem evolutiven Prozeß aus Vorformen, die auch schon bei Tieren Gruppenbildung, Gruppenbindung und Gruppenordnung steuern, gemeinsam mit der Entwicklung des menschlichen Bewußtseins herausgebildet haben. Auf einer höheren Stufe evolutiver Lebensentfaltung hätte Religion eine ähnliche Bindungs- und Steuerungsfunktion, wie sie in anderen Formen auch auf niedrigeren vorbewußten Ebenen des Lebens wirksam sind.

Religion – eine von der biologisch-kulturellen Evolution hervorgebrachte «*bandschlingende Maßnahme*», die das Zusammenleben von Individuen im größeren sozialen Verband ermöglicht und damit der *Überlebens-Strategie* der menschlichen Art dient?

Auch die biblische Religion?

Der gemeinsame Gott bindet. In der *Religionsgeschichte* kann man feststellen, daß es die Gottheiten waren, durch welche die sozialen Verbände zusammengehalten wurden. In der Frühzeit waren es vorwiegend die sozialen Kleingruppen der Familie, des Clans oder der Sippe, die sich in der gemeinsamen Verehrung eines Gottes zu überlebensfördernden Einheiten zusammenbanden.

Auch der biblische Gott war im Anfang der *Familiengott* der aus Chaldäa einwandernden Abrahamssippe, der «Gott Abrahams, Isaaks und Jakobs». Später verband Mose diesen «Gott der Väter» mit dem Sinai-Gott Jahwe zu einem *Volksgott*. Seine Verehrung und die Befolgung seiner Gesetze banden die Stämme Israels zu einer größeren sozialen Einheit, zu einem Volk, zusammen.

Wie die Bibel immer wieder erzählt, hing das biologische Überleben Israels in der Tat von der Treue zu diesem Gott ab; genau so, wie es Mose und die Propheten immer wieder verkündet hatten. Nur die Bundestreue, nur das unbedingte

Festhalten an diesem Gott, sicherte den Zusammenhalt der Familien, Sippen und Stämme zum «Volk Gottes» und erhöhte damit Israels Überlebenschancen inmitten einer Welt von Feinden.

Im Grunde hat sich dort nicht mehr und nicht weniger abgespielt als in der Geschichte aller anderen Völker auf der Erdkugel auch: Eine soziale Großgruppe kämpft mit anderen Großgruppen konkurrierend um biologische Durchsetzung, um Lebenschancen, Lebensterrain und Nahrungsquellen für sich und eine möglichst zahlreiche Nachkommenschaft. Und das geht nicht ohne die Vorstellung eines Gottes, der solches «will». Die Feinde sind auch die Feinde des eigenen Gottes. Und die Feinde Gottes müssen vernichtet werden. «Gott ist mit uns.» So ist es geblieben bis heute. Überall in der Welt.

Die Deutung der Bibel, ein Gott habe das Volk Israel erwählt, mit ihm einen Bund geschlossen, um es groß und stark zu machen in einem Land, wo «Milch und Honig fließen», ist eine *zeitbedingte Interpretation der eigenen Geschichte* aus dem Blickwinkel der eigenen Interessen.

Religion und Krieg

Wenn ich die biologisch-soziale Funktion der Religion im Zusammenhang mit der Evolution des Lebens sehe, kann ich auch besser verstehen, weshalb Religionen miteinander ständig in *Streit und Krieg* verwickelt sind. Auch heute noch stehen Religionen im Hintergrund vieler kriegerischen Auseinandersetzungen: die katholischen Kroaten, die moslemischen Bosnier und die orthodoxen Serben auf dem Balkan, die Schiiten und Sunniten im islamischen Orient, Katholiken und Protestanten in Irland, Moslems und Hindus in Indien.

Es geht dabei nicht, wie ich früher einmal recht naiv annahm, um die Durchsetzung einer Glaubensüberzeugung oder gar von «Wahrheit». Es geht überhaupt nicht um Wahrheit oder gar um Gott. Es geht um die konkurrierende Durchsetzung der vitalen Interessen der einen Gruppe gegen die andere. Es geht um Werte, die letztlich alle der biologischen Daseinssicherung eines Volkes dienen: Dominanz, Landbesitz, Rohstoffquellen, Wirtschaftsmacht usw.

Und die Religionen bilden dabei den *ideologischen Überbau*. «Wir kämpfen für die Sache Gottes.» «Gott ist mit uns.» «Allah wird den getöteten Helden sofort in sein Paradies aufnehmen.» Solche Sprüche gab es zu allen Zeiten, in allen Völkern und in allen Religionen. Ich habe bisher immer gemeint, Religionskriege gehörten zu den großen Irrtümern und Fehlleistungen der Religionen; sie seien bestenfalls der Unwissenheit und Verblendung der Menschen zuzuschreiben, in jedem Fall aber dem Wesen der Religion zuwider. Wenn ich nun die Religionen im Zusammenhang mit der biologischen Evolution als Instrument der biologischen Überlebenssicherung eines Volkes sehe, muß ich umlernen: Religionen dienen meist der Sakralisierung und Legitimierung der Kriege. Kirche und Militär haben sich immer gut vertragen, Bischöfe und Generäle auch. Priester haben zu allen Zeiten die ausrückenden Heere und ihre Waffen gesegnet.

Hans Küng hat wohl recht, wenn er sagt, daß es keinen Frieden zwischen den Völkern geben kann, solange es keinen Frieden zwischen den Religionen gibt.

Ordnungsmächte?

Nun wird mir auch klar, wieso *Religionen und staatliche Macht* seit Urzeiten so eng miteinander verbunden sind und trotz aller Konflikte vorzüglich zusammenspielen.

Beide Mächte waren immer schon eine Einheit. Stammeshäuptlinge übten zugleich magische Kultfunktionen aus. Die Pharaonen Ägyptens waren Söhne und Inkarnationen der Gottheit. Die römischen Cäsaren trugen den Titel eines Gottes. Die politische Herrschaft des Pontifex Maximus wirkt noch im heutigen Papsttum weiter. Die Zweischwertertheorie des Mittelalters teilte geistliche und weltliche Macht und band sie gleichzeitig zur Einheit. Die kaiserliche Herr-

schaft bedurfte der Weihung durch den Papst. Bischöfe herrschten als feudale Landesherren. Die Priesterherrschaft in den alten Tempeln wiederholt sich im Regime der Mullahs in Teheran. Staatsoberhäupter stehen zugleich an der Spitze der religiösen Hierarchie von den Pharaonen bis hin zur Queen von England. Don Camillo und Peppone sind eins, auch wenn sie sich streiten.
Die geschichtliche personale Verzahnung beider Mächte spiegelt ihre tatsächlich vorhandene Bezogenheit. Die staatlich-politische Gewalt kann ihre Macht stabilisieren, wenn sie sich darauf berufen kann, von Gott eingesetzt und gewollt zu sein. Die Religionen leisten ihr gerne diesen Dienst. «Alle Gewalt geht aus von Gott», lehrt auch die christliche Religion. (Röm 13,17) Die Religionen begründen, weihen, sakralisieren und verfeierlichen die Herrschaft der Mächtigen. Und sie lassen sich ihren Dienst mit vielen Privilegien quittieren.
Religion und Staatsmacht sind nur die beiden Seiten der gleichen Sache; die Innenseite und die Außenseite: Ordnungsmächte! – Ich muß umlernen!

Im Dienste der Fruchtbarkeit?

Nun kann ich auf einmal auch verstehen, weshalb die Religionen fast unisono ihre Anhänger zu möglichst zahlreicher *Fortpflanzung* drängen: Das wichtigste Interesse der biologischen Evolution ist es ja, das Leben möglichst vielfältig und zahlreich zu entfalten. Am individuellen Lebensglück der einzelnen Lebewesen und deren Geschick ist die Evolution wenig interessiert. Egal, ob sie hungern, verelenden, leiden, sterben: Hauptsache, sie pflanzen sich fort.
Wenn der Papst angesichts aller berechtigten Warnungen vor den katastrophalen Folgen einer Überbevölkerung und wissend um das Elend der dritten Welt noch immer unbeirrt und unbelehrbar *zur Geburtenfreudigkeit aufruft* und Geburtenregelung als einen Akt gegen den Willen Gottes brand-

markt, dann spricht aus ihm ganz einfach und schlicht die *Stimme der biologischen Evolution*, aber nicht die Stimme eines Gottes, der – nach Jesus – das Wohl des Menschen will. Der Papst erfüllt genau und exakt die Funktion, welche die Evolution der Religion bei ihrer «Erfindung» zugewiesen hat. Ich meine, da wären die Propheten Israels in ihrem Kampf gegen die kanaanäischen Fruchtbarkeitsgottheiten schon weiter gewesen, als sie dem Baalskult den Gehorsam gegen den «ganz anderen Gott» entgegensetzten. Der Gott Israels war kein Fruchtbarkeitsgott. Kein Gott spricht aus der Stimme des Papstes; es sei denn, es wäre die Stimme eines Fruchtbarkeitsgottes, der nichts anderes ist als eine personifizierende Projizierung der biologischen menschlichen Verhaltenssteuerung. *Der Gott, auf den sich der Papst bei seinen Fruchtbarkeitsappellen beruft, ist nicht der Gott Jesu.*

Auch Religionen entstehen und vergehen

Die Beobachtung, daß Religionen ebenso wie die Kulturen ähnlichen Gesetzen und Regelmäßigkeiten unterliegen, wie sie in der biologischen Entfaltung des Lebens vorgebildet sind, bestärkt meine Vermutung, daß die Religionen Bestandteil der biologisch-kulturellen Evolution des Menschen sind.

Analog zu biologischen Arten und Individuen entstehen Religionen meist aus der Vereinigung und Verschmelzung älterer Religionen oder aus Abzweigungen. Sie wurden alle einmal «geboren» wie biologische Individuen und Arten, wie geschichtliche Völker und Kulturen. Ihre Anfänge sind meist rein und gottnah. In ihrer Jugend blühen sie auf und erstrahlen in frühlingshaftem Glanz. Sie wachsen und gewinnen Macht, Größe und Bedeutung. Schon auf dem Höhepunkt ihrer Entwicklung beginnt ein Prozeß der Erstarrung und Verhärtung. Die geistdurchwehte Botschaft ihrer Gründer, die einst die Herzen der Menschen gewann, erstarrt langsam zu einer verobjektivierten Lehre, über die gelehrte Theologen wachen. Die Macht des Geistes wird zur Priesterherrschaft institutionalisiert. Reformversuche führen zu Spaltungen. Der Kampf um die reine Lehre entbrennt zwischen den verfeindeten Gruppen. Die Lehren verselbständigen sich dadurch immer mehr. Die Institution versteinert. Die Kluft zwischen dem Anspruch der Religion und dem Leben der Menschen wird immer größer. Für immer mehr Menschen verliert die Religion an Bedeutung.

In dieser Phase dürfte sich heute die christliche Religion befinden. Sie wird – zumindest in ihrer heutigen kirchlichen Gestalt – eines Tages nicht mehr dasein, ebenso wie die Religionen Ägyptens, Mesopotamiens, Griechenlands oder Roms heute nicht mehr da sind. Wie alles in der Welt, so vergehen auch die einzelnen Religionen. Sie verlieren ihre Kraft, sie werden alt und müde, sie sterben und gehen, sich wandelnd, in neue Religionen über. Neue Gottheiten werden die alten vom Throne stoßen.

Auch das Christentum ist eine geschichtliche Religion, die einen Anfang hatte, die auch ein Ende haben wird. Wir erleben heute schon eine herbstliche Form dieser Religion. Wie lange mag sie noch bestehen? Wer weiß! Die Lebenszeit der Religionen wird in Jahrtausenden gerechnet.

Das gilt jedoch nicht für die katholische Kirche. Sie ist, wie der päpstliche Katechismus lehrt, «*unzerstörbar*». (Nr. 869)

Gott ist anders

Gott – was ist damit gemeint?

Wenn ich ganz ehrlich bin, muß ich zugeben, daß ich bis heute noch nicht weiß, was mit dem Wort «Gott» wirklich gemeint ist. Obwohl das «Thema Gott» fast mein Leben lang zu den Grundthemen meines Denkens gehört, gelingt es mir nicht, in befriedigender Klarheit zu sagen, was ich meine, wenn ich «Gott» sage. Und wenn ich schon einmal zu wissen meine, was das Wort «Gott» bedeutet, dann wird es mir am nächsten Tag schon wieder fraglich. Gewiß, ich kann viele Formeln aus der Sprache der Religionen wiederholen und zum Teil auch erklären; aber damit weiß ich immer noch nicht, wer oder was Gott ist. Ja, ich bin noch nicht einmal ganz sicher, ob es Gott wirklich gibt.

Ich bewundere immer die Leute, die so sicher und überzeugt von Gott reden, als wüßten sie genau, was er will oder nicht will. Aber sie reden nicht gut von Gott. Je lauter ein kirchlicher Prediger von Gott tönt, um so weniger hat er von Gott begriffen.

«Gott sei Dank gibt es nicht, was sechzig bis achtzig Prozent der Zeitgenossen sich unter Gott vorstellen», sagte *Karl Rahner*. Man könnte vielleicht noch steigern: «Gott sei Dank gibt es nicht, was sich bisher *alle* Menschen unter Gott vorstellen.» Denn das, was wir «Gott» nennen, übersteigt grundsätzlich das Erkennen und Verstehen *aller* Menschen, auch das von großen Theologen und Denkern und gewiß auch das von Papst und Bischöfen.

Eine Spiegelung der Seele am Horizont der Unendlichkeit?

Das herkömmliche kirchliche Denken und Sprechen von Gott ist bestimmt durch die Vorstellung eines *ewigen, unwandelbaren, vollkommenen Gottes*, der immer schon vor aller Zeit in seiner Vollendung da war und als unendlicher Gott eine endliche Welt hervorgebracht hat.

Bei allem Respekt vor dieser erhabenen Gottesvorstellung muß ich dennoch fragen, ob nicht auch diese Gottesvorstellung eine geschichtlich gewordene ist; eine, die zugleich auch der Beschränktheit menschlichen Denkens und Sprechens unterliegt. Diese klassische Vorstellung deutet das Verhältnis Gott–Welt deduktiv, d. h. *von oben nach unten*. Sie ist in dem *statischen Weltbild* der Antike verwurzelt.

Wer mit dem *evolutiven Weltbild* vertraut geworden ist und dessen Sichtweise in sich aufgenommen hat, kommt nicht umhin, manche herkömmliche religiöse Vorstellungen neu zu überdenken und nach einem neuen Verständnis zu suchen, so auch bei der Frage nach Gott. Ich suche deshalb bei der Frage nach Gott *auch* einen induktiven Ansatz *von unten her*, von der menschlichen Existenz her: Wie ist es in der sich entwickelnden Menschheit dazu gekommen, daß die Vorstellung von einem Gott entstand?

Mir ist aufgefallen, daß fast alle Aussagen der Religionen über Gott, über seine Macht, seine Unverfügbarkeit, seine Unsagbarkeit und über die Abhängigkeit menschlichen Schicksals von seiner Gunst zugleich auch Aussagen sind, die man *auch ohne Gott* ganz allgemein über das Leben und die Verflochtenheit des menschlichen Schicksals in die Strukturen dieses Lebens machen könnte. Das lenkt meine Überlegungen in die Richtung, ob nicht alle Aussagen der Religionen über Gott und das Göttliche im Grunde nur *Spiegelungen der menschlichen Erfahrungen mit dem Leben selbst* sein könnten.

Dann wäre alles Fragen nach Gott nichts anderes als das Fragen nach dem Leben, nach seinen Gründen, nach seinem

Sinn, nach seiner Eigenart und nach seinen Spielregeln. Dann wären alle Antworten, welche die Religionen dem Menschen anbieten, nichts anderes als eine *Verarbeitung und Ausdeutung menschlicher Lebenserfahrungen*, die in eine göttliche Macht oder Person hineinprojiziert wurden.

Dann wäre das, was wir Gott nennen, selbst eine Projektion, *eine Spiegelung der menschlichen Seele am Horizont der Unendlichkeit*.

Gott – «angeboren»?

Schon in der Frühzeit der Menschheit, als der Mensch sich aufrichtete und in seinem Bewußtsein zum erstenmal die Welt als Gegenüber aufdämmerte, dürfte wohl auch eine Ahnung göttlicher Mächte in ihm erwacht sein. Erfahrungen von undurchschaubaren Wirkzusammenhängen des Daseins, von denen Gedeih und Verderb, Heil und Unheil des Lebens abhängig waren, konnten noch nicht rational verarbeitet und gedeutet werden. Sie verdichteten und verobjektivierten sich *in der Vorstellung wirkender unsichtbarer Mächte, wirkender Gottheiten*. Diese «Gottheiten» waren die urzeitlichen Vorfahren aller späteren Götter: *personifizierte Schicksalsmächte*. Der Umgang mit den frühen Gottheiten fand wahrscheinlich seinen ersten Ausdruck in *magischen Ritualen,* durch die der Mensch sein Geschick zu beeinflussen und das Bedrohende zu bannen versuchte.

Als aufdämmerndes menschliches Bewußtsein in der Urzeit sich tastend in das Dunkel des Lebens hineinfragte, als urzeitliche Hände zum erstenmal geheimnisvolle Zeichen in den Stein ritzten, um eine unbekannte schicksalsbestimmende Mächtigkeit zu beeinflussen, seit menschliche Sprache zum erstenmal stammelnd ein Wort für «Gott» über die Lippen brachte, wurde «Gott» in das Bewußtsein der Menschen aufgenommen und als Bild der Seele *unverlierbar eingeprägt*.

Wir alle haben Gott von unseren Vorfahren geerbt. *Gott ist uns «angeboren»*. Gott bricht immer wieder durch im

Menschen. Gott ist nicht totzuschweigen. Kein atheistisches Erziehungsprogramm und kein millionenfacher Mißbrauch seines Namens haben Gott aus dem Bewußtsein der Menschheit zu verdrängen vermocht.

Seitdem ist Gott in jedem Menschen, der geboren wird; als Bild, als Anspruch, als Macht, als Rätsel, als Frage, als Realität. Und jeder muß schauen, wie er mit diesem Erbe klarkommt.

Gottesbilder: kulturabhängig

Die Vorstellungen der göttlichen Mächte wandeln sich in der Menschheitsgeschichte immerzu. Sie teilen alle Entwicklungsstufen der menschlichen Seele und des menschlichen Geistes. Bilder aus den wechselnden Erfahrungsräumen des Menschen, aus seiner geographischen und aus seiner kulturellen Umwelt, zeichneten sich in das Bild der Gottheit ein.

Die inhaltliche bildhafte Ausfüllung der konkreten Gottesvorstellung ist von der jeweiligen geschichtlichen, sozio-kulturellen Umwelt des Menschen abhängig. Sie wird nicht genetisch, sie wird *kulturell tradiert*.

Bei einem Indianer am Amazonas bekommt so Gottes Gesicht andere Züge als bei einem orientalischen Wüstenbewohner, bei einem Tibetaner am Himalaja bestimmen andere kulturelle Faktoren das Bild Gottes als bei einem Gläubigen der mediterranen Kultur.

«Gott» steigt nicht als fertiges Wesen vom Himmel herab, um im Bewußtsein der Menschheit Platz zu nehmen. *Gott wird!* In der Menschheit und in jedem einzelnen Menschen!

Ein anderer Name für Schicksal?

Wie kamen Menschen dazu, an das Dasein eines Gottes zu glauben? Ich frage hier nach den anthropologischen Wurzeln des Gottesglaubens in der menschlichen Erfahrung.

Menschen erfuhren glückhafte Wendungen ihres Lebens, Rettung aus höchster Not, Bewahrung vor dem Untergang, ein unverdientes Beschenktwerden mit einer Wohltat. Wer wendete ihr Schicksal? Wer rettete, wer bewahrte uns? Wer schenkte das Gute? – *Wer anders als ein Gott;* ein Gott der «mit uns» ist; ein Gott, dem zu danken ist.

Solche Erfahrungen liegen auch dem biblischen Gottesglauben zugrunde.

Unheil brach unerwartet herein, ein Erdbeben, das alles zerstörte, ein Unwetter, das alles verwüstete, eine Krankheit, die alle Pläne zunichte machte, eine Hungersnot oder ein Krieg, die das Leben bedrohten. Wer ließ die Mauern des Hauses einstürzen? Wer ließ die Felder verdorren? Wer gab dem Feind Gewalt? – *Wer anders als ein Gott;* ein Gott, der beleidigt wurde; ein Gott, der zu versöhnen ist.

Solche Erfahrungen und Deutungen stehen am Anfang auch des biblischen Gottesglaubens.

Menschen erfahren seit Anbeginn immer wieder, wie das Geschick des Lebens, sein Heil und sein Unheil, unlösbar eingeflochten ist in ein Netz zwingender Fakten und unplanbarer Zufälle, wie es abhängig ist von «Mächten und Gewalten», über die sie keine Macht des Verfügens haben. Wer schickte das Geschick? Wer fügte die Fügungen? Wer plante das Ungeplante? – *Wer anders als ein Gott;* ein unberechenbarer Gott, den man durch Riten, Opfer und Gebete beeinflussen muß.

Ist das Wort «Gott» vielleicht nur ein anderer Name für die Unverfügbarkeit und Undurchschaubarkeit des Schicksals?

Die Geburt der Götter

Es drängt sich mir immer wieder der Verdacht auf, daß in der Religionsgeschichte unerklärbare und unverfügbare Kräfte, die das Lebensschicksal eines Volkes oder eines einzelnen bestimmten, als Handeln von überirdischen personhaften Mächten gedeutet wurden. Diese wurden *personalisiert* und

in einen überirdischen Bereich *projiziert* und dadurch vergöttlicht: *divinisiert*.
So wurden die Götter geboren. In der zur Fruchtbarkeit lockenden Venus, in der brüstereichen Artemis und den unzähligen Muttergottheiten fand die Abhängigkeit des individuellen und sozialen Überlebens vom Kinderreichtum ihre personalisierte und divinisierte Projektion. Die Abhängigkeit Ägyptens von der Überflutung des Nils ließ den Nil selbst zu einem Gott werden. Wo es der Regen war, der einem Volk die Nahrung sicherte, wurden den regenspendenden Gottheiten Altäre errichtet. In dem launischen Meeresgott Poseidon ist die lebensbedrohende Unberechenbarkeit des Meeres ebenso personalisiert und divinisiert wie in den zahlreichen Kriegs- und Jagdgöttern die Ungewißheit des Glücks bei Krieg und Jagd.
Gott – ein anderer Name für das Leben selbst?

Und der biblische Gott?

Als einer, dessen Gottesglaube in der biblischen Tradition steht, würde ich ja gerne den Gott Israels, der ja auch der Gott Jesu war, aus dieser Aufzählung ausschließen und für ihn einen Sonderstatus beanspruchen: Nein, bei meinem Gott, dem biblischen, da ist das ganz anders. – So macht es durchweg die kirchliche Lehrpraxis, an der auch ich beteiligt war. Aber ist das ehrlich?

Verdankt nicht auch *der biblische Gott* – ebenso wie die Gottheiten der Urzeit und die großen Götter Ägyptens, Babylons, Indiens, Griechenlands oder Roms – seine Existenz einer geschichtlichen menschlichen Daseinsdeutung, in der naturkausale Kräfte und schicksalsbestimmende Ereignisse als persönliches Handeln einer göttlichen Person gedeutet wurden? Ich kann keinen zwingenden Grund erkennen, den biblischen Gott, und damit auch den christlichen Gott, aus dieser Aufzählung auszuschließen; auch wenn ich es gerne möchte. Nach wie vor bleibt für mich persönlich der biblische Gottesglaube für meinen eigenen Gottesglauben normierend.

Bei diesem monotheistisch gedachten Gott verdichtet sich die Vielgestaltigkeit der lebensbestimmenden Mächte in eine einzige Person. Gewiß, der Gott Israels war *keine divinisierte Naturmacht.* Israels Gott war *Herr* der Naturmächte, kein Teil von ihnen. Israels Glaube entgöttlichte die Natur, und damit erstand – religionsgeschichtlich gesehen – eine ganz neue Vorstellung von Gott, *ein personaler, in der Geschichte wirkender Gott.* Doch auch die Gottesvorstellung der Bibel ist eine Verdichtung der schicksalsprägenden Mächte, die Israel in der Geschichte erfuhr.

Hervorgegangen aus der Daseinsdeutung Israels?

Ich bin inzwischen einigermaßen sicher, daß in Wirklichkeit alles ganz anders geschehen ist, als es durchweg im Religionsunterricht gelehrt und von den Kanzeln gepredigt wird, nämlich genau *umgekehrt.*

Nicht ein Gott erwählte sich die fliehenden Hebräer als «sein Volk». Es war umgekehrt: Mose erwählte «Jahwe», einen Gott aus dem Sinaigebiet, zum Gott seines wandernden Volkes. Der Gott *Jahwe* war nicht an ein lokales Heiligtum gebunden, sondern war als eine Gottheit nomadisierender Hirtengruppen ein «*Gott, der mitwandert*». Er war also hervorragend geeignet, die wandernden Hebräer zu begleiten und zu einem Volk zusammenzubinden.

Nicht ein Gott gab am Sinai dem Volk das «Gesetz». Nein, umgekehrt: In der Zeit der Wüstenwanderung und auch später noch nach der Landnahme formten sich in Israel Lebensordnungen, Verhaltensregeln und Gesetze. Sie sind recht vielschichtig und zum Teil in unterschiedlichen Traditionen anderer Völker verwurzelt. Obwohl Menschenwerk, wurden sie dem Gott des Mose als dem Gesetzgeber Israels zugewiesen. Sie spiegeln neben einer weisen Verarbeitung sozialer Erfahrungen auch die Beschränktheit des Horizonts, den Mangel an Humanität und die Vorurteile einer altorientalischen, patriarchalisch strukturierten Gesellschaft wider. Die *Zehn Gebote* und die zahlreichen Gesetze wurden gewissermaßen dem Mose-Gott «in den Mund gelegt» und mit seiner Autorität besiegelt.

Nicht ein Gott «schuf den Menschen nach seinem Bilde». Umgekehrt: *Der Mensch schuf Gott nach seinem Bilde.* Auch das Bild des biblischen Gottes ist gezeichnet von dem Denken und den Vorstellungen, von den Ängsten, Erwartungen und Hoffnungen der Menschen im Volk Israel, ein fürsorgender und immer da-seiender Gott, wie ihn Israel in der Gefährdung brauchte, ein patriarchalischer Gott mit den Zügen der Sozialstruktur von Nomadengruppen.

Nicht das «Volk» ist – wie es im Alten Testament heißt – *«Sohn Gottes»* oder *«Kind Gottes»*. Es ist auch umgekehrt: Dieser Gott ist ein «Sohn Israels», ein «Kind» dieses Volkes, geboren aus den zeitbedingten Vorstellungen, Denkweisen und Bedürfnissen. Dieser Gott ist ein Geschöpf Israels und trägt seine Züge. Er ist eine *Projektion aus der Psyche Israels*. Auch das Gottesbild der Bibel ist ein geschichtlich gewordenes und ist mit dem Bewußtsein Israels gewachsen. Das Bild Gottes ist das Bild der Menschen, die es zeichneten: ein Abbild ihrer selbst, ein Abbild ihres Bildes vom Leben, ein Abbild ihres Bildes von der Welt.

Von den Gottesvorstellungen anderer Religionen sagen wir ähnliches fast wie selbstverständlich. Bei unserem biblisch-christlichen Gott aber weisen wir den Verdacht weit von uns. Zu Recht?

Ein Sohn der Wüste

Ich hatte mit meiner Frau zwei Wochen das «Heilige Land» bereist, um die Stätten der Bibel kennenzulernen. Den Rückflug unterbrachen wir für einige Tage in Athen. Aus dem Fenster unseres Hotelzimmers schauten wir auf die Akropolis. Meine Frau wollte sich von den Strapazen der Reise ausruhen. Doch mich trieb es sofort hinauf auf den Burgberg zu den alten griechischen Göttern.

Schon während ich die Stufen zu den Propyläen emporstieg und die mächtigen Säulen vor einem tiefblauen Himmel erblickte, überkam mich eine unerklärbare festliche Heiterkeit, eine innere Gelöstheit. Es war, als sei plötzlich ein Druck, eine Schwere von mir gewichen. Alles wurde lichter, leichter, freier und freundlicher. Die heiteren Götter Griechenlands hatten mich empfangen. Sie hatten die Schwere des biblischen Landes von mir genommen.

Mir wurde erst da bewußt, daß ich an den heiligen Orten im biblischen Land nie ein Gefühl der Heiterkeit und Leichtigkeit gehabt hatte. Der Gott der Bibel ist kein heiterer Gott. Er kann nicht fröhlich lachen. Er erfreut sich nicht am Wein. Er ist ein Sohn der Wüste. Er ist, wie auch heute noch die meisten Menschen im vorderorientalisch-palästinensischen Lebensraum sind: eine Projektion aus der Psyche jener, die sein Bild zeichneten.

Der einzige Gott

Ist es Zufall, daß sich die *monotheistische Gottesvorstellung* in Gebieten mit monoformen Wüstenlandschaften entwickelt hat? In der Glaubensunterweisung sind wir gewohnt, die Entstehung des Glaubens an einen einzigen Gott in der biblischen Tradition als einen alles entscheidenden Durchbruch im Offenbarwerden des wahren Gottes anzusehen und die «primitive» Vielgötterei heidnischer Religionen demgegenüber abzuwerten. So habe ich es auch gemacht. Aber ist das wirklich berechtigt?

Religionsgeschichtlich gesehen ist es möglich, daß der biblische Monotheismus seine ersten Anfänge in der Religion des alten Ägyptens hat. Für eine kurze Zeit (ca. 1375–1350 v. Chr.) hatte der Pharao Amenophis IV., besser bekannt unter dem Namen *Echnaton*, in Amarna gegen den Widerstand der Priesterschaft den Kult eines einzigen Gottes durchgesetzt: den Kult des Sonnengottes *Aton*. Unter seinem Nachfolger *Tutenchamun* kehrten die vielen Gottheiten wieder in die Tempel zurück. Zur Freude der Priester! Zu dieser Zeit lebten die Vorfahren des Volkes Israel, die Hebräer, als Sklaven in Ägypten. Es ist nicht auszuschließen, daß sie, als sie später unter der Führung des Mose aus Ägypten flohen, die Vorstellung eines einzigen Gottes auf ihre Wüstenwanderung mitgenommen haben und zum Glauben an Jahwe, den einzigen Gott, der «keine anderen Götter neben sich duldet», ausgeformt haben. Der biblische Psalm 104 hat sein fast wörtliches Gegenstück in einem ägyptischen Hymnus auf den Sonnengott Aton. (11/106 f.)

Die Rückkehr der Götter

Die Vorstellung eines einzigen allzuständigen Gottes, die sich in der biblischen Tradition in jahrhundertelangem Ringen durchsetzte, hat Israels Glaube oft überfordert. Immer wieder «schielte» man zu den vielen Göttern. «Wie lange wollt ihr noch hinken auf beiden Seiten?» zürnte der Prophet Elija. Die monotheistische Gottesvorstellung brachte jedoch auch Probleme, war doch Gott jetzt nicht nur die Quelle alles Guten, das seinem Volk geschah. Er mußte nun auch geradestehen für alles Böse und Leidvolle in der Welt und mußte sich auch die Anklage des Job gefallen lassen.

Um den einzigen Gott aus der Verantwortung für das Böse zu entlasten, hat man ihm später den bösen Gegenspieler zugesellt, den *Teufel*. Dieser wurde von nun an der Prügelknabe für alles Böse. – Ich kann Ratzinger schon verstehen, wenn er heute noch den Teufelsglauben verteidigt. Jeder monotheistisch gedachte Gott fordert die Erfindung eines Teufels geradezu heraus. Nur so können die Hände Gottes rein gehalten werden.

Mit den vielen *Heiligen*, die, von der Kirche zur «Ehre der Altäre emporgehoben», in den christlichen Himmel einzogen und dort mit den unterschiedlichsten Zuständigkeiten betraut wurden, zogen heimlich und unerkannt die alten polytheistischen Götter wieder in den Himmel ein. Sie halten sich bis heute zwar noch etwas bedeckt. Die Damen halten ihr Dekolleté etwas höher geschlossen, und die Herren geben sich auch etwas seriöser, weniger sinnenfreudig und mehr ans geistliche Milieu angepaßt, aber immerhin: Im Gewand der christlichen Heiligen haben die alten Götter den absolutistischen Monotheismus schon ganz erfolgreich konspirativ unterwandert.

Ihre Altäre stehen zwar nicht mehr in den Tempeln, aber immerhin schon in den Nischen und Kapellen der katholischen Kirchen. Dort steigen dieselben Gebete zu ihnen empor wie einst in Epidaurus, Ephesus oder Luxor. Und wenn man die richtigen Gebete in richtiger Reihenfolge spricht, ihnen eine Opfergabe darbringt, zumindest eine Kerze anzündet, kann man sie gnädig stimmen, so daß sie vom Himmel aus helfen, die Gicht zu kurieren, einen verlorenen Schlüsselbund wiederzufinden oder ein Examen zu bestehen.

Wo ist der Unterschied zu den alten Göttern? Das Judentum und der Islam waren da konsequenter in ihrem Monotheismus. Aber die beziehen ihn auch täglich frisch aus der Wüste.

Um das Unerklärliche zu erklären?

Brauche ich Gott, um zu verstehen, warum die Sonne scheint, warum es regnet oder schneit, warum Blitze am Himmel zucken und der Donner grollt? – Wenn ich ehrlich antworten soll: *Nein!* Das kann ich mit der Meteorologie besser.

Brauche ich Gott, um zu verstehen, weshalb eine Lawine ein Dorf verschüttet, weshalb ein Erdbeben zerstört, was Generationen schufen, weshalb Dürre Menschen und Tiere verhungern läßt und die Fluten reißender Flüsse Lebendiges unter sich begraben? – *Nein!* Das verstehe ich mit Hilfe der Physik und der Geologie besser.

Brauche ich Gott, um zu verstehen, weshalb Blumen blühen und die Bäume Früchte tragen, weshalb Liebende zusammenfinden und weshalb ein Kind geboren wird? – *Nein!* Das erklärt mir die Biologie besser.

Brauche ich Gott, um zu begreifen, warum Krebs sich durch die Gedärme frißt und Viren sich in den Zellen des Körpers einnisten, weshalb alle Schönheit welkt, weshalb ein geliebter Mensch unter Schmerzen leidet und weshalb alles Leben, auch das meinige, sich vor dem Tode neigt? – *Nein!* Das lassen mich Biologie und Medizin besser verstehen, obwohl auch sie die letzten Fragen nicht beantworten können.

Brauche ich Gott, um zu verstehen, warum Menschen gut zueinander sind, einander lieben, beistehen, vergeben? Brauche ich Gott oder seinen mythischen Gegenpart, den Teufel, um zu erklären, weshalb Menschen dem Bösen verfallen, morden, rauben, lügen, hassen und nicht in Frieden miteinander leben können? – *Nein!* Hier sind die Auskünfte der Verhaltens- und Evolutionsforschung, der Psychologie und Soziologie für mich einleuchtender.

Immer wenn in den Antworten auf solche Fragen allzueilig der Name «Gott» genannt wird, habe ich den Verdacht, daß man sich die Antwort zu leicht gemacht hat. Statt den Dingen in ihren vielschichtig verzweigten Kausalitäten nachzugehen, anstatt sorgfältig zu analysieren und seinen Geist anzustrengen, wählt man den bequemeren Weg und sagt einfach «Gott». Man mißbraucht den Namen Gottes. Aus Denkfaulheit.

Nein! Auf dieser Fährte lockt mich keiner mehr zu Gott. Wenn Gott nur ein Name ist, um das Unbegreifliche zu begreifen, um das Unerklärliche zu erklären, um über das Unverfügbare zu verfügen, dann ist solches Sprechen von Gott *Sünde* gegen das zweite Gebot: «Du sollst den Namen Gottes nicht mißbrauchen.»

Kein Kleister- und Verschleierungsgott

Im Sprachgebrauch der Religionen wird der Name Gottes allzuoft mißbraucht, um die Widersprüchlichkeit des Lebens zu glätten. Der Name Gottes dient dazu, die Risse in den Fugen der Welt zu verkleistern und ihre Abgründe zu verdecken. Er soll die Ungewißheit verschleiern und die Angst bannen.

Es ist redlicher, sich den Ungereimtheiten des Lebens zu stellen, seine Widersprüche und Ungewißheiten auszuhalten, ohne sich vorschnell mit dem Hinweis auf Gott beruhigen und trösten zu lassen. Damit würden wir Gott mehr gerecht werden.

Gott ist kein «Opium fürs Volk».

Sendet er den Regen?

Die Vorstellungen, daß eine mächtige Gottheit da oben sei, die, vom Hilferuf bittender Menschen bestürmt, sich gnädig neigt, in das irdische Geschehen eingreift und rettende Hilfe sendet, gehört zu den Kernstücken aller Religionen. Israel rief in der Bedrängnis nach seinem Gott Jahwe. Alle Schriften des Alten Testamentes sind durchzogen von der Preisung seines rettenden Eingreifens in die Geschichte. Nach der Ermutigung Jesu, den «Vater allezeit vertrauensvoll zu bitten», hält auch die Kirche ihre Gläubigen an, ihre Bittgebete gegen den Himmel zu richten, wo nicht nur Gott sie hört, wo sie auch noch bei der Gottesmutter Maria und zahlreichen Heiligen freundliches Gehör finden. Ich muß zugeben, daß auch ich in schweren Stunden so um Gottes Hilfe gebeten habe. Beten ist menschlich. Trotzdem muß ich mir die Frage ganz ehrlich beantworten:

Ist das, was wir Gott nennen, wie eine Instanz, eine Macht, eine Person, die da irgendwo über uns ist und von dort her in unser Geschick eingreift, wenn wir sie darum bitten? *Stimmt das wirklich so?*

Ein Gott, der Regen sendet, wenn hungernde und dürstende Menschen in Prozessionen durch die dürren Felder ziehen und ihn anrufen, ein Gott, der dem wütenden Sturm gebietet und die Wogen des Meeres beruhigt, wenn die Seefahrer ihn anflehen? – Nein, daran glaube ich nicht mehr.
Ein Gott, der den Krebs heilt, der in der Brust der jungen Frau wuchert? Ein Gott, der dem Blinden sein Augenlicht wieder schenkt und den Sterbenden zurück ins Leben ruft? Ein Gott, der der alternden Frau ihren ausbrechenden Gatten zurückholt? Ein Gott, der allen Menschen ihr täglich Brot gibt? Ein Gott, der Gute belohnt, Böse bestraft und Gerechtigkeit wiederherstellt? Ein Gott, der die christliche Flotte bei Lepanto über die Türken siegen ließ? Ein Gott, der katholische Päpste und Bischöfe in besonderer Weise erleuchtet und bevollmächtigt?
Nein, so sehe ich weder Gott noch das Gebet. Und aus dem Himmel greift auch keine Gottesmutter ein, wenn ihr die Tränen zahlloser Glaubenden entgegenströmen, mag sie in Lourdes oder Fatima, in Altötting oder Kevelaer wohnen. – Nein, das glaube ich nicht.
Solche Vorstellungen von Gott sind zwar menschlich, aber recht naiv menschlich: *anthropomorph*. Ein Gott, von dem so geredet wird, wurde geboren in den Herzen unzähliger leidender Menschen. Er ist die Projektion ihrer Hoffnungen, ihrer Ängste, ihrer Sehnsucht und ihrer Not.
Von diesem Gott, der sich täglich durch Millionen Gebete bestürmen läßt, dem täglich Millionen Kerzen angezündet werden, leben die Religionen. Er bringt ihnen den größten Teil ihrer Geltung und einen noch größeren Teil ihrer Einkünfte. Seit Urzeiten verdanken die Priester ihre Macht der naiv-menschlichen Erwartung, sie könnten das Schicksal wenden, indem sie den Willen einer Gottheit durch magische Rituale und Opfer beeinflussen, ihn gnädig stimmen und seinen Zorn abwenden. Dieser Gott der Priester nutzt die Unwissenheit, die Leichtgläubigkeit der Menschen und ihre Not aus.
Auch das ist Mißbrauch Gottes.

Hat Gott geholfen?

«Gott hat geholfen», las ich auf einer Votivtafel, die in einer Seitenkapelle einer bayerischen Barockkirche hing. Das liebevoll und naiv gemalte kleine Bild auf der Tafel zeigte eine Frau, die sich aus dem Krankenbett erhebt.

Kein Grund, in intellektueller Überheblichkeit über die vertrauensvolle Gläubigkeit der Danksagenden zu lächeln! Aber dennoch muß ich um der Wahrheit willen ganz schlicht die Frage stellen: War es wirklich Gott, der hier eingriff und die Sterbenskranke wieder gesunden ließ? Oder waren es das Wissen und Können ihres Arztes, die Selbstheilungskräfte ihres Körpers oder auch nur ein glückhafter Umstand?

«*Gott hat geholfen.*» Wer so spricht, *deutet nachträglich* das Faktum seiner Heilung als Eingreifen Gottes. «Gott (Allah, Jahwe, Shiva) hat helfend eingegriffen – mich bewahrt – mich geführt – mich gerettet – mir geschenkt – Maria (oder Isis oder Artemis) hat mein Flehen erhört.» *Das alles sind Deutungen, keine Fakten.*

Alle Fakten gewinnen erst durch ihre jeweilige Deutung ihre besondere *Bedeutung*. Der Glaube deutet alles Geschehen im menschlichen Dasein von Gott her. Deshalb kann ein Glaubender seine Heilung durchaus als eine Erhörung seiner Gebete durch Gott ansehen. Aber wie gesagt: Das ist nur eine subjektive *Deutung*, keine Tatsache.

Gibt es Gott?

Schon die Universalität und Beständigkeit der Gottesvorstellungen in der Menschheitsgeschichte halten mich davon ab, die Wirklichkeit, die wir als «Gott» bezeichnen, als nicht existent abzutun oder gar zu leugnen. Die größten Denker der Menschheit haben darum gerungen. Es gibt auch eine Leugnung Gottes, die – wie Wolfhart Pannenberg sagt – auf «intellektueller Barbarei» beruht. Die Mehrzahl aller Menschen auf der Erde leben, denken und handeln aus der Verbundenheit mit dieser *Wirklichkeit Gott,* auch wenn sie diese ganz unterschiedlich bezeichnen und deuten.

Dennoch bleibt die Frage: Gibt es das, was wir «Gott» nennen, wirklich? Um ein Ja oder ein Nein oder auch nur ein Vielleicht oder ein Wahrscheinlich sprechen zu können, müßte ich zuerst wissen, was mit dem Wort «Gott» gemeint ist. Vor allem muß ich diese Frage aus dem Horizont meiner eigenen Religion herauslösen und universeller stellen. Dann würde sie lauten: Gibt es Allah? Gibt (oder gab) es El, Adonai, Jahwe, die biblischen Gottheiten? Gab es Marduk? Gab es Amun, Horus, Aton, Anubis, Hathor, Nut und Isis? Existierte Zeus oder Jupiter, Aphrodite oder Venus? Gibt es Shiva, Vishnu und Brahma?

Was soll ich antworten? Ich weiß es nicht. Aber: Dasselbe, was ich über die anderen gestorbenen und noch lebenden Gottheiten sagen würde, muß ich dann konsequenterweise auch über den biblisch-christlichen Gott sagen.

Es sind Worte, Bilder, Vorstellungen, in denen die ganze Menschheit eine letzte, alles-tragende Wirklichkeit, das Grundgeheimnis des Daseins, benennt. Die Worte, Bilder und Vorstellungen wechseln; sie sind geschichtlich bedingt und kulturell verschieden. Alle Gottesvorstellungen, die es in den Religionen dieser Erde gibt oder gab, sind oder waren nur Annäherungen an diese unbenennbare und unfaßbare Wirklichkeit. Das gilt auch für die christliche Religion!

Ich wage es zu sagen, daß sogar auch in unserer westlichen, säkularisierten Welt diese Wirklichkeit bei den meisten denkenden Menschen im Zentrum des Denkens, Fragens und Suchens steht. Noch immer! Nur wird sie nicht mehr als Gottesfrage erkannt, sondern als *Existenz- und Sinnfrage* verstanden.

Aber die Wirklichkeit, die wir mit diesen vielen unterschiedlichen Namen und Bildern bezeichnen, die ist wirklich da. – Das glaube ich.

Sinn – ein anderes Wort für Gott?

Die Welt mag einen Sinn haben. Das Leben mag einen Sinn haben. Das Dasein des Menschen mag einen Sinn haben. Das Geborenwerden mag einen Sinn haben, und das Sterben auch. Ich lebe sogar aus dem Grundvertrauen, daß der Welt und dem Leben ein Sinn zugrunde liegt und in ihnen wirksam ist. Doch ich kenne diesen Sinn nicht. Er verhüllt sich mir. Ich kann ihn nur vertrauend erhoffen, nie aber ergreifend besitzen.

Mit dem *Sinn* ist es wie mit *Gott*. Vielleicht ist die Frage nach dem Sinn des Lebens identisch mit der Frage nach Gott. Suchen wir deshalb so sehr nach Sinn? *Sinn* – ein anderes Wort für Gott, den wir suchen, den wir erahnen, aber nicht erkennen, der sich uns verhüllt, dessen Dasein wir nur vertrauend erhoffen können?

Oder umgekehrt gefragt – mit denselben Worten: Ist die Frage nach Gott identisch mit der Frage nach dem Sinn des Lebens? Suchen wir deshalb nach Gott? *Gott* – ein anderes Wort für den Sinn des Lebens, den wir suchen, den wir erahnen, aber nicht erkennen, der sich uns verhüllt, dessen Dasein wir nur vertrauend erhoffen können?

Ich vertraue darauf, daß Sinn da ist, weil ich darauf vertraue, daß Gott da ist.

Gott – eine Person?

In den biblischen Religionen wird die Gottesvorstellung mit der Vorstellung eines personhaften Gottes verbunden, der über Mensch und Erdkreis hoch erhoben existiert und von dort aus heilstiftend oder strafend, lenkend und leitend in das Geschehen auf dieser Erde eingreift.

Eine solche Deutung ist durchaus menschlich. Denn irgendwie mußten die biblischen Menschen das Geschehen, von dem die Bibel berichtet, deuten. Und was lag näher, als nach dem vertrauten Bild einer mächtigen menschlichen Person nun auch eine vom Himmel aus wirkende mächtige göttliche *Person* anzunehmen, die hört und sieht, die denkt und spricht, die lenkt und befiehlt, die zürnt und verzeiht?

Die Vorstellung von Gott als einer *Person* bestimmt auch das christlich-kirchliche Reden von Gott. Vielleicht gibt es tatsächlich kein besseres Bild, um sich eine Vorstellung von Gott zu machen, als das einer menschlichen Person. Doch auch wenn ich mir Gott als eine Person vorstelle und ihn mit Du anrede, muß ich mir bewußt sein, daß auch diese Gottesvorstellung nur eine *bildhafte anthropomorphe Projektion* ist, eine Krücke, deren unser Geist bedarf, um sich etwas Unvorstellbares dennoch vorstellen zu können.

Für das, was wir Gott nennen, hat unser Gehirn in seiner Entstehungsgeschichte überhaupt keine adäquaten Vorstellungsformen entwickelt. Alle Bilder und Worte, die wir gebrauchen, um Gott zu bezeichnen, haben bestenfalls den Charakter bildhaft-analoger Annäherung an das Gemeinte, einer anschaulichen Konkretisierung. Auch das Bild der Person, das Glaubende wie Nichtglaubende in gleicher Weise benutzen, wenn sie von Gott sprechen, ist nur eine solche konkretisierende Vorstellungshilfe. Hoimar von Ditfurth spricht sogar von einer «unzulässigen Konkretisierung des Gottesbegriffes». (31/418)

Die Sprache der Bibel selbst hält genügend andere Bilder und Vorstellungen bereit, wenn sie das Geheimnis Gottes umkreist; nichtpersonale Bilder wie *Licht, Leben, Wahrheit, Weg, Fels, Quelle, Wolke, Heil, Himmel* usw. Sie sind ebenso gültig wie das Bild einer jenseitigen göttlichen Person, aber zugleich *ebenso ungültig*. Sie relativieren jedoch das anthropomorphe Bild einer göttlichen Person, das im christlichen Denken und Sprechen von Gott wohl am stärksten wirksam geworden ist.

Heute, so scheint mir, ist das Sprechen von Gott als einer jenseitigen Person für viele Menschen eher eine Erschwerung, an Gott zu glauben.

«Was uns unbedingt angeht»

Eine andere, vielleicht hilfreichere Vorstellung von dem, was mit «Gott» bezeichnet wird, kann ich gewinnen, wenn ich mir Gott einmal nicht in anthropomorpher Weise unter dem Bild einer jenseitigen Super-Person vorstelle, sondern mehr vom existentiellen Ansatz her denke.

Von Luther ist der Satz überliefert: «*Das, woran du dein Herz hangest, das ist dein Gott.*» In der gleichen Verständnisebene bezeichnet Paul Tillich Gott als das, «*was uns unbedingt angeht*». Nach diesem Verständnis bezeichnet das Wort «Gott» das, was der Mensch jeweils als letztlich entscheidend und maßgebend ansieht für *Wohl, Gelingen, Heil, Glück, Zukunft und Erfüllung* seines Lebens. Gott – ein Name für das, wovon für uns alles abhängt?

Der sichere Grund, auf dem wir das Haus unseres Lebens bauen können; der Anker, an dem wir uns in den treibenden Strömen des Lebens festmachen können, der Halt, der uns davor bewahrt, fortgeschwemmt zu werden: Der Glaube nennt es – *Gott*.

Wir suchen nach Orientierung in der Unüberschaubarkeit des Lebens. Wir verlangen nach Weisung des Weges. Wohin führen die Wege? Welcher Weg ist richtig? Wer weist ihn uns? – Der Glaube spricht von – *Gott*.

«Gott» nannte Israel jene Macht, von der das Volk sich Wendung des Unheils, Befreiung aus der Bedrängnis der Feinde und Rettung aus der Not erhoffte. Und der Name *Gott* steht auch für das Dunkel, das uns jenseits der Todesschwelle erwartet. Wo die Religionen der menschlichen Hoffnung ewiges Leben, Erfüllung aller Sehnsüchte und bleibendes Heil verheißen, da geben sie auch dem den Namen – *Gott*.

Gott – ein Name für das Geheimnis des dunklen Ursprungs unserer Existenz, für den ungekannten Sinn und für die uns verborgene Zukunft unseres Daseins, für das Alpha und Omega des Ganzen?

Der Unsagbare

Die Bibel weiß selbst um die Unzulänglichkeit ihrer Bilder von Gott. Der Gott der Bibel ist ein nicht faßbarer Gott. Er weigert sich, seinen Namen zu nennen, und bleibt dadurch unverfügbar. Er verbirgt sich in seinem Mantel und verhüllt sich in der Wolke. Er lebt im unzugänglichen Licht. *Israels Verbot, sich ein Bild von Gott zu machen, gehört vielleicht zum Gültigsten, was in der Menschheit über Gott je gesagt worden ist.*

Obwohl sie noch nichts von dem wußten, was die heutige evolutive Erkenntniskritik aus ihrem Wissen um die stammesgeschichtlich bedingten Grenzen des menschlichen Erkenntnisvermögens aussagt, wußten die wirklich großen christlichen Denker immer schon um die Unsagbarkeit Gottes, um die Unmöglichkeit, in Kategorien aus der menschlichen Erfahrungswelt Gültiges über Gott zu denken und zu sprechen.

Gregor von Nazianz: «Kein Wort drückt dich aus. Wie soll ich dich nennen? Dich, den man nicht nennen kann. Oh, du, der Jenseitige von allen! Ist dies nicht alles, was man von dir sagen kann?»

Augustinus: «Gott kann nicht einmal das Unsagbare genannt werden, weil auch damit noch etwas gesagt wird. Da ist es besser, wenn man schweigt.»

Anselm von Canterbury: «In dir bewege ich mich und bin ich und kann doch nicht zu dir gelangen. In mir bist du und um mich, aber ich nehme dich nicht wahr.»

Thomas von Aquin: «Was Gott wirklich ist, bleibt uns allezeit verborgen; und dieses ist das Höchste, was wir in diesem Leben von Gott wissen können: zu wissen, daß er jeden Gedanken übersteigt, den wir über ihn zu denken vermögen.»

Wie widert einen da die kirchliche Bescheidwisserei an, die sich anmaßt, genau zu wissen, was die Wahrheit über Gott ist und was Gott will oder nicht will!

«Mit Gott im Sandkasten gespielt»

Es war auf einer internationalen Tagung der Dozenten und Professoren für Religionspädagogik in Salzburg. Die Landesregierung «gab sich die Ehre», uns in der Residenz zu empfangen. In seiner geistreichen und charmanten Begrüßungsansprache sagte der Landeshauptmann, daß ihm an Pfarrern und Religionslehrern etwas oft mißfiele: «Diese Leute reden immer so von Gott, als hätten sie mit ihm im Sandkasten gespielt.»

Der Mann, obwohl Politiker und kein Theologe, hatte das landläufige kirchliche Reden von Gott durchschaut. Er hatte mehr von Gott begriffen als die meisten, die beruflich von Gott reden.

Der Kirchengott

Ich weiß nicht, wie Gott ist. Aber ich bin mir einigermaßen sicher, daß Gott nicht so ist wie der Gott, der mir seit meiner Kindheit in den Kirchen begegnet, wie der Gott, auf den sich Papst und Bischöfe berufen, wie der Gott, der im Katechismus beschrieben, wie der Gott, der in den Kultformeln des liturgischen Betriebes beschworen wird.

Der biblische Gott, der nicht zu fassen war, der sich gewährte und immer wieder entzog, der kam und ging, wann immer er wollte, der sich an keine Regeln hielt und immer wieder für Überraschungen gut war, dieser Gott wurde eingefangen, gezähmt und an Ordnung gewöhnt. Er wurde vermessen, registriert und katalogisiert. Er ist nun berechenbar geworden. Und manipulierbar. Man weiß jetzt genau, wer er ist, was er mag und was er nicht mag. Dieser Kirchengott ist ein domestizierter Gott.

Der Kirchengott hat die Züge der Kirchenpriester angenommen. Er riecht nach Weihrauch und hat eine ausgesprochene Vorliebe für kultische Dienstleistungen. Er liebt das feierliche Gepränge liturgischer Auftritte und hüllt sich gerne in Gewänder aus den Kleiderschränken der Sakristei. Vor allem mag er es, wenn Menschen etwas «zu seiner Ehre» tun. Nichts erfreut ihn mehr als Opfer. Solche werden ihm nun täglich an Millionen Altären dargebracht. Wenn er spricht, benutzt er dieselbe verfeierlichte, pompöse und vernebelnde Sakralsprache wie seine priesterlichen Stellvertreter. Er teilt deren Abneigung gegen Sexuelles, schätzt aber Kinderreichtum.

Der Kirchengott – leider nicht nur eine Satire! Es gibt ihn tatsächlich. Ich bin ihm oft begegnet.

Die Sprache des kirchlichen Betriebes

Vielleicht fällt es mir manchmal so schwer, an Gott zu glauben, weil mein Kopf so vollgestopft ist mit all den Sprüchen, Formeln, Bildern und Vorstellungen, in denen in der Kirche von Gott geredet wird. Vielleicht sind es die ausgeleierten Sprüche und die zu Phrasen erstarrten Formeln in der Sprache der Prediger; vielleicht sind es die Bilder und Vorstellungen in der Sprache der Kultformeln und der kirchlichen Verlautbarungen, die mir ständig den Blick verstellen auf Gott. Er ist wohl da. Aber die Sprache des kirchlichen Betriebes weist mein Suchen immer wieder in falsche Richtungen. Sie hindert mich, ihn zu finden.

Aus Denkträgheit

Fast jedesmal, wenn ich in der Kirche das Wort «Gott» höre, könnte ich an dessen Stelle ein anderes Wort einsetzen, das die betreffende Sache mit einem höheren Grad an Wahrscheinlichkeit erklären und begründen kann, *ohne* die Vokabel «Gott» zu Hilfe zu nehmen. Wir sagen einfach «Gott», wenn wir etwas nicht anders erklären können. Wir sagen «Gott hat es so gefügt», wenn wir zu träge sind, den Ursachen eines Geschehens sorgfältig denkend nachzugehen. Die

Leiter der Kirche sagen: «Gott will es so», wenn ihre Argumente nicht mehr überzeugen. Sie sagen: «Gott hat es so eingesetzt», wenn sie institutionalisierte Ordnungen nicht mehr anders rechtfertigen und begründen können.

Meist sind es nur die Trägheit unseres Denkens und die Macht überkommener Gewohnheiten, wenn wir zur Deutung all dessen, was im Leben geschieht, immer sogleich den Namen «Gott» gebrauchen. Wir mißbrauchen ihn. Die Scheu des alttestamentlich Gläubigen, den Namen Gottes auszusprechen, sagt unendlich mehr und Besseres über Gott als die ganze Gottesinflation des kirchlichen Verkündigungsbetriebes.

Vielleicht das wichtigste Wissen

Wer sich ein Leben lang mit Bierherstellung, Steuerrecht, Metallegierungen, Bakterienstämmen oder der Geschichte der Inkas beschäftigt hat, weiß am Ende eine ganze Menge über sein Lebensthema. Ich habe mich ein Leben lang mit dem Thema Gott herumgeschlagen. Und was weiß ich nun? Nichts! Gar nichts! Außer, daß ich weiß, daß ich nichts weiß. Aber das ist *vielleicht das Wichtigste*, was man von Gott wissen kann. Ich weiß um die Unbenennbarkeit Gottes, um seine Unfaßbarkeit, Unverfügbarkeit, Nichtergreifbarkeit.

Wenn ich mich recht erinnere, war es Albert Einstein, der einmal (sinngemäß) gesagt hat: «Wahrheit zu suchen ist soviel, wie in einem stockdunklen Keller eine schwarze Katze zu suchen, die es wahrscheinlich gar nicht gibt.»

Wenn das nun auch auf jene «Wahrheit» zutrifft, von der die Religionen reden, wenn sie «Gott» sagen! Ich Narr! Hätte ich doch nur in jungen Jahren eine Frittenbude eröffnet oder ein solides Handwerk erlernt, statt mich mit Gott herumzuschlagen! Seitdem «hinke» auch ich – wie einst Vater Jakob, der die gleiche Dummheit beging.

Und trotzdem kann ich es nicht seinlassen.

Die Last Gottes

Kefermarkt im oberösterreichischen Mühlviertel zwischen Donau und Böhmerwald: Die Kirche der kleinen Gemeinde birgt ein bedeutendes Kunstwerk, einen Schnitzaltar aus dem 15. Jahrhundert, der dem berühmten Altar von Michael Pacher in St. Wolfgang gleichkommt. Adalbert Stifter hatte im vorigen Jahrhundert sich für seine Erhaltung eingesetzt.

Immer wieder, wenn ich ins Mühlviertel komme, zieht es mich dorthin, und immer ist es das gleiche, was mich an ihm besonders beeindruckt: die Gestalt des *Christophorus* im Mittelfeld des Altars. Gemeinhin wird der Christophorus, der in der Legende das Jesuskind trägt und unter dieser Last fast zerbricht, kräftig und muskulös dargestellt, knorrig und bärtig, ein Kraftprotz ähnlich dem Rübezahl der Sage.

Hier begegnete ich zum erstenmal einem ganz anderen Christophorus, der mir die Augen öffnete für eine tiefere Wahrheit der Legende. Dieser Christophorus ist schlank, fast zierlich, asthenisch gebaut. Das Gesicht ist schmal, asketisch, durchgeistigt, gezeichnet von Trauer und Resignation – ein Beter, der mit Gott ringt, ein Denker, der grübelt.

Er trägt Gott auf seinen Schultern, und diese Last, die *Last Gottes,* drückt ihn nieder. Der unbekannte Künstler aus dem Spätmittelalter hat mehr von der Wirklichkeit Gottes erfahren, als den meisten Gläubigen auferlegt wird.

Ich erinnere mich an Gespräche mit *Fridolin Stier,* der nicht nur ein großer Theologe und Gelehrter, sondern auch ein großer Frommer war. Er erzählte mir, daß *Martin Buber,* der berühmte jüdische Religionsphilosoph, einmal in demselben Sessel, in dem ich nun vor ihm saß, gesessen und mit ihm über das «Leiden an Gott», über das «Zerbrechen an Gott», über die schwere «Last Gottes» gesprochen habe. Gott ist auch, wie schon die Bibel weiß, Bürde, Bedrängnis, Dunkelheit.

Damals – ich war um die vierzig – habe ich noch nicht so recht verstanden, was Stier meinte. Inzwischen bin ich etwas weiter.

...weil Gott wirklich da ist

In seinem Buch «Der Geist fiel nicht vom Himmel» folgt Hoimar von Ditfurth einer Überlegung von Konrad Lorenz, wonach die Flosse des Fisches sich nur so entwickeln konnte, weil es das Wasser gab mit diesen und jenen bestimmten Eigenschaften des Strömungswiderstandes. Ebenso konnte sich der Flügel des Vogels nur entwickeln, weil das Element Luft da war, und das Auge konnte nur entstehen, weil es Lichtwellen mit bestimmten Eigenschaften gibt. Ditfurth folgert weiter, daß sich menschliches Bewußtsein und Denken in der Evolution nur herausbilden konnten, weil es da eine objektiv vorhandene Wirklichkeit gibt: *Geist*. (32/317)

Wenn es so ist, dann könnte man vielleicht auch so sagen: Religionen und Gottesvorstellungen konnten sich in der Evolution des Menschen nur entfalten, weil es diese Wirklichkeit gibt: *Gott*.

Ich glaube, daß das, was wir Gott nennen, wirklich da ist und die uns naheste Wirklichkeit ist, trotz allen Mißbrauchs seines Namens, trotz aller Begrenztheit und Kleinkariertheit menschlichen Denkens und Sprechens von Gott, trotz der Karikaturen, die von ihm gezeichnet werden.

Ich vertraue deshalb darauf, daß hinter allem Sinnlosen, hinter allem Widersinn ein letzter Sinn verborgen ist, daß hinter aller ausweglosen Dunkelheit, hinter allen Irrtümern und Lügen eine letzte Wahrheit verborgen ist, daß hinter allem Schrecklichen, das in der Welt geschieht, eine letzte Güte vorhanden ist: Gott.

Gott ist anders

Ich glaube, daß es eine unfaßbare und unnennbare Wirklichkeit gibt, die alles in der Welt hervorbringt, durchdringt und umgreift, eine Wirklichkeit, die allem, was geschieht, einen Sinn gibt und allem Werden ein Ziel. Diese umgreifende erste und letzte Wirklichkeit, die vor, hinter, über und unter der wahrnehmbaren Wirklichkeit da ist, dieser letzte umfassende Sinn, diese letzte Wahrheit, diese letzte Güte, dieser tiefste Grund, aus dem alles hervortritt, dieses letzte Ziel, auf das alles hinausläuft, nennen wir *Gott*. Was Gott ist und wie Gott ist, bleibt mir verborgen. Er ist umhüllt mit dem Schleier des Geheimnisses. Ich kann ihn nicht ergreifen, nicht besitzen, nicht festhalten. Aber er ist da. Ich fühle mich von ihm gehalten.

Ich zweifle jedoch, ob Gott so ist, wie in der Kirche durchweg von ihm gesprochen wird. Ich weiß, daß all dieses Reden *anthropomorphes bildhaftes Sprechen* ist, aber fast überall, wo in der Kirche von Gott gesprochen wird – von der landläufigen Predigt über bischöfliche Hirtenbriefe bis hin zu lehramtlichen Äußerungen –, werden diese anthropomorphen Bilder zu realen Sachaussagen verobjektiviert. Und da setzt mein Unbehagen ein; da erwachen Zweifel, da regt sich Widerstand. Ich zweifle, ob solche Vorstellungen und solches Reden der Wirklichkeit Gottes gerecht werden.

Gott ist anders.

Im Anfang schuf ...

Ein unnötiger Streit

«Im Anfang schuf Gott Himmel und Erde», so beginnt das erste Kapitel der Bibel. Noch bis in den Anfang dieses Jahrhunderts tobte ein heftiger Kampf zwischen den kirchlichen Theologen und den Naturwissenschaftlern um den Schöpfungsglauben. Nach den Entdeckungen Darwins über «Die Entstehung der Arten» war es der Wissenschaft klargeworden, daß die Angaben der Bibel über die Erschaffung der Welt und des Menschen unmöglich stimmen konnten. Die Kirche beharrte aber darauf, daß die Bibel als «göttliche Offenbarung» nichts Falsches lehren kann und daß deshalb das dort Berichtete im Glauben anzunehmen sei. Heute wissen wir – vor allem durch die historisch-kritische Bibelwissenschaft –, daß dieser Streit völlig unnötig war.

Dennoch ist noch immer ein unzureichendes Verständnis des biblischen Schöpfungsglaubens verbreitet, sowohl bei den Naturwissenschaftlern als auch bei den Gläubigen der Kirche.

Wie aus dem neuen Weltkatechismus erkennbar, hat das kirchliche Lehramt weder die Erkenntnisse der gegenwärtigen Naturwissenschaften noch die Ergebnisse der heutigen Bibeltheologie ausreichend zur Kenntnis genommen und verarbeitet.

Der Gläubige ist gewohnt, im biblisch-christlichen Schöpfungsglauben eine von Gott geoffenbarte Antwort auf unsere Frage nach *dem Anfang der Welt* und nach ihrer *Ursache* zu sehen. In diesem Sinne ist der Schöpfungsglaube auch fast zwei Jahrtausende in der Kirche tradiert worden. Solange kein Widerspruch von seiten der Wissenschaften kam, war das auch ohne große Schwierigkeit möglich.

Erst die Konfrontation und Auseinandersetzung mit den anderslautenden Erkenntnissen der Naturwissenschaften haben die Theologie in die Suche nach einem neuen und besseren Verständnis der Schöpfungslehre hineingezwungen. Biblisch-christlicher Schöpfungsglaube braucht *nicht im Gegensatz* zum heutigen Wissen über die Entstehung der Welt, des Lebens und des Menschen zu stehen, denn in ihm geht es um etwas ganz anderes als um die Frage nach dem Anfang der Welt.

Die biblischen Texte

Man muß sich bewußtmachen, daß sich der biblische Glaube an einen Schöpfergott erst relativ spät im Volke Israel entwickelt hat. Der Glaube an *Jahwe*, den Gott, der Israel aus Ägypten befreite, wurde schon Jahrhunderte gelebt, bevor dieser Gott auch als Schöpfer der Welt gepriesen wurde. Die ältesten Texte, in denen sich ein Schöpfungsglaube in Israel anbahnt, sind Lobpreisungen Gottes, in denen er als Spender und Urheber aller guten Gaben, nicht aber als Erschaffer gepriesen wurde.

Die beiden Schöpfungsdarstellungen, die wir am Anfang der Bibel finden, sind jünger. Die *ältere* der beiden Darstellungen, die sogenannte *jahwistische*, ist eine naiv-anschauliche Erzählung. Sie steht im zweiten Kapitel des Buches Genesis und wird zeitlich dem Zeitalter der sogenannten «salomonischen Aufklärung» zugeordnet. Sie dürfte also um 950 v. Chr. literarische Gestalt angenommen haben. Das war immerhin ca. dreihundert Jahre nach Mose und fast tausend Jahre nach Abraham. Und der sogenannte *«priesterschriftliche»* Schöpfungshymnus, der heute im ersten Kapitel der Bibel zu finden ist, ist noch vierhundert Jahre *jünger*. Er entstand erst in der Zeit, in der die Juden in Babylonischer Gefangenschaft lebten, also erst um 550 v. Chr.

Die Bibel formulierte ihren Schöpfungsglauben konkurrierend zu den Schöpfungsmythen der Nachbarvölker Israels.

Der ältere Schöpfungstext ist in vielen Einzelheiten ägyptischen Mythen nachgebildet. Die Formung des Menschen aus Lehm ist zum Beispiel dem ägyptischen Mythos vom Töpfergott Chnum entnommen. Die priesterschriftliche Darstellung der sechstägigen Schöpfungsarbeit Gottes diente zur Begründung des Sabbatgebotes. In ihr finden wir nicht nur das babylonische Weltbild dieser Zeit, sondern auch Parallelen zu babylonischen Schöpfungsmythen.

Schöpfungserzählungen:
... eine Deutung der Gegenwart

Der Glaube Israels an eine Erschaffung der Welt durch seinen Gott *Jahwe* entstand also erst zu einer Zeit, in welcher der Glaube an Jahwe als Retter, Befreier, Gesetzgeber und König Israels schon Jahrhunderte gelebt wurde. Der Schöpfungsglaube begründete und bewirkte nicht den Gottesglauben, sondern umgekehrt: Der schon vorhandene Gottesglaube brachte den Schöpfungsglauben hervor.

Die Gottesbeziehung, die damals im Volk Israel gegenwärtig wirksam war, wurde in die Vergangenheit hineinprojiziert: eine *retrospektive Projektion*. Die Gegenwart wird gedeutet und erklärt, *indem* man von den Anfängen in der Vergangenheit erzählt.

Ähnlich wie ein Dia, das in einen Projektor geschoben wird und auf einer weit entfernten Leinwand sichtbar wird, so *projizierte Israel seinen gegenwärtigen Glauben in die erzählerisch-hymnische Darstellung eines weit entfernten «Anfangs» dieser Welt*. Der «Anfang der Welt» wurde zu einer Projektionsfläche, auf der die Lebensdeutung gegenwärtiger Menschen sichtbar gemacht wurde.

Je länger ich über diese Fragen nachdenke, um so klarer wird mir, daß es sich beim Schöpfungsglauben überhaupt nicht um Aussagen über den Anfang der Welt handeln kann. Weder in naturwissenschaftlich relevanter Hinsicht noch in religiös-theologischer Hinsicht ist die Entstehung der Welt das Thema des Schöpfungsglaubens. *Die biblischen Darstellungen der Schöpfung sind nur die Folien, auf die ganz andere Aussagen über Gott, Welt und Mensch aufgezeichnet wurden.* Nicht ein historisch-faktisches Geschehen eines fernen Anfangs von Welt und Mensch ist das Thema der Schöpfungserzählungen, sondern das je gegenwärtige Leben der Menschen in der Welt mit all seinen Bedrohungen und Hoffnungen, mit all dem Guten und Schönen, das man erfährt, und all dem Bösen und Leidvollen, dem menschliches Leben in der Welt ausgesetzt ist. Inmitten solcher Lebenserfahrungen drücken die Schöpfungserzählungen das Vertrauen Israels in die Nähe seines Gottes aus.

Der biblische Schöpfungsglaube wurzelt im Dank der Menschen Israels an einen Gott, von dem sie glaubten, alles empfangen zu haben: die Freiheit aus Ägyptens Fron und das Land, in dem sie wohnten. *So wurzelt Israels Schöpfungsglaube eigentlich in der Danksagung für konkrete Gaben und nicht in einer Spekulation über die Entstehung der Welt.* Israels Schöpfungsglaube deutet die Welt als eine von seinem Gott geschenkte. Und dafür dankte es. Weil Israel an einen Gott glaubte, der «für uns da ist» – den Gottesnamen Jahwe kann man übersetzen mit «Ich bin für euch da» –, deutete es die Welt als eine Welt, *«die für den Menschen da»* ist.

Die Schöpfungsmythen stellen das Verhältnis zwischen Israel und seinem Gott dar. *Aber sie sagen nichts über die Entstehung des Universums und nichts über die ersten Menschen. Gar nichts! Alles, was sie dazu sagen, entstammt dem altorientalischen Weltbild und spiegelt das Unwissen der damaligen Zeit.*

Die Dokumente des biblischen Schöpfungsglaubens, der später auch vom Christentum übernommen wurde, sind *keine göttliche Offenbarung* eines Wissens über die Entstehung der Welt und des Menschen, sondern eine Weltdeutung aus dem gelebten Glauben Israels, eine *Deutung der Welt mit Hilfe des Mythos*.

Das Lehramt der Kirche tut sich schwer, diese Auskünfte

seiner eigenen Bibeltheologen zur Kenntnis zu nehmen und seine bisher geäußerte Lehrmeinung zu korrigieren. Das Verständnis der Schöpfungsmythen als Offenbarung eines Wissens über den Anfang der Welt und des Menschen ist ein *Mißverständnis*, das sich daraus ergab, daß man Mythen und Hymnen als historische Tatsachenberichte las und verstand. Das war der große *Irrtum* der Kirche, der auch Wissenschaft und Religion einander entfremdete. Die Abwehr der Erkenntnisse Kopernikus', Galileis und Giordano Brunos hat hier ihre Ursache.

Viele in der Kirche meinen, eine Bastion Gottes verteidigen zu müssen, wo sie sich in Wirklichkeit nur festklammern an zeitbedingte weltbildabhängige Vorstellungen, in die frühere Generationen einmal ihren Gottesglauben einkleiden, aussprechen und mitteilen konnten. Das traditionelle Denken hat Gott in diese Vorstellungen einbetoniert.

Gefährdung des Gottesglaubens?

Der bekannte Physiker *Stephen W. Hawking* erzählt in seinem Buch «*Eine kurze Geschichte der Zeit*» von einer Konferenz über Kosmologie, die 1981 von Jesuiten im Vatikan veranstaltet wurde:

«Der Papst sagte uns, es spreche nichts dagegen, daß wir uns mit der Entwicklung des Universums nach dem Urknall beschäftigten, wir sollten aber nicht den Versuch unternehmen, den Urknall selbst zu erforschen, denn er sei der Augenblick der Schöpfung und damit das Werk Gottes. Ich war froh, daß er das Thema des Vortrages nicht kannte, den ich gerade auf der Konferenz gehalten hatte: Ich hatte über die Möglichkeit gesprochen, daß das Universum keinen Anfang hat und daß es deshalb auch keinen Augenblick der Schöpfung gibt. Ich hatte keine Lust, das Schicksal Galileis zu teilen.» (13/147 f.)

Diese Äußerung des Papstes scheint mir typisch zu sein für die Befangenheit kirchlichen Denkens. Die Arbeit der Forscher und deren Ergebnisse werden immerzu als eine Bedrohung des Glaubens an Gott empfunden. Heute noch! Dieses Denken hat sich seit den Tagen, in denen man einen Giordano Bruno auf dem Campo di Fiori verbrannte und einem Galileo Galilei den Mund verschloß, nicht wesentlich verändert.

Ein Gott, der sich davor fürchten muß, daß fortschreitende menschliche Erkenntnisse und Veränderungen im Weltbild ihn entthronen, wäre kein Gott. Er wäre ein Götze, von Menschengehirnen ersonnen, von Menschenhänden geschnitzt wie die alten Götterfiguren. Ein Papst, der meint, Wissenschaftler davor warnen zu müssen, dem Schöpfergott mit ihren Fragen nach dem Ursprung des Universums allzu nahe ins Gehege zu kommen, spricht von einem Götzen, nicht von Gott.

Der Gott, an den ich glaube, fürchtet kein Erkenntnisstreben des menschlichen Geistes. Er freut sich über jede richtige Erkenntnis, sei es im Bereich der Naturwissenschaften, sei es im Bereich der Theologie. Richtige Erkenntnisse können Menschen näher an die Wahrheit heranführen; und damit auch näher heran an Gott. Es gibt keine Wahrheitserkenntnis, die von Gott wegführt. Denn Gott *ist* die letzte allumfassende Wahrheit des Ganzen.

Der «Lückenfüllergott»

Gott wird immer noch identifiziert mit den *geschichtlichen* Gefäßen, in denen menschliche Sprache und zeitbedingte Vorstellungen ihn einmal zu fassen versuchten. Wenn diese Vorstellungen durch fortschreitende menschliche Erkenntnis in Frage gestellt und korrigiert werden müssen, dann sehen viele Gläubige ihren Gottesglauben bedroht.

Sie haben Gott angesiedelt in den *Lücken* des menschlichen Wissens und Könnens. *Dietrich Bonhoeffer* nannte diesen Gott «Lückenfüllergott». Als Schöpfer der Welt und des Menschen hatte der Gott der jüdisch-christlich-islamischen Tradition tatsächlich eine *Lücke* besetzt, aus der er schwer zu verdrängen war. Ist doch der Mensch bei den ihn bedrängenden Fragen nach dem Woher der Welt, des Lebens und des Menschen und dem Sinn des Ganzen geneigt, diese nicht zu schließende Lücke seines Wissens und Erklärenkönnens mit dem Wort «Gott» auszufüllen: Ein Gott war es, der die Welt erschaffen hat. Wer sonst sollte so etwas können?! So haben es die alten Völker in ihren Schöpfungsmythen gemacht, egal mit welchem Namen sie den Gott benannten. So haben es auch die Menschen der Bibel gemacht. So hat es auch die Kirche gemacht.

Und jedesmal, wenn es der wissenschaftlichen Forschung gelang, eine dieser Lücken zu schließen, sah die Religion Gott in Gefahr, aus seinem angestammten und ihm zustehenden Wohnsitz vertrieben zu werden. Ein namhafter Physiker – ich weiß nicht mehr, wer es war und wo ich es gelesen habe – hat einmal gesagt, zur Erforschung und Erklärung der Entstehung des Universums bedürfe es heute nicht mehr der *«Arbeitshypothese Gott»*. Ich fürchte, der Mann hat recht. Obwohl die Räume des Nicht-Wissens, des Noch-nicht-Wissens, in den entsprechenden Naturwissenschaften unendlich größer sind als die Bereiche gesicherten Wissens, wäre doch jeder Gott, der in Anspruch genommen würde, um Unerklärbares zu erklären, kein anderer als der wohlbekannte *«Lückenfüllergott»*. Auch dieser Gott müßte seine Domäne als Weltenschöpfer aufgeben, sobald die Wissenschaft jene Lücke auszufüllen vermag, in die bislang der Name «Gott» eingefügt war. Er wäre ein Gott, der dazu verurteilt ist, sich in ständigen Rückzugsgefechten auf immer fernere Positionen zurückzuziehen. Ein armer Gott!

Immer mußte ein Gott herhalten, um das Unerklärbare zu erklären, um allem Leben und Treiben, allem Mühen und Erleiden einen Grund und einen Sinn zu geben. An einen solchen Gott zu glauben fällt mir immer schwerer. Das ist aber kein Verlust.

Es wird Platz frei. – Für Gott!

Die Wahrheit des Schöpfungsglaubens

Der Schöpfungsglaube ist keine Aussage über einen fernen ersten Anfang der Welt und des Menschen, weder naturwissenschaftlich noch religiös. Der Schöpfungsglaube ist eine Weise, in der Menschen ihren Glauben an einen Gott, der in ihrem Leben als gegenwärtig erfahren wurde, zum Ausdruck gebracht haben.

Der erste Satz der Bibel «*Im Anfang* schuf Gott Himmel und Erde» meint keinen zeitlichen Anfang des Universums im Sinne der Physik. «Im Anfang» ist ein Ausdruck aus der Sprache des Mythos; er bezeichnet *keinen vergangenen Zeitpunkt,* sondern *einen gegenwärtigen Prozeß* der schöpferischen Hervorbringung: Alles, was ist, hat in Gott seinen lebendigen Grund.

Der Schöpfungsglaube ist eine Aussage über die je gegenwärtige Welt, in der Gott ständig «geschieht», «wird», «hervortritt», «hervorbringt», «sichtbar wird», «inkarniert», «wirkt», «belebt» – ähnlich wie Seelisches ständig im Leiblichen gegenwärtig ist und wirksam wird.

Diese «Weltdeutung aus dem Glauben» fand ihren sprachlich-literarischen Ausdruck in den Schöpfungsmythen. Diese sind das Gefäß des Glaubens an einen Gott, dem man vertrauen kann. Der Schöpfungsglaube ermutigt, aus einem Vertrauen an den im Leben gegenwärtigen Gott zu leben. Er artikuliert dieses Grundvertrauen mit Hilfe von mythischen Darstellungen des Anfangs.

Die «Wahrheit», die sich dem Glaubenden in der Annahme des Schöpfungsglaubens mitteilt, gewährt uns kein «geoffenbartes Wissen» über die Entstehung der Welt und des Menschen. Sie teilt keine historischen Fakten mit. Sie ist vielmehr eine *existentielle Wahrheit,* eine Wahrheit über das Verhältnis des Menschen zu Gott, zur Welt und zu sich selbst: eine *Wahrheit über den Menschen*, heute, hier und jetzt.

Zum Schluß noch einmal: Ich sehe den Schöpfergott nicht nur als kausalen Bewirker eines physikalisch gedachten «zeit-

lichen Anfangs». Ich glaube an Gott als Schöpfergott, weil ich glaube, daß die «*Wirklichkeit Gott*» *in der Welt gegenwärtig ist, heute, hier und jetzt, daß sie dem Ganzen der Welt als tiefste Wirklichkeit zugrunde liegt, sie umschließt, in ihr hervortritt, sich offenlegt, sie durchdringt, sie werden läßt.*
Ein Gott des Werdens!

Die Klage wird abgewiesen

Der liebende Gott

Gott ist die Liebe. So verkündet es das Neue Testament. Es begründet damit die Liebe als die gottnaheste Weise auch des menschlichen Vermögens und hebt sie als den eigentlichen Weg zu Gott heraus, «… denn die Liebe ist aus Gott, und jeder, der liebt, ist aus Gott gezeugt und kennt ihn. Wer nicht liebt, hat Gott nicht erkannt, denn Gott ist die Liebe», heißt es im 1. Johannesbrief (4,8): eine Aussage über Gott, die wohl zu Recht als erhabener Höhepunkt der biblischen Gottesvorstellungen gilt.

In der Tat: Es ist ein weiter Weg von den grausamen, dämonischen Gottheiten der Vorzeit, die durch Menschenblut besänftigt werden mußten, von den launischen Göttern des Olymps, die mit den Sterblichen ihr übermütiges Spiel trieben, von dem volks-egoistischen hebräischen Stammesgott, der im Buche Josua den Seinen hilft, die Städte der Jebusiter und Kanaaniter, der Perisiter und der Hiwiter zu verwüsten, bis hin zu jenem Gott, den Jesus vertrauensvoll mit *Abba* anredet.

Wie in allen Schriften des Neuen Testamentes erscheint auch bei vielen großen Denkern und Lehrern der Christenheit Gott als der eigentliche Quellgrund der Liebe zwischen Menschen. Wo Menschen einander lieben – so sagt der christliche Glaube –, da wird etwas von Gott offenbar, da wird Gott wirksam, da wird Unheil überwunden, da wird Heil gestiftet. So habe auch ich gelehrt; und vielleicht war es sogar das Wichtigste von allem, was ich zu lehren versuchte.

Eine Projektion menschlicher Grunderfahrungen?

Schon im Judentum, besonders bei den Propheten, zeichnen sich die ersten Konturen dieses Gottesbildes ab. Es wurzelt, wie alle Gottesbilder, in menschlichen Grunderfahrungen, die in den Tiefenschichten der Seele gespeichert sind und von dorther in die Gottesvorstellungen hineinprojiziert werden. Wir erfahren, wie Liebe im menschlichen Leben Wunden heilen, Böses überwinden, Frieden stiften, Verbundenheit herstellen, Glückserleben und Erfüllung gewähren kann. Tieferes Nachdenken über menschliches Leben kann erkennen lassen, wie sehr Heil oder Unheil des menschlichen Lebens vom Wirksamwerden der Liebe abhängig sind.

Ich kann mir gut vorstellen, wie von solchen Erfahrungen und Reflexionen her das biblische Nachdenken über Gott dazu kam, diese als heilstiftend erfahrene Liebe dem geglaubten Gott zuzuschreiben und in ihm den Quellgrund dieser Liebe zu erblicken.

Die Herkunft dieses Gottesbildes aus der Projektion menschlicher Grunderfahrungen tut seiner Bedeutung und seiner Größe keinen Abbruch. Der Glaube an einen Gott, der Liebe ist, dürfte unendlich viel Gutes in der Menschheit bewirkt und unzählige Menschen zum Lieben motiviert haben.

Der Ursprung der Liebe?

Es war für mich fast wie ein Schock, als mir bei der Beschäftigung mit der *Verhaltensforschung* bewußt wurde, daß man den «*Ursprung der Liebe*» auch ganz anders sehen kann.

In seinem Buch zur Naturgeschichte menschlichen Verhaltens «Der Mensch – das riskierte Wesen» beschreibt *Irenäus Eibl-Eibesfeldt,* daß die menschliche *Fähigkeit zur Liebe* in der evolutiven Entwicklung der *Brutpflege* ihren Anfang hatte: Bei den wirbellosen Tierarten und den niederen Wirbeltieren ist das Sozialverhalten noch weithin *agonal,* das heißt auf Gegnerschaft ausgerichtet. Bei den Reptilien zum Beispiel spielt sich das Sozialleben im Spannungsfeld von Dominanz und Unterwerfung ab. Selbst bei der sexuellen Werbung erweisen sie einander keine Freundlichkeit. Erst die Entwicklung der Vögel und der Säugetiere gegen Ende des Erdmittelalters brachte neue soziale Möglichkeiten hervor. Mit der «Erfindung» der Brutpflege kamen Handlungen der Betreuung und des fürsorglichen Mitgefühls in die Welt, die später auch von der Evolution in den Dienst der sozialen Bindung von erwachsenen Vögeln und Säugetieren gestellt wurden. In deren sexuellen Werberitualen finden sich bis hin zum Menschen Verhaltensweisen, die aus der Mutter-Kind-Beziehung abgeleitet sind. Das zärtliche Schnäbeln vieler Vögel zum Beispiel ist eine Ritualisierung der Mund-zu-Mund-Fütterung in der Brutpflege. Auch der Kuß beim Menschen gehört in diesen Zusammenhang.

«Mit der Brutpflege kamen nicht nur die Werkzeuge zum Freundlichsein in die Welt. Auch die Liebe, definiert als persönliche Bindung, nahm hier ihren Ursprung. Mit der Brutpflege kam Familialität als neue Organisationsstufe in die Welt. [...] Eine familiale Ethik konnte sich entwickeln, die auf die Gruppe übertragen wird, selbst auf die anonymen Großgruppen der modernen Menschheit. [...] Über diese echt empfundene Motivation der Nächstenliebe bändigen wir bis zu einem gewissen Grade die archaischen agonalen Impulse.» (8/29 f.)

...neu durchdenken

Ich werde nun zerrissen zwischen zwei Möglichkeiten, den Ursprung der Liebe zu verstehen:
Auf der einen Seite: die großartige Aussage des 1. Johannesbriefes, welche die Liebe auf den erhabensten Ursprung zurückführt, auf Gott selbst, der die Liebe *ist* und dadurch zur Quelle aller Liebe wird.
Und auf der anderen Seite: die lapidare, allen Tiefsinn relativierende, ernüchternde und entzaubernde Auskunft der

Verhaltensforschung: Liebe hat ihren Ursprung in der Brutpflege. Der Kontrast ist groß.

Gott auch hier wieder auf dem Rückzug? Diesmal aus der Urheberschaft für das Schönste und Beste, was es in der Welt gibt? Müßte wieder eingestanden werden, daß kirchenübliches Denken Gott zu einem Lückenfüller gemacht hat zur Deutung eines Geheimnisses, das sich bislang rationaler Erklärung entzog?

In mir sträubt sich alles gegen diesen Verdacht. Doch darf ich diesen nicht einfach verdrängen, um eine vertraute, Geborgenheit schenkende und sicherlich großartige Vorstellung für mich zu retten.

Wenn wirklich stimmt, was die Verhaltensforschung da behauptet – und dies erscheint mir durchaus wahrscheinlich –, dann ist ihre Aussage eine Herausforderung an den christlichen Glauben, seine Rede von einem liebenden Gott *theologisch neu zu durchdenken,* tiefer und richtiger zu verstehen und sicherlich auch etwas anders zu verkündigen als landläufig üblich. Ähnlich wie die kirchliche Theologie durch die Entdeckungen von Kopernikus und Darwin herausgefordert und gezwungen war, ihr herkömmliches Verständnis biblischer Zeugnisse theologisch zu überprüfen, und dadurch schließlich dazu gelangte, deren eigentliche Wahrheit gültiger zu erfassen und glaubwürdiger zu interpretieren – wenn auch mit jahrhundertelanger Verspätung –, so könnte auch hier der Glaube an einen liebenden Gott bibelgerechter und sachgerechter verstanden und den Menschen neu glaubbar werden.

Vor allem könnte dadurch auch die Frage nach dem bedrängenden Widerspruch des Glaubens an einen liebenden Gott zu der offenkundigen Tatsache unermeßlichen Leidens in der von ihm geschaffenen Welt vielleicht etwas glaubwürdiger beantwortet werden.

Und das Leid?

Der Glaube an einen liebenden Gott war in der biblisch-christlichen Glaubensgeschichte eigentlich immer der Anfechtung ausgesetzt. Die Erfahrung des *Leidens in der Welt* ist ein zu offenbarer Widerspruch zu diesem Gottesbild. Dieser liebende Gott wird täglich seit Anbeginn des Lebens auf der Erde widerlegt durch die unermeßlichen Leiden, Schmerzen und Tränen der Kreatur.

Keine Theodizee, an der bisher Hunderttausende großer und kleiner Theologen getüftelt haben, vermag den Abgrund zu überbrücken zwischen dem Leiden in der Welt und einem Gott, der als Ursprung der Liebe bezeichnet wird.

Einen «*Märchenbuchliebergott*» nennt Beckmann in Wolfgang Borcherts Nachkriegsstück «Draußen vor der Tür» diesen Gott, der die Liebe ist und dennoch so viel Leid und Unheil in der Welt zuläßt. Er fragt ihn, wo er war, als sein Kind von den Bomben zerrissen wurde. «Wo warst du da, lieber Gott? Hast du dich in deine schönen alten Kirchen eingemauert, Gott? Hast du zuviel Tinte im Blut, Gott, zuviel dünne Theologentinte?»

...theologisches Beschwichtigungsgerede

Alle theologischen Rechtfertigungsversuche Gottes entlarven sich als spitzfindiges Gerede, das nicht selten die leidende Kreatur, Menschen und Tiere, geradezu verhöhnt. Die Theologen können den Widerspruch nur mindern, indem sie dem Leiden sein Gewicht nehmen. Sie reden das Leid und die Schmerzen klein, indem sie diese in den Vergleich stellen mit «der Herrlichkeit, die uns erwartet». Sie verteidigen das Leid mit der «Unergründlichkeit des göttlichen Willens» und behaupten, daß der liebende Gott Leid nur sendet, um etwas Gutes zu bewirken: Er wolle unseren Glauben prüfen, er wolle uns läutern. Gott sendet Leiden – so sagen sie –, um uns für unsere Sünden zu strafen und um uns Gelegenheit zu geben, die Beleidigung, die wir Gott durch unsere Schuld zugefügt haben, zu sühnen und wieder gutzumachen.

Als der Vater meiner Frau im Sterben lag und von schier unerträglichen Schmerzen gepeinigt wurde, bat meine Frau die pflegende Ordensschwester, ihm doch die vom Arzt verordneten schmerzlindernden Medikamente zu geben, damit er in seiner Todesstunde nicht so furchtbar leiden müsse. Die fromme Frau lehnte das rundweg ab mit der Begründung: Wir dürfen seine Leiden jetzt nicht abkürzen. Er muß noch für seine Sünden büßen. Je mehr er jetzt leidet, um so rascher kommt er in den Himmel.

Und das war durchaus nicht nur die persönliche Meinung einer einzelnen irregeleiteten Opferseele; es war eine in der katholischen Frömmigkeit weitverbreitete Lehrmeinung, die von den Kanzeln gepredigt wurde und besonders bei Klerikern noch weit verbreitet ist. – Mit der gleichen Begründung sind einst Ketzer verbrannt worden.

Merken diese Frommen gar nicht, wie sie den Gott Jesu pervertieren? – Nein! So einfach und so schnell kann die Anklage gegen den «liebenden» Gott nicht fallengelassen und wegtheologisiert werden. Zu groß ist das Gewicht des Leidens in der Welt.

Job und der liebe Gott

Ich habe das Buch Job noch einmal in die Hand genommen und gelesen. Wie schon früher drängt sich mir auch diesmal der Eindruck auf, daß diese großartige Dichtung zu den bedeutendsten Schriften der Bibel zählt und den größten Werken der Weltliteratur zuzuordnen ist.

Der biblische *Job* widersteht dem theologischen Beschwichtigungsgerede seiner Freunde. Er hat die stärkeren Argumente, auch gegenüber Gott, und hält seine Anklage durch: «Er bringt den Frommen um wie den Gottlosen. Wenn seine Geißel plötzlich tötet, so spottet er über die Verzweiflung der Unschuldigen.»

Von seinem Gott jedoch erhält Job eine arrogante Abfuhr: «Wo warst du, als ich die Erde gründete? Sag es doch, wenn du Bescheid weißt! Hast du je in deinem Leben dem Morgen geboten, dem Frührot seinen Ort bestimmt!» Satz für Satz spielt dieser Gott seine Überlegenheit aus. Er kanzelt den Sichbeklagenden ab. Gott läßt Job seine kreatürliche Kleinheit spüren: Wie kannst du Wicht es wagen, mir mit solchen Einwänden zu kommen! Dieser Gott sonnt sich in seinem Absolutismus. Er demütigt den leidenden Job. Er spielt mit dem Leiden des Menschen, weil er die Wette mit dem Teufel gewinnen will. Wenn Gott wirklich so wäre, wie in diesem biblischen Buch dargestellt, dann könnte er mir gestohlen bleiben. Ich würde ihn verachten. Job hat recht, nicht dieser Gott!

Das biblische Buch endet enttäuschend: Job knickt ein; er unterwirft sich und widerruft. «So habe ich denn in Unverstand geredet über Dinge, die zu wunderbar für mich und unbegreiflich sind. Darum widerrufe ich und atme auf, in Staub und Asche.» Und daraufhin «wendete der Herr das Geschick des Job [...] und mehrte seinen Besitz auf das Doppelte».

Fridolin Stier, der als Job-Übersetzer und -Interpret berühmt geworden ist, hat mir einmal in einem Gespräch erklärt, daß dieser harmonisierende Schluß des Job-Buches erst viel später dem Buch hinzugefügt worden ist. Selbst die alttestamentlichen Redakteure der Bibel konnten die Spannung des Widerspruchs zwischen dem Leiden in der Welt und Gott nicht durchhalten. Sie machten es wie alle Theologen: Sie nahmen dem Leid sein Gewicht. Sie machten den Menschen klar, daß sie unrecht hatten mit ihren Anklagen gegen Gott. Nur so konnten sie Gott retten.

«... dünne Theologentinte»

Ganz im Stil des Job-Gottes reden auch heute noch die meisten Theologen. *Walter Kasper:* «Man kann mit Gott nicht rechten; man kann sein Handeln nicht festnageln und feststellen wollen. Gott ist der ganz Andere, der Geheimnisvolle. [...] Gott ist so groß, daß er seine Größe nicht auf Kosten der Geschichte und der Ordnung der Welt beweisen muß.» (2/139)

Ebenso fragwürdig kommt mir auch die Schönrederei von *Jürgen Moltmann* vor: «Dem christlichen Glauben ist Gottes Gottheit und Gottes Zukunft hier nur zugänglich in der Gestalt des Gekreuzigten. Er findet darin das ‹Leiden Gottes› an der Welt, wie sie ist, und sieht in diesem Leiden Gottes die Leidenschaft Gottes nach einer neuen Welt.» (2/142)

Nur zwei Stimmen aus dem Chor der vielen! Obgleich ich die beiden genannten Theologen schätze und zu den wirklich guten Theologen zähle, kommt mir auch ihre Theodizee wie «dünne Theologentinte» vor. Die gewundene Sprache, die mehr verdeckt als offenlegt, entlarvt ihre Hilflosigkeit vor der Frage des Leidens. Kein Theologe kann mit seinen spitzfindigen Argumenten Gott reinwaschen von der Schuld am Leid der Kreatur. Wenn Gott der Hervorbringer dieser Welt ist, dann ist er auch der Hervorbringer des unsagbaren Leidens in dieser Welt. Er muß sich tagtäglich, auch heute noch, die Ohren zuhalten, um die Schmerzensschreie all jener Menschen und Tiere nicht zu hören, die er leiden läßt.

Gott entlasten

Ich sehe nur zwei Möglichkeiten, Gott vom Leid dieser Welt zu entlasten. Die erste: Man entlastet Gott auch von seiner Ursächlichkeit für diese Welt, das heißt man gibt den Schöpfungsglauben auf. Oder, und das wäre die zweite Möglichkeit, man gibt den Glauben an einen liebenden Gott auf. Ein Gott, der tatenlos zuschaut, wenn seine Geschöpfe leiden, ist niemals ein liebender und barmherziger Gott.

Es gibt noch eine dritte Möglichkeit, so fällt mir gerade ein: Es gibt gar keinen persönlichen Gott. Wieder taucht in mir mein oft verdrängter Verdacht auf, daß «Gott» nur ein anderer Name ist für das Leben selbst; für das Leben mit allem Guten, aber auch für das Leben in seiner tragischen Dimension.

Ich sprach mit einem Kollegen, der inzwischen pensioniert ist. Er hatte sich in der Schule ganz besonders für die religiöse Erziehung eingesetzt, Schulgottesdienste gestaltet und sich auch in der Pfarrgemeinde engagiert, ein tiefgläubiger Mann. Wir sprachen über den Tod und über das, was danach komme. Ich meinte, daß alles Leben schließlich in Gott einmünde. Da kam es ganz plötzlich erregt protestierend aus ihm heraus: «Bei einem Gott, der diese Welt geschaffen hat, in der so viel Leid und Elend ist; bei einem Gott, der dieses unendliche Leid zuläßt und nichts ändert; bei einem solchen Gott will ich gar nicht ankommen.»

Dieser leidenschaftliche Ausbruch hat mich erschüttert.

Das Leid – eingeflochten in die Struktur des Lebens

Beim nachdenklichen Lesen fiel mir auf, daß alle Mächtigkeiten, mit denen sich der Gott des Job-Buches brüstet, um seine unanfechtbare Überlegenheit zu begründen, auf Vorstellungen eines naiven Weltbildes beruhen. Dieses sah in allem unerklärbaren Geschehen das unmittelbare Handeln eines über dem Erdkreis thronenden Gottes. Trotz der in großartiger bildhafter Rede und in dichterischer Sprachkraft vorgetragenen Argumente beruhen diese doch auf einer unzureichenden Kenntnis der tatsächlichen in der Welt wirkenden kausalen Zusammenhänge. Kaum eines von ihnen hielte heute kritischer naturwissenschaftlicher Hinterfragung stand.

Nur in theistischer Deutung ist das Buch Job eine Auseinandersetzung mit Gott; in existentieller Sicht ist es die Auseinandersetzung eines jeden leidenden Menschen mit dem leiddurchzogenen Leben selbst.

Alle Leiden, die über Job kamen, sind Leiden, die eingeflochten sind in die Struktur und Eigenheit jenes Lebens, das sich hier auf der Erde in vielen hundert Millionen Jahren so und nicht anders entwickelt hat: allezeit gefährdet durch Mangel und Not, allezeit bedroht durch Krankheit und Tod; ausgeliefert dem unpersönlichen, oft zufallsgesteuerten Wirken der Natur und unterworfen einem blind waltenden Geschick; immer wieder Anfeindungen und Konflikten ausgesetzt; immer wieder bedrängt durch Neid und Mißgunst; preisgegeben der Gewalt der Mächtigeren; verflochten in die Mächtigkeit des Bösen um uns und in uns; angefochten auch aus der Tiefe der eigenen Seele mit ihren widersprüchlichen Strebungen.

Die Dynamik der evolutiven Entfaltung des Lebens ist blind für die Tränen der Lebewesen, die sie hervorgebracht hat; sie ist taub für deren Schmerzensschrei. Sie ist gerichtet auf das Überleben der Art, auf die allgemeine Entfaltung des Lebens. An Heil oder Unheil, an Glück oder Leid des einzelnen Individuums ist sie nicht interessiert. Sie kennt kein Mitleid und kein Erbarmen.

Kein Wunder, daß sich die Menschen der Bibel einen erbarmungsvollen und mitleidfähigen Gott schufen!

Hadern mit Gott?

Wenn ich das Leid in der Welt in physikalischen, chemischen, biologischen, sozialen oder psychologischen Zusammenhängen zu verstehen versuche, kann ich es vielleicht noch als ein sachlich begründetes Faktum der Welt erkennen. Mit einer Tatsache, die nun einmal da ist und an der ich nichts zu ändern vermag, kann ich eher zurechtkommen. Ich kann mich leichter damit abfinden, als wenn ich das Leid von Gott her zu deuten versuche.

Obgleich auch die Wissenschaften mir die Antwort auf die Frage nach dem Sinn des Leidens schuldig bleiben, können sie mir doch punktuell Einblick in übergeordnete Kausal- und Sinnzusammenhänge geben, meist mehr als die traditionellen religiösen Antworten. Wenn ich zum Beispiel von der Geologie erfahre, daß das schreckliche Erdbeben, das so viel

Leid und Tod über unschuldige Menschen und Tiere brachte, eine Folge tektonischer Plattenverschiebungen in der Erdkruste ist, kann ich es besser einordnen, als wenn ich hilflos frage: Warum konnte Gott so etwas zulassen? Oder gar: Warum hat Gott dieses Erdbeben gesandt? Wenn die Biologie mich belehrt, daß der Schmerz ein Warnsignal des Körpers ist oder daß das Leben sich nur weiterentfalten kann, wenn es sich ständig an veränderte Lebensbedingungen anpassen kann und daß dazu eine Begrenzung der Lebenszeit des Individuums die Voraussetzung ist, kann ich von dorther sogar den Tod in einen sinnvollen Zusammenhang einordnen und als unvermeidliche Tatsache schließlich annehmen.

Auf jeden Fall kann ich besser damit fertigwerden, als wenn ich antwortlos grüble: Warum hat Gott diesen geliebten Menschen sterben lassen? Warum läßt Gott unser aller Leben im Tod enden? Warum ist die von Gott geschaffene Welt so schmerzdurchzogen? Erst wenn wir das Leid der Welt im Glauben mit einem liebenden, allmächtigen Gott konfrontieren, kommt es zu einem ausweglosen Hadern und zu einem antwortlosen Fragen.

Die Klage wird abgewiesen

Die Abfuhr, die das Buch Job dem anklagenden Job erteilt, besteht tatsächlich zu Recht, egal, aus welchem Weltbild heraus sie formuliert wurde. Ob wir sie aus dem altorientalischen Gottesbild oder aus den heutigen, rational geprägten Wissenschaften her begründen, die Antwort bleibt über Zeiten und Weltbilder hinweg die gleiche: *Es hat keinen Sinn anzuklagen.* Das, was du anklagst, sei es Gott oder die Eigenart irdischen Lebens: Immer ist es größer und mächtiger als du. Gegenüber dieser Übermacht bist du ein Nichts. Du hast keine Chance. Auch deine berechtigten Argumente zählen nicht. Die Klage wird abgewiesen!

Die Nicht-Anklagbarkeit Gottes, die das Buch Job herausstellt, ist nichts anderes als die Nicht-Anklagbarkeit des Lebens selbst. Wir können nicht rechten, weder mit Gott noch mit dem Leben, in das wir hineingeboren wurden.

Das einzige, was wir tun können, ist der Versuch, in dem kleinen Bereich, in dem wir unser Leben leben, das Leid soweit, wie es uns möglich ist, zu mindern und zu lindern. Und das würde dann genau der Weisung Jesu entsprechen.

Von Gott geoffenbart?

«... weil Gott es geoffenbart hat?»

Wem Zweifel an der Wahrheit einzelner kirchlicher Lehren kommen und wer nachfragt, ob das, was da von der Kirche gelehrt wird, wirklich so stimmt und ob er das so glauben müsse, bekommt wahrscheinlich zur Antwort, daß Gott «in seiner unendlichen Güte und Weisheit» das so und nicht anders *geoffenbart* habe. So und nicht anders ist es in der Bibel bezeugt, und was in der Bibel steht, ist von Gott geoffenbart und deshalb *wahr*.

«Gott hat sich uns geoffenbart im Alten Bunde durch die Patriarchen und Propheten, im Neuen Bunde durch Jesus Christus und die Apostel», schreibt der Katechismus. «Gott hat zu uns gesprochen, um uns zu sagen, wer er ist und was er tut, was wir sind und was wir tun sollen. Er hat uns Wahrheiten mitgeteilt, die uns sonst für immer verborgen geblieben wären.» «Was Gott geoffenbart hat, läßt er uns durch die Kirche verkünden.» (14/Lehrstück 4)

Dieses Offenbarungsverständnis begründet den Anspruch von Papst und Bischöfen, unfehlbare Hüter und Verwalter eines Wahrheitsbesitzes zu sein: Gott hat es so geoffenbart und der Kirche anvertraut. Deshalb ist wahr, was die Kirche lehrt. Es stammt von Gott.

Vor der Logik dieser Argumentation muß jeder Einwand verstummen. Denn wer wollte schon Gott unterstellen, daß er sich irren könnte und den biblischen Autoren durch seinen Heiligen Geist etwas Falsches eingegeben habe. Bleibt nur noch der Verdacht, daß sich die Kirche in der Auslegung der Bibel geirrt haben könnte. Nein, auch das kann nicht sein! Denn «um die Kirche in der Reinheit des von den Aposteln überlieferten Glaubens zu erhalten, wollte Christus [...] seine Kirche an seiner eigenen Unfehlbarkeit teilhaben lassen». (Nr. 889)

Ja, wenn das so ist, bleibt einem nichts anderes übrig, als der Weisung des Katechismus zu folgen: «Die Gläubigen [...] nehmen die Lehren und Weisungen, die ihnen ihre Hirten in verschiedenen Formen geben, *willig* an.» (Nr. 87)

Das traditionelle Verständnis

Vermittelt durch die landläufig übliche Predigt und Belehrung, und auch durch kirchenamtliche Dokumente, dominiert im Bewußtsein der meisten Gläubigen die Vorstellung, daß ein jenseits der Welt existierender Gott, der Erschaffer von Welt und Menschen, eines Tages vor fast viertausend Jahren in einem eigens dazu erwählten kleinen orientalischen Volk, dem Volk Israel, damit begonnen habe, der Menschheit Kenntnis zu geben von sich selbst.

Obwohl unsere Erde schon mindestens seit vier Milliarden Jahren vorher existierte und der Mensch spätestens seit der Entwicklung seines Bewußtseins vor einigen hunderttausend Jahren nach Göttlichem fragte, hatte sich dieser Gott bis dahin weitgehend bedeckt gehalten und es vorgezogen, unbekannt zu bleiben. Nur ein wenig hat er etwas von sich zu erkennen gegeben: durch die sichtbare Welt um uns, durch die wunderbare Ordnung, die überall herrscht, wie der Katechismus sagt.

Und bei dieser «natürlichen Offenbarung» ist es für den Rest der Menschheit, der nicht zu den erwählten Empfängern biblischer Gottesoffenbarung gehörte, auch geblieben. Bis heute. Die Religionen der anderen Völker sind deshalb der biblischen unterlegen; in ihnen wurden nur «Spuren» Gottes erkannt.

Er teilte sich mit, indem er in die *Geschichte* eingriff, die Seinen befreite und rettete, sie über ihre Feinde siegen ließ und in ein Land führte, in dem «Milch und Honig fließt». So gab er zu erkennen, daß er ein Gott war, der fürsorgend, schützend, rettend den Weg seines Volkes in ein besseres Leben begleitet; ein Gott, der gerecht und gütig zugleich ist, der Böse bestraft und Gute belohnt; ein Gott, auf den man bauen kann.

Und er offenbarte sich, indem er zu erwählten Menschen *sprach*. Ein Großteil der Gläubigen, bis in die höheren klerikalen Ränge hinein, nimmt das, wie ich erfahren konnte, noch immer ganz wortwörtlich. Viele stellen sich noch unkritisch naiv vor, Gott habe eines Tages zu Abraham, zu Mose, zu den Propheten mit akustisch vernehmbarer Stimme gesprochen, mindestens mit «innerer Stimme».

Um sich zu offenbaren, beauftragte Gott auch bestimmte Menschen, zum Beispiel Mose und die Propheten, «in seinem Namen» zu sprechen. Dazu befähigte er sie «durch seinen Geist, der über sie kam». Sie wurden zum «Mund Gottes», und was sie verkündeten, war «*Gottes Wort*». Außerdem sandte er noch Engel zu den Menschen, um ihnen Botschaften zu übermitteln.

«Als die Zeit erfüllt war», hat Gott dann schließlich seinen eingeborenen Sohn auf die Erde gesandt, damit er «den Menschen Kunde gebe vom Vater». Und da dieser Gottessohn nach dem Johannesprolog sogar als «Wort» präexistent von Anfang an *in Gott* war, konnte er «Zeugnis geben von der Wahrheit» und Gott durch seine Lehre und durch sein Leben offenbaren.

Seine Lehre vertraute er seinen Aposteln an. Damit sie «in der Wahrheit bleiben», sandte er ihnen nach Auferstehung und Himmelfahrt den «Heiligen Geist». Dieser erleuchtete nicht nur die Apostel und die Autoren der neutestamentlichen Schriften; er leitet und erleuchtet auch die Nachfolger der Apostel, den Papst und die Bischöfe ... bis auf den heutigen Tag.

So – oder so ähnlich – kann man in groben Zügen das bei den Gläubigen vorherrschende und landläufig gelehrte Verständnis von Offenbarung beschreiben.

Ein geschichtlich bedingtes Vorstellungsmodell

In diesem herkömmlichen kirchlichen Verständnis wird Offenbarung als ein Vorgang angesehen, der von einem «Plan» des Weltenschöpfers ausgeht, der Menschheit etwas über sich selbst und seine Absichten mitzuteilen und ihnen bestimmte Weisungen zu geben, die zu ihrem Heil führen. Diesen Plan realisierte Gott dann, indem er in einem begrenzten Zeitraum in einer begrenzten Region des Vorderen Orients bei einer begrenzten Anzahl von Menschen *in wunderhafter Weise* Erkenntnis von Dingen bewirkte, die sonst der Menschheit verborgen geblieben wären. In einem solchen Offenbarungsverständnis wird das *statische Weltbild* mit seiner hierarchischen Struktur von oben nach unten konserviert, ebenso wie die naive Wundergläubigkeit vergangener Zeiten.

Ich muß ehrlich eingestehen, daß ich mit diesem Verständnis von Offenbarung nicht mehr viel anfangen kann. *Ich glaube* zwar persönlich auch, daß dem christlichen Glauben ein geschichtliches Offenbarwerden Gottes zugrunde liegt; aber *ich zweifle,* ob das, was wir «Offenbarung» nennen, wirklich so geschehen ist, wie es in der traditionellen kirchlichen Verkündigung und Unterweisung dargestellt wird. Ich durchschaue die Herkunft dieses Vorstellungsmodells aus zeitgebundenen, antik-mittelalterlichen Vorstellungen und Denkweisen. Ich durchschaue aber auch, weshalb die Amtskirche so unbeirrbar an diesem Offenbarungsverständnis festhält: Es sichert ihr einen Exklusivbesitz an Wahrheiten, die nicht hinterfragt werden können, weil sie unmittelbar göttlichen Ursprungs sind.

Bei Menschen, deren Denken vom heutigen Weltbild her geprägt ist, stößt die Berufung der Kirche auf eine göttliche Offenbarung ihrer Lehren immer mehr auf *Unverständnis, Skepsis und Ablehnung.* Sie wird zu einem Hindernis für den Glauben. Offenbarung wird deshalb heute bei vielen Theologen ganz anders gesehen und gedeutet.

Ich vermute, daß man das, was die herkömmliche kirchenamtliche Theologie – von oben nach unten denkend – als eine wunderhafte geschichtliche Offenbarungstat Gottes beschreibt, in Wirklichkeit ein ganz normaler und natürlicher Vorgang in der Herausbildung religiöser Vorstellungen ist, der überall in der Welt und zu allen Zeiten in vielerlei Weisen stattfand und noch immer stattfindet.

Man muß nur einmal die Denkrichtung umkehren und *von unten her,* von menschlichen Erfahrungen her, nach der Entstehung solcher «geoffenbarter Wahrheiten» fragen. Was im christlichen Glauben «Offenbarung» bedeutet, kann dadurch nicht nur einsichtiger, sondern auch glaubwürdiger werden.

Offenbarung – wie ist das geschehen?

Immer wieder habe ich in der theologischen Literatur gelesen, Offenbarung sei dadurch geschehen, daß geschichtliche Menschen Gott *«erfahren»* haben: das Volk Israel in der Geschichte seiner Befreiung aus Ägypten, in der Landnahme, in der Geschichte seiner Könige und Propheten, und daß die entscheidende Gotteserfahrung durch die Person Jesu erfolgt sei.

Ich habe diese theologische Auskunft für mich übernommen und durch viele Jahre hindurch auch so gelehrt, ohne sie weiter zu hinterfragen. Ich habe die schwammige Ungenauigkeit dieser Wortprägung gar nicht so recht wahrgenommen, bis einmal der Widerspruch meiner Hörer, die es konkret und genau wissen wollten, mich in Verlegenheit brachte und mich zwang, auch selbst genauer zu fragen, wie denn dieses *«Gott erfahren»* in der konkreten geschichtlichen Situation geschehen sein könnte.

Offenbarung – was ist da wirklich geschehen? Wie ist das geschehen? Wie sind die Menschen der Bibel zu dem Glauben gekommen, daß Gott sich ihnen geoffenbart habe? Durch Wunder? Durch ungewöhnliche Ereignisse? Haben sie ihn gehört oder gesehen? Ist er ihnen erschienen? Oder hat er es ihnen beim Nachdenken und Schreiben in wunderhafter Weise eingegeben? Durch seinen Geist?

Die grundlegende Gotteserfahrung Israels

Als die entscheidende geschichtliche Grunderfahrung, woraus Israels Bindung an den Gott des Mose entstand, gilt nach allgemeiner Auskunft der Bibeltheologen die berühmte *Rettung am Schilfmeer*. Die Rettung der flüchenden Hebräer vor den nachsetzenden Truppen des Pharaos war für den Glauben Israels die grundlegende *Offenbarungstat Gottes*. «Der Herr trieb das Meer zurück durch einen kräftigen Ostwind.» (Ex 4,21) Die Israeliten konnten den trockengelegten, seichten Nebenarm des Schilfmeeres durchziehen, während die Verfolger in dem zurückflutenden Wasser umkamen.

Wahrscheinlich hat die Erzählung einen historischen Kern. Etwa zwanzig Kilometer nördlich vom heutigen Sues führte eine Karawanenstraße über eine Furt durch ein Schilfmeer, die bei Ostwind gelegentlich auch so ausgetrocknet wurde, daß Viehherden durchziehen konnten. Also ein ganz normaler, natürlich zu erklärender Vorgang, kein wunderhaftes Eingreifen eines Gottes aus dem Jenseits!

Für die geretteten Israeliten aber wurde diese lokale Episode, die sich in anderen Weisen tausendfach in der Weltgeschichte wiederholt, zum Anlaß jahrhundertelanger Preisungen. «Singen will ich Jahwe; hoch erhaben ist er. Roß und Lenker warf er ins Meer.» (Ex 19,1)

Und je länger der zeitliche Abstand von dem Ereignis, um so großartiger und wunderhafter wurde das Eingreifen Gottes ausgeschmückt und gesteigert. Das Wasser, das in den älteren Texten nur «zurückwich», stand später «wie eine Mauer».

Die damals Geretteten konnten die naturkausalen Zusammenhänge, die zum glückhaften Zufall ihrer Rettung führten, nicht durchschauen. Wie anders sollten sie ihre Erfahrung deuten als durch das machtvolle Eingreifen des Gottes, der sie aus Ägypten herausführte! In der Rettung am Schilfmeer wurde für sie Gott selbst *offenbar*.

... durch Wunder?

Der biblische Glaube beruft sich auf geschichtliche Erfahrungen des Volkes Israel. Israel *deutete* Ereignisse seiner Geschichte als ein *wunderhaftes* rettendes Eingreifen seines Gottes. In solchen Ereignissen wurde für Israel sein Gott offenbar. «Wunder» bedeutet im ursprünglichen Zusammenhang nichts anderes, als daß ein Ereignis als «Handeln Gottes», als «rettendes Eingreifen Jahwes» *gedeutet* wird. «Wunder» bedeutet nicht, daß außergewöhnliche Ereignisse stattgefunden hätten, die nur durch ein «übernatürliches» Eingreifen eines wundermächtigen Gottes zustande gekommen wären.

Alles, was in der Bibel als Handeln eines sich offenbarenden Gottes beschrieben wird, *kann* auch ganz normal menschlich und natürlich gesehen und gedeutet werden. Selbst da, wo in der Bibel Wunderhaftes und Außergewöhnliches erzählt wird, brauchen wir zum Verständnis nicht auf göttlich bewirkte Wunder zurückzugreifen. Es sind *literarische Darstellungsformen*, die der kritischen Bibelwissenschaft wohlbekannt sind: steigernde und überhöhende Ausmalungen, ausschmückende Legenden und Sagen, kultische Preisungen, dichterische Ausgestaltung geschichtlicher Erinnerungen, Personifizierungen von undurchschaubaren kausalen Zusammenhängen.

Es waren also nicht außergewöhnlich wunderhafte Ereignisse, in denen sich Gott offenbarte; es waren ganz normale, natürliche, geschichtliche Ereignisse, die von ganz normalen Menschen als Erfahrung eines Gottes gedeutet wurden, der mit ihnen war, der sie führte und rettete.

In solcher Weise dürften sich historisch die «Gotteserfahrungen» vollzogen haben, die den Glauben Israels begründeten und in der Bibel ihren Niederschlag gefunden haben.

Darin – *in diesen Deutungen* – gründet, was heute der Glaube «Offenbarung» nennt.

Deutung von Erfahrungen

Wurden dem ägyptischen Josef seine Träume vom Gott der Hebräer gesandt? Träume und Traumdeutungen sind in der Bibel ein beliebtes literarisches Stilmittel. Waren die Plagen, die über Ägypten kamen, von diesem Gott gesandt? Solche Plagen treten in Ägypten immer wieder auf und haben natürliche Ursachen. Daß die Plagen von ihrem Gott den Ägyptern als Strafe gesandt wurden, ist nur eine spätere subjektiv-kollektive *Deutung* Israels.

Hat der Gott, den Abraham verehrte, wirklich zu Abraham gesagt: «Zieh aus!»? Es waren wohl ganz normale Zwänge nomadhafter Existenz, die Abraham mit seiner Sippe bewegten, die chaldäische Heimat zu verlassen. Die spätere *Deutung* der Auswanderung Abrahams als ein von Gott bewirktes Geschehen drückte sich dann aus in der anthropomorphen Sprachformel: «Gott sprach: Zieh aus!»

Wurden die Zehn Gebote dem Mose wirklich von Jahwe, dem Gott Israels, diktiert? Erschien Gott unter Donner und Blitz am Sinai? Es ist umgekehrt: Diese Darstellung dient einer späteren, nachträglichen Autorisierung der Gesetze und Lebensordnungen Israels durch ihre Zurückführung auf eine Offenbarungstat Gottes.

Disputierte Job wirklich mit Gott? Erscholl bei der Taufe Jesu im Jordan wirklich Gottes Stimme aus den Wolken? Nie und nirgendwo hat ein Mensch Gott mit akustisch vernehmbarer Stimme sprechen gehört, weder Adam oder Eva, noch Noe oder Abraham, noch Mose oder die Propheten. Überall, sei es im Alten oder im Neuen Testament, ist der Ausdruck «Gott sprach» *eine bildhafte Redewendung*, durch die Menschen ein Geschehen als Eingriff Gottes *deuteten*.

War es Gott, der Manna vom Himmel fallen ließ, um sein Volk bei der Wanderung durch die Wüste mit Nahrung zu versorgen? Es war umgekehrt: Die Israeliten fanden unerwartet rettende Nahrung in den eßbaren Manna-Klümpchen, die sich aus der Ausscheidung der Tamariske nach einem Insektenstich bilden, und *deuteten* diesen glückhaften Umstand als Tat ihres Gottes. – Offenbarung?

War es wirklich Gott, der David erwählte und durch Propheten zum König salben ließ? Oder deutete diese Darstellung nachträglich die Throneroberung Davids als Willen Gottes? Sollte sie die Herrschaft Davids und seiner Nachfolger von Gott her begründen und sakral festigen?

Sprach Gott durch Prophetenmund? Umgekehrt: Propheten sprachen Worte, die von der Überlieferung als «Wort Gottes» *gedeutet* wurden. Kein Gott führte den Autoren der alttestamentlichen Schriften den Griffel. Umgekehrt: Die vielen unterschiedlichen Texte, die in fast einem Jahrtausend zur Bibel zusammenwuchsen, wurden von Menschen als «Offenbarung Gottes» *gedeutet.*

Auch hier: Was heute als «Offenbarung Gottes» bezeichnet wird, waren ursprünglich nachträgliche Deutungen von geschichtlichen Erfahrungen aus der Sicht eines Volkes, das seine Geschichte von einem Gott geleitet sah; keine wunderhaften, «übernatürlich» bewirkten Ereignisse.

Deutungen, die für die Menschheit wichtig wurden

Diese Deutungen, die Israels Glaube gefunden und in der Bibel dargestellt hat, waren es, die für den Gottesglauben der Menschheit Gewicht und zukunftweisende Bedeutung bekamen. In ihnen wurde Wahrheit über Gott, Mensch und Welt offengelegt. Nicht wunderhafte Ereignisse, nicht göttliche Stimmen und nicht geheimnisvolle Eingebungen waren es, in denen sich Wahrheit über Gott und Mensch «offenbarte», sondern Menschen waren es, ganz normale Menschen, die das Geschehen in der Geschichte des Volkes und ihre eigenen Erfahrungen mit dem Leben zu deuten versuchten, denen dabei eine «Wahrheit» aufging, die so eine über die einmalige konkrete geschichtliche Situation hinaus bleibende Bedeutung gewinnen konnte.

Obwohl diese Deutungen völkisch-egoistisch begrenzten Interessen dienten, obwohl sie in ein noch recht primitives Weltbild eingebunden und einer magisch-mythischen Denkweise verhaftet waren, kommt in ihnen dennoch *Wahrheit über Welt und Menschenleben* in solcher Tiefe, Dichte und allgemein menschlicher Gültigkeit zutage, daß sie über Völker, Zeiten und Weltbilder hinweg immer wieder Menschen erreicht, trifft und überzeugt.

Die *Deutungen* der Bibel legen etwas von dem offen, «was uns unbedingt angeht», etwas von dem, wovon Heil und Unheil menschlichen Lebens abhängen. In ihnen wird etwas von einer tieferen Wahrheit über Mensch und Welt offengelegt. Deshalb finde ich auch heute noch beim Lesen dieser Texte Wahrheit und Wegweisung, Zuspruch und Gericht – *Gott*.

Insofern: *Gotteserfahrungen!* – Insofern: *Offenbarung!* – Auch für uns heute!

Gotteserfahrungen

Ich will versuchen, mich dem Verständnis von «Offenbarung» *von unten her*, das heißt auf induktivem Wege, von menschlichen Erfahrungen her, zu nähern:

Es gibt *Ereignisse*, meist ganz alltägliche und nur selten außergewöhnliche, in denen uns plötzlich eine tiefere Wahrheit des Lebens bewußt wird. Dies kann uns zu einer Korrektur der Lebenseinstellung zwingen und neues Licht auf den Weg werfen, den wir zu gehen haben. Es gibt *Erfahrungen*, oft bittere und seltener angenehme, die uns erkennen lassen, worauf es im Leben zutiefst ankommt, wonach zu streben sich wirklich lohnt.

Es gibt *Begegnungen* mit Menschen, in denen uns etwas aufgeht, was unser Leben verändern und ihm eine neue Richtung geben kann. Es entstehen manchmal *Beziehungen* zu Menschen und *Bindungen* an Gemeinschaften, in denen unser Leben Halt, Sinn und Zuversicht gewinnen kann. Es gibt *Augenblicke,* in denen man eine über die Stunde hinausweisende Sinnhaftigkeit entdeckt.

Es gibt *Handlungen,* die sichtbar machen können, wodurch Haß und Feindschaft beendet, Böses überwunden und Frieden gewonnen werden können. Es gibt *Erfahrungen,* die deutlich machen können, wodurch menschliches Leben Heil finden oder auch ins Unheil geraten kann.

Es können *Worte* gesagt werden, die Wunden heilen, die Hoffnung geben und uns helfen, Erfahrungen, Fakten und Geschehnisse ganz neu zu deuten und ins Lebensganze einzuordnen. Wie von einem Zauberstab berührt, sehen wir dann viele Dinge plötzlich ganz anders. Unsere Einstellung zur Welt und zum Leben wird verändert und unser Handeln ganz neu bestimmt.

In solchen natürlichen Vorgängen menschlicher Erfahrungsverarbeitung und des Erkenntnisgewinns dürfte wohl der Schlüssel zum Verständnis dessen zu finden sein, was die kirchliche Überlieferung als «Offenbarung» bezeichnet. Ich erinnere mich an eine Äußerung Karl Rahners, wonach Theologie larvierte Anthropologie sei.

Mir kommt der Verdacht, daß das, was in der kirchlichen Tradition als «Offenbarung» beschrieben wird, nichts anderes ist als die *Interpretation ganz normaler Lebenserfahrungen in religiöser Sprache und in religiösen Vorstellungen.* Alle Aussagen über Gott wären dann unerkannt Aussagen über den Menschen und über sein Dasein in der Welt, Aussagen, die auf eine jenseitige Person projiziert wurden.

«Er hat etwas von Gott auf die Erde gebracht»

Auf der Heimfahrt von einer Tagung hörten wir im Autoradio Mozarts Klarinettenkonzert in A-Dur. Herb und innig zugleich umflossen uns die Töne des Instruments und drangen in uns ein. Inmitten des hastenden, aggressiv drängenden Verkehrs auf der Autobahn kam unerwartet eine friedvolle

Gelassenheit und Gelöstheit über uns. Inmitten des Lärms und der Unruhe war auf einmal Stille da, Stille von innen her. Mein Begleiter, ein bekannter theologischer Schriftsteller, erwähnte einen Satz von Karl Barth, wonach die Engel im Himmel Mozarts Musik spielen. Ich kannte diesen Ausspruch, wußte aber seinen genauen Wortlaut nicht mehr. In meinem Gedächtnis war er in umgekehrter Bewegungsrichtung hängengeblieben, nicht aszendent, sondern deszendent. Deshalb sagte ich nach einigem Nachdenken: «Ich glaube nicht, daß das stimmt. Nicht die Engel haben Mozarts Musik von der Erde in den Himmel geholt. Es war genau umgekehrt. Es ist die Musik der Engel. Mozart hat sie ihnen abgelauscht. Mozart hat sie vom Himmel auf die Erde gebracht und für Menschen vernehmbar gemacht. Er hat etwas von Gott auf die Erde gebracht.»

«*Er hat etwas von Gott auf die Erde gebracht.*» – Was ich da, spontan auf die mythosnahe Sprechweise des Barth-Zitates eingehend, gesagt hatte, wird auch von einem anderen gesagt: *von Jesus*. Doch das wurde mir erst später bewußt. Mozarts Musik und Jesu Botschaft gleichzeitig als ein Offenbarwerden Gottes zu bezeichnen, ist das keine Blasphemie? Für mein heutiges Verständnis nicht! Die Unterschiede liegen vorwiegend in den verschiedenen Ebenen und sind mehr graduell. In seinem Mozart-Büchlein spricht Hans Küng davon, «wie ganz fein und dünn die Grenze zwischen der Musik [...] und der Religion» ist. «Beide, wenngleich verschieden, weisen ins letztlich Unsagbare, ins Geheimnis.» Und er zitiert Adorno: «Wenn ich große Musik höre, dann glaube ich zu wissen, daß das, was diese Musik sagt, nicht die Unwahrheit sein kann.» (19/40 f.)

Große Musik kann Wahrheit «offenbaren», Wahrheit über den Menschen und über das, «was ihn zutiefst angeht». Musik kann Tiefen im Menschen öffnen, die den Sinngrund des Daseins berühren. Musik kann dem Leidenden Trost geben, dem Verzweifelten Hoffnung, dem Geängstigten Zuversicht. Musik rührt an eine Dimension des Daseins, die wir mit *Gott* bezeichnen können.

Ich beginne nun zu verstehen, wie die Menschen der Bibel, als sie die tröstenden, verheißenden oder auch zurechtweisenden Worte der Propheten hörten, sagen konnten: «Diese Worte waren Gottes Worte an uns. Gott hat zu uns gesprochen.»
Ich beginne, biblische Gotteserfahrung und Offenbarung in der Verlängerung solcher Erfahrungen zu sehen.

Offenbarung Gottes durch Jesus?

Und ich kann nun auch verstehen, wie Menschen dazu kamen, von *Jesus* zu sagen, daß sie in der Begegnung mit ihm Gott erfahren hatten, daß ihnen an ihm Wahrheit über Gott und über den Menschen aufgegangen war, daß er ihnen Gott sichtbar gemacht, daß er ihnen also *Gott geoffenbart* hatte.

Obgleich wir nur indirekt von den neutestamentlichen Zeugnissen auf den historischen Jesus zurückschließen können, wird doch unübersehbar deutlich, daß von diesem Mann aus Nazaret etwas ausgegangen sein muß, was befreiend und lösend auf die Menschen wirkte, die ihm begegneten. Er konnte Angst nehmen, Hoffnung geben, Bereitschaft zur Liebe, zur Barmherzigkeit, zur Versöhnung wecken.

In seinen Reden wurde ein anderer Gott erkennbar als der, von dem die Schriftgelehrten und Priester sprachen, ein Gott, dem man sich anvertrauen konnte wie ein Kind dem Vater. Ließ man sich auf ihn ein, veränderte dies das Leben. Es war, als begänne man ein «neues Leben», ein Leben, das sich «aus Gott», aus der «Wahrheit» speiste. Er stand zu seiner Wahrheit bis zu seinem Ende am Galgen. Doch sein Tod beendete nicht die Wirkung, die von ihm ausging. Immer wieder, durch die Jahrhunderte hindurch wird in der Begegnung mit ihm gültige Wahrheit über Mensch und Menschenleben offenbar – Gott!

Und genau das bezeichnet die traditionelle religiöse Sprache als Offenbarung Gottes durch Jesus Christus. Ich kann mir die Offenbarung Gottes durch Jesus Christus nicht länger so vorstellen, daß ein jenseitiger Gott den Ratschluß gefaßt hat, seinen Sohn auf die Erde zu senden, um dort eine Kirche zu gründen, der er bislang verborgene, ewige, göttliche Wahrheiten mitgeteilt und zur Bewahrung anvertraut habe. *Es muß anders gewesen sein!* Menschen waren es, die ihre persönliche Betroffenheit durch Jesus mit Hilfe solcher bildhaften Vorstellungen ausgedrückt und weitergesagt haben. Nur im Kontext eines solchen geschichtlich bedingten Sprachspieles ermöglichen ihre Deutungen einen mitvollziehbaren Sinn.

Wenn die Menschen damals von Jesus sagten: «Gott hat durch ihn gesprochen; Gott hat sich durch ihn offenbart; Jesus ist die Wahrheit, der Weg und das Leben», dann benutzten sie zur Deutung der Wirkung Jesu Worte, Vorstellungen, Bilder und Begriffe, die in ihrer spätjüdisch-hellenistischen Welt bereitlagen und auch ihr eigenes Denken bestimmten. Wie anders sonst hätten sie es damals verstehen und ausdrücken können?!

In der Sprache des kirchlichen Lehramtes wurden jedoch später diese geschichtlich bedingten bildhaften Sprachformeln in objektivierende Definitionen und historische Fakten umgewandelt.

...wo der Mensch zur Wahrheit seines Lebens gelangt

Was wurde offenbar? Bei *Max Seckler*, dem bekannten Tübinger Fundamentaltheologen, habe ich auf diese Frage eine Antwort gefunden, die mir für mein Verstehen von Offenbarung hilfreich war: Nicht ein verborgenes Wissen über einen geheimnisvollen Gott, dem der Mensch nun endlich einmal in die Karten schauen kann, kein Geheimwissen der Priesterkaste, keine Lehrsätze und Dogmen, keine «ewigen Wahrheiten» wurden offenbar. Was offenbar wurde, kann man nicht erlernen wie die Regeln der Rechtschreibung, auch nicht wie die Lehrsätze des Katechismus. Ihre Wahrheit kann man erst erfahren, wenn man sich mit seiner Existenz darauf einläßt.

Offenbarung ist keine Aufklärung über Gott. Offenbar wurde an Jesus vielmehr *Wahrheit über den Menschen,* über sein Leben, über den Weg, den er zu gehen hat, über das, was für ihn in Wahrheit wichtig und entscheidend ist. Offenbarung vermittelt mir nicht ein Bescheidwissen über Gott; Offenbarung führt mich in ein Verstehen meiner selbst, zu einem Betroffenwerden von dem, «was mich unbedingt angeht».

Offenbarung geschieht überall da, *wo der Mensch zur Wahrheit seines Lebens gelangt.* Wo immer dem Menschen etwas von dem aufgeht, was in Wahrheit gut, richtig, sinnvoll, heilsam, wegweisend, lebenstragend und hoffnungstiftend ist, geschieht Offenbarung; da wird zugleich etwas erfahrbar von dem, was die Bibel «Gott» nennt; wenn auch in recht unterschiedlicher Dichte und Tiefe. (27/189)

Schöpfung und Offenbarung

Die alles hervorbringende, alles tragende, alles durchdringende Wirklichkeit, die wir «Gott» nennen, offenbarte sich nicht nur in bestimmten Ereignissen der biblischen Historie; Gott legt sich ständig und überall offen. In allem, was ist und geschieht, wird etwas von ihm erfahrbar und vernehmbar. Gott umgibt uns wie die Luft, die wir atmen und die uns am Leben erhält. Er tritt hervor wie das Wasser der unterirdischen Quelle, das den Boden durchdringt. «Denn in ihm leben wir, bewegen wir uns und sind wir.» (Apg 17,28)

Schöpfung und Offenbarung sind nicht zwei verschiedene historische Ereignisse. Schöpfung und Offenbarung sind nur *zwei verschiedene Sichtweisen* und Ausdeutungen ein und derselben Sache: der Welt, in der der Mensch lebt und in der Gott gegenwärtig ist.

Kein einmaliges Geschehen

Ich sehe deshalb heute Offenbarung nicht mehr als einen einmaligen geschichtlichen Prozeß, der – von der Initiative eines Gottes bewirkt – irgendwann bei Abraham (um 1800 v. Chr.) begann und am Ende des ersten nachchristlichen Jahrhunderts mit dem Tod des letzten Apostels abgeschlossen war. Offenbarung ist auch nicht geographisch zu begrenzen auf den Raum des Vorderen Orients.

Offenbarung ist ein Geschehen, das sich immer und überall vollzieht, zu allen Zeiten, in allen Kulturen, in allen Völkern, bei allen Menschen. Seit Menschen fähig wurden, nach dem Sinn, Grund und Ziel ihres Lebens zu fragen und Erfahrungen denkend zu verarbeiten, geschieht Offenbarung. – Bis zum heutigen Tag! Offenbarung ist auch nicht begrenzt auf Gotteserfahrungen, die in der jüdisch-christlichen Bibel ihren literarischen Niederschlag gefunden haben.

Gottes Wort finden wir nicht nur in den Weisungen des Dekalogs, nicht nur in der Zornesrede des Propheten, nicht nur in der resignativen Weisheit des Kohelet, nicht nur in der Bergpredigt und den Gleichnissen Jesu oder den Briefen des Paulus. Gottes Sprechen können wir auch vernehmen in allen großen Texten der Menschheitsgeschichte, die Letztgültiges und Letztverbindliches über Mensch und Welt zum Ausdruck bringen. Auch in ihnen haben Menschen zu allen Zeiten Gottes Wort vernommen. Gottes Stimme wurde der Menschheit auch hörbar in den Gerichtsbüchern der alten Ägypter, in den Lehren des Buddha, in den Veden der Hindus, in den Suren des Korans.

Und gründet sich der Unterschied zwischen den Schriften der Bibel und den Schriften, die anderen Religionen heilig sind, wirklich in einer ganz anderen «Qualität» von Gottesoffenbarung? Ist der Gott, den der Sonnengesang Echnatons preist, wirklich ein ganz anderer Gott als der, den Franziskus in seinem Sonnengesang besingt?

Ist die Gotteserfahrung, die sich in der Bibel niedergeschlagen hat, der Gotteserfahrung in den Schriften der anderen Religionen wirklich absolut überlegen? Ich erkenne bestenfalls unterschiedliche Grade der Transparenz, unterschiedliche kulturelle Ausdeutungen und unterschiedliche geschichtliche Entfaltungen.

Unterschiede im Rang, in Wirkmächtigkeit und «Durchlässigkeiten» für das Göttliche gibt es allerdings auch innerhalb der biblischen Literatur. Zwischen der «Offenbarungsqualität» der endlosen kasuistischen Aufzählungen von Gesetzen und Vorschriften mit oft inhumanen Strafandrohungen im Buch Levitikus und der «Offenbarungsqualität» der Reden Jesu im Johannesevangelium klaffen Welten. Auch bei den Texten, die wir in der Bibel finden und die deshalb als «Wort Gottes» gelten, war es oft nur Zufall, daß sie in die Bibel aufgenommen wurden, und Zufall war es manchmal auch, daß andere nicht aufgenommen wurden.

Und wo ist der grundsätzliche Unterschied anzusetzen zwischen Texten aus den kanonisierten heiligen Schriften der Religionen und den Texten der allgemeinen großen religiösen Literatur aus allen Jahrhunderten, etwa zwischen der Apokalypse des Johannes und der Divina Commedia des Dante? Und wo ist die unterscheidende Grenze zu ziehen zwischen dem Disput Jobs mit seinen Freunden und den Dialogen des Platon, zwischen dem Hohelied der Bibel und den Gedichten Hölderlins an Diotima? Alle Übergänge sind fließend.

Die Festsetzung der Grenzen ist nur das Ergebnis «*sozialer Übereinkünfte*». Sie entsprechen dem Bedürfnis aller Gesinnungsgruppen, die Überlegenheit der eigenen Lehren gegenüber anderen herauszustellen und sich von anderen Gruppen abzugrenzen.

Sicher wird Gott auch *Wort* in den Worten aller Liebenden, in den Worten aller, die vergeben, trösten und aufrichten. Gott spricht uns an, wird also «Wort», in jedem Menschen, der unserer Hilfe bedarf. Überall im Alltag und in der Begegnung mit Menschen erfahren wir in dieser Weise einen *An-Spruch* Gottes, ein Angesprochenwerden von Gott.

In der Sprache der Liebe

Ich weiß, daß viele der konventionellkirchlich geprägten Theologen jetzt einwenden: Wo bleiben die *Einmaligkeit und die Unüberbietbarkeit* der Offenbarung Gottes in Jesus Christus? Die kirchliche Lehre von der *Einmaligkeit und Unüberbietbarkeit einer Offenbarung Gottes in Jesus* erschließt sich einem erst, wenn man diese Sprachformel in der *Sprache der Liebe* versteht. Ein Liebender kann durchaus zu Recht von einem geliebten Menschen sagen, daß dieser für ihn *einmalig* und das, was er ihm bedeutet, *unüberbietbar* sei. In einem solchen Sprechen drückt sich die Besonderheit aus, die ein geliebtes Wesen durch erwählende Liebe empfängt. Saint-Exupéry hat das in seinem «Kleinen Prinz» beschrieben an der Bedeutung, welche die eine einzige Rose empfängt, wenn wir sie aus einem Feld mit hunderttausend Rosen auswählen. Im Kontext einer solchen Sprache kann der christliche Glaube deshalb auch von Jesus sagen, *daß er für ihn einzigartig und unüberbietbar ist.*

In der Sprache der erwählenden Liebe kann ich auch heute noch sagen, daß Jesus von Nazaret *für mich* einmalig, unübertroffen und entscheidend verbindlich ist. Er wurde für mich zu der Wahrheit, an der ich mein Denken zu orientieren versuchte; trotz all meiner Irrtümer, in die ich mich verfing. Er war für mich der Weg, den ich zu gehen versuchte; trotz aller Irrwege, in die ich mich verlief. Und er ist für mich auch heute noch der Maßgebende. Ich wüßte keinen anderen, dem ich mich in dieser Weise anvertrauen könnte.

Aber kirchliche Dogmatiker sprechen selten in dieser «*Sprache der Liebe*». Diese Sprache verstehen die wenigsten von ihnen. Diese Sprache hat man ihnen nicht beigebracht. Sie meinen etwas anderes, wenn sie diese Worte gebrauchen: einen *Exklusivanspruch auf «geoffenbarte Wahrheit».* Ich halte die lehramtliche Herausstellung einer absoluten Einmaligkeit und Unüberbietbarkeit der biblischen Offenbarung nicht nur für einen verzeihlichen Ausdruck der menschlichen Neigung, den Überlieferungen der eigenen Gruppe eine höhere Verbindlichkeit zu geben. Sie ist auch eine *interessengeleitete Argumentation.* Denn nur eine unüberbietbare, einmalige und abgeschlossene Offenbarung erhält der Kirche den Anspruch auf Besitz einmaliger und unüberbietbarer göttlicher Wahrheiten. Und nur das sichert ihr die Rolle der einzigen und unverzichtbaren Mittlerin zwischen Mensch und Gott.

Die mißverstandenen Bilder

Wirklich so geschehen, wie in der Bibel erzählt?
Bei einem Klassentreffen traf ich nach vielen Jahren einen alten Schulfreund wieder. Er war promovierter Physiker und hatte eine leitende Stellung in einer Kernforschungsanlage. Wir sprachen von der alten Schulzeit und von unserem Leben danach. Als ich ihm erzählte, daß ich im Kirchendienst arbeitete, mich besonders mit Fragen um den Religionsunterricht beschäftigte und auch einige Bücher darüber geschrieben hätte, schaute er mich überrascht an. «Nun sei einmal ganz ehrlich», sagte er, «glaubst du wirklich an so etwas?»
«Ja, natürlich», bejahte ich, «sonst würde ich diese Arbeit nicht tun.»
Sein Gesichtsausdruck spielte zwischen ungläubiger Skepsis und amüsierter Nachsichtigkeit. «Du glaubst also tatsächlich, daß Gott die Welt in sechs Tagen geschaffen hat und daß Adam und Eva die ersten Menschen waren? Du glaubst also wirklich die Geschichte von dem alten Noe mit seiner Arche, in die er von allen Tieren ein Paar einfrachtete? Glaubst du wirklich, daß Gott da irgendwo erschienen ist und mit Menschen gesprochen hat? Glaubst du wirklich an die Märchen von den Wundern, die in der Bibel erzählt werden? Glaubst du wirklich, daß Maria vom Heiligen Geist ein Kind bekommen hat? Du Armer! Und das mit Engeln und Teufel? Glaubst du wirklich, daß Jesus über den See gelaufen ist und daß er Wasser in Wein verwandelt und Brote vermehrt hat? Glaubst du das? Und glaubst du die Sache, daß dieser Jesus wieder aus dem Grab herausgeklettert und dann später abgesegelt ist in Richtung Himmel?»
Mein Schulfreund hatte sich in Eifer geredet. Nur nach mehreren Versuchen gelang es mir, ihn zu unterbrechen, um

ihm zu erklären, daß er die Erzählungen aus der Bibel völlig falsch sah: «Das sind zumeist bildhafte Darstellungen, oft Legenden und Darstellungen in mythischen Ausdrucksweisen.» Er unterbrach meinen Erklärungsversuch und sagte triumphierend: «Aha! Du glaubst das also auch nicht! Erzähl das bloß deinem Bischof nicht, daß das alles Bilder, Legenden oder Mythen sein sollen! Der schmeißt dich raus! Denn, soviel ich weiß, lehrt die Kirche, daß das alles wirklich so geschehen ist, wie es in der Bibel erzählt wird.»

Mit seiner Feststellung im letzten Satz hatte mein Schulfreund zweifellos wieder recht, zumindest was die herkömmliche und offizielle Lehrmeinung der kirchlichen Oberhirten angeht. Ich konnte ihm nicht verübeln, daß er keine Ahnung davon hatte, daß sich in der Theologie inzwischen ein ganz anderes Verständnis von der Eigenart biblischer Sprechweise durchgesetzt hatte.

Wahrheit – bewahrt in der Sprache der Bilder

Schon seit langem weiß die historisch-kritische Bibelwissenschaft, daß die biblischen Texte keine Aufzeichnungen von historischen Ereignissen und *keine Tatsachenberichte* im modernen Sinne sind. Obwohl gewiß auch geschichtliche Ereignisse und Tatsachen im Hintergrund biblischer Darstellungen stehen, ist es nicht die Absicht der biblischen Autoren, Kenntnis historischer Ereignisse und Fakten im Sinne heutiger Tatsachenschilderung zu übermitteln; sie wollen die Gotteserfahrung biblischer Menschen weitergeben.

Die «formgeschichtlichen» Untersuchungen der Bibelwissenschaften haben schon lange deutlich gemacht, daß die Bibel ihre Gotteserfahrungen vorwiegend in der Sprache der Bilder ausdrückt, bewahrt und überliefert. Sie bedient sich dabei Sprach- und Darstellungsformen wie Mythen und Wundererzählungen, Legenden, Märchen und Sagen, Träumen, Engelerscheinungen und Visionen.

… *wie eine Befreiung*

Als ich vor fast dreißig Jahren durch meine wissenschaftsnahe Arbeit im Katechetischen Institut mit der kritischen Bibelwissenschaft bekannt und auch etwas vertraut wurde, erlebte ich das Verständnis der Bibel, das mir dadurch vermittelt wurde, *wie eine Befreiung*. Denn so manche Ereignisse, von denen die Bibel berichtet, waren mir doch oft etwas sehr unwahrscheinlich vorgekommen. Sie als wirkliche Geschehnisse anzusehen hatte meinem Glauben doch viele Schwierigkeiten bereitet.

Doch nun waren viele dieser Schwierigkeiten behoben. Um christlich zu glauben, mußte ich nicht mehr «fest für wahr halten», daß ein Engel der Jungfrau Maria erschienen war, um ihr mitzuteilen, daß Heiliger Geist über sie kommen und sie ein Kind gebären werde. Auch die himmlischen Heerscharen, die über dem Hirtenfeld ihr Loblied sangen, bereiteten meinem Glauben keine Schwierigkeiten mehr, wußte ich doch nun, daß sich in diesen Bildern und Legenden der nachösterliche Glaube an den Messias darstellte.

Ich war nicht mehr gezwungen, vor mir und vor meinen Hörern zu verteidigen, daß Jesus «als Sohn des allmächtigen Gottes» durchaus die Macht und Fähigkeit gehabt habe, übers Wasser zu schreiten, Brot zu vermehren, Wasser in Wein zu verwandeln, Blindgeborenen die Augen zu öffnen, Verstorbene ins Leben zurückzurufen. Wußte ich doch nun, woher all diese Motive kamen, mit denen die Evangelien das Bild Jesu malten. Und ich brauchte mir die Auferstehung Jesu auch nicht mehr so vorzustellen, als sei da ein Toter wieder lebendig geworden und dem Grab entstiegen, um dann nach vierzig Tagen von der Erde emporzusteigen und in den Wolken zu entschwinden.

Ich brauchte auch nicht mehr gegen alle Wahrscheinlichkeit daran festzuhalten, daß einst eine Sintflut die ganze Erde bedeckte und nur Noe mit seiner Arche gerettet wurde, daß die vielen Sprachen auf der Welt durch den Bau des Babylonischen Turms entstanden waren oder daß Gott am Sinai unter Blitz und Donner dem Mose die Gesetzestafeln übergeben hatte.

Das Wissen um die literarischen Gattungen der biblischen Texte hat mir damals eine intellektuelle Zustimmung zum christlichen Glauben ohne Einschränkung des kritischen Denkens möglich gemacht. Viele Schwierigkeiten, die meinem Bedürfnis nach intellektueller Redlichkeit zu schaffen gemacht hatten, waren entfallen.

Hätte ich die biblischen Darstellungen als Fakten, als historische Tatsachen und als wirklich geschehene Ereignisse weiterhin noch «fest für wahr halten» müssen, hätte ich meinen Glauben bestenfalls nur noch tapfer und kirchentreu «mit geschlossenen Augen» gegen alle evidenten Unwahrscheinlichkeiten «an-glauben» können.

Die Erkenntnis, daß die Bibel die Deutung ihrer Gotteserfahrung in Bildern, Legenden, Wundergeschichten oder Mythen zum Ausdruck bringt, hat mir einen besseren Zugang möglich gemacht zu der Wahrheit, die sie mitteilen will.

Ähnliche Bilder in unterschiedlichen Religionen

Die Bilder, in denen die Bibel ihre Gotteserfahrung ausdrückt und mitteilt, entstammen meist der Erfahrungswelt und den Vorstellungen des alten Orients. Zum Teil aber wurden sie auch aus den religiösen Mythen der Nachbarvölker übernommen und umgeformt. Daraus erklärt sich die überraschende Ähnlichkeit vieler biblischer Darstellungen mit Bildern und Mythen aus anderen altorientalischen und hellenistischen Religionen.

Doch auch in Religionen, die damals in keiner Berührung mit der biblischen standen, wie etwa den fernöstlichen und altamerikanischen, finden wir ähnliche Bilder. Wir dürfen deshalb vermuten, daß die Bilder und Mythen, die den unterschiedlichen Religionen gemeinsam sind, *einen gemeinsamen Ursprung* haben. Sie sind viel älter als die Bibel und reichen zurück in früheste archaische Formen religiösen Denkens.

Eugen Drewermann deutet den gemeinsamen Ursprung der Bilder, in denen die Religionen vom Göttlichen sprechen, *tiefenpsychologisch*. Er sieht ihren Ursprung in *archetypischen Bildern*, die in den Tiefenschichten der menschlichen Seele ruhen und zum allgemeinmenschlichen Erbe aller Völker gehören.

Bilder, die dem Leben dienen

Einige Informationen, die ich der Evolutionsbiologie und Verhaltensforschung entnommen habe, könnten die Entstehung solcher archetypischer Bilder vielleicht erklären:

Der bekannte holländische Zoologe Nikolaus Timbergen, der später zusammen mit Konrad Lorenz den Nobelpreis erhielt, machte in der Mitte der fünfziger Jahre ein aufschlußreiches Experiment. Er zog an einer hochgespannten Leine über Rollen eine kreuzähnliche Attrappe aus schwarzer Pappe über einen Rasen, auf dem frischgeschlüpfte Küken nach Futter suchten. Sobald die Küken die schwarze Silhouette über sich erblickten, stoben sie in wilder Panik auseinander und flüchteten. «Fluchtreaktion vor einem Flugfeind», diagnostizierte der erfahrene Verhaltensforscher.

Keine Henne hatte vorher Gelegenheit gehabt, die Küken über die Gefahr, die von einem Raubvogel drohte, zu «belehren». Das Fluchtverhalten der Küken war ausgelöst worden durch das *Bild* des Freßfeindes. Es war genetisch in ihrem Erbgut gespeichert. Nicht durch individuelles Lernen hatten sie das Feindbild erworben; nein, die «Art» als Ganzes hatte «gelernt». Und was unzählige Generationen von Hühnern in meist bitterbösen Erfahrungen erlernt hatten, war lebenserhaltend als *Bild* in den ererbten Informationen ihrer Nachkommen gespeichert. (vgl. 32/87 f.)

Analog dazu sind *auch im Erbgut des Menschen* Bilder gespeichert, die weder individuell noch kulturell erworben wurden. Sie entstammen urzeitlichen Erfahrungen der Menschheit und wurden genetisch tradiert.

Solche Erfahrungen waren wichtig für die Bewältigung und Weiterentfaltung des Lebens in den nachfolgenden Generationen. Sie hatten eine lebens- und arterhaltende Funktion. Deshalb mußten sie weitergegeben werden. Verhaltenssteuerungen, die für das Überleben der Art von großer Bedeutung sind, überläßt die Evolution nicht individuellen Lernprozessen. Sie werden der ganzen Art anvertraut und genetisch gespeichert. In der Evolutionsbiologie ist dieser Vorgang wohlbekannt.

Die lebenswichtigen Informationen wurden *im biologischen Erbgut der ganzen Art gespeichert und konnten dadurch genetisch von Generation zu Generation weitergereicht werden.* Genauso wie bei den Küken Timbergens wurden sie *als Bilder* in den Chromosomen unserer Körperzellen in den spiralförmigen DNS-Ketten gespeichert und in den Geschlechtern der Menschheit durch die Jahrtausende weitergereicht.

Aus grauer Vorzeit, aus den verschiedenen frühzeitlichen Entwicklungsstufen des menschlichen Bewußtseins sind solche als Bilder gespeicherte Erfahrungen auf uns gekommen. Sie sind immer noch wirksam in unserem individuellen Verhalten, Werten und Denken. Die Verhaltensforschung und die Tiefenpsychologie nennen dafür zahlreiche Beispiele.

Archetypische Urbilder in den Religionen

Die oben geschilderte *biologische Einprägung von überlebenswichtigen Bildern* in den genetischen Code dürfte einen Schlüssel bilden zum Verständnis jener *Bilder, die der religiösen Sprache zugrunde liegen.*

Auch den Bildern, die in der Seele der Menschheit ruhen und in Märchen, Träumen, Mythen und Religionen emporsteigen, liegen *Erfahrungen* zugrunde, die schon in den *Urzeiten des Menschengeschlechts* von Menschen gemacht wurden, Erfahrungen von Gelingen und Mißlingen des Lebens, Erfahrungen von dem, was dem Leben Heil oder Unheil bringt, was ihm dient und es fördert oder was es bedroht und zerstört. Aus der Tiefe der Seele tauchen sie zu allen Zeiten und bei allen Völkern wieder auf: in Träumen und Märchen, in Sagen und Legenden, in Malerei und Dichtung, in Mythen und auch ... *in den Religionen.*

Es sind Bilder des machtvollen königlichen *Herrschers*, des huldvollen *Vaters* oder auch des unberechenbaren *Despoten*, der durch Opfer besänftigt werden muß. In der Tiefe der Seele ruhen die Bilder von der *«reinen Jungfrau»*, die den Schuldverstrickten erlösen kann, die Bilder von der jungfräulich Empfangenden, aus deren Schoß Göttliches in die Welt eintritt, die Bilder von der fruchtbaren, lebenspendenden *Großen Mutter* und auch die Bilder von der trostreichen, mitleidenden *«Mater dolorosa»*, die um alle Schmerzen dieser Erde weiß.

In der Seele der Menschheit wirken die Bilder des *jugendlichen Heilbringers*, *Befreiers* und *Erlösers*, des wegekundigen *Führers*, des heilenden *Wundertäters* und des wissenden *Lehrers*, die Bilder eines *Überwinders* des Bösen und eines *Siegers über den Tod*.

Die in vielen Mythen und Religionen auftauchenden Bilder von sterbenden Gottheiten, die in die Unterwelt abstiegen, von den Toten zu neuem, gewandeltem Leben erstanden und wieder in ihren göttlichen Ursprung zurückkehrten, stammen aus Erfahrungen der vegetativen Veränderungen des Lebens im jahreszeitlichen Wechsel der Natur, seinem herbstlichen Absterben, seinem Durchgang durch das winterliche «Begrabensein» in der dunklen Erde bis hin zur Wiedererweckung neuen Lebens im Frühling. In ihnen spiegeln sich menschliche Grunderfahrungen mit dem Leben. Sie drücken die Hoffnung aus, daß alles Sterben sich wandelt in neues Leben.

Solche archaischen Bilder liegen ganz tief in unserer Seele und im gemeinsamen Erbe aller Menschen und Kulturen. In ihnen werden die Heils- und Unheilserfahrungen, die Wahrheits- und Sinnerfahrungen, eben *Erfahrungen des Göttlichen*, in der Menschheit tradiert.

Es sind die Bilder, in denen die Religionen das Unsagbare zu sagen versuchen. Sie sind die Gewänder, mit denen die Religionen das Heiligtum umhüllen. Sie liefern die Quader, aus denen die Religionen ihre Tempel bauen. Sie sind die Fäden, aus denen die Religionen das Gewebe ihrer Mythen flechten. Die jüdisch-christliche biblische Überlieferung bildet da keine Ausnahme. Sicher liegen die Bilder aus dem allgemeinen Menschheitserbe *auch dem biblischen Sprechen* von Gott zugrunde. Wir finden sie in allen Schriften des Alten und auch des Neuen Testamentes.

Selbst bei so zentralen christlichen Glaubenslehren wie den Lehren von der Menschwerdung Gottes, von der Gottessohnschaft Jesu, von seiner geistbewirkten Empfängnis und seiner Geburt aus dem Schoß einer Jungfrau, von seinen Wundertaten, seinem heilbringenden Opfertod, seiner Auferstehung und seiner Himmelfahrt müssen wir damit rechnen, daß die Bedeutung Jesu in Bildern ausgedrückt und dargestellt wurde, die viel älter sind als die Evangelien und aus dem Menschheitserbe stammen.

Verunsicherung des Glaubens?

Ein mir befreundeter Exeget, Dozent an einem Priesterseminar, ausgewiesen durch einige anerkannte Veröffentlichungen, hatte der Bitte eines Nonnenklosters in einem Nachbarbistum entsprochen, vor den Ordensschwestern eine Vortragsreihe über die Wunder Jesu zu halten. Er hatte ihnen unter anderem erklärt, daß die neutestamentlichen Autoren alttestamentliche Zitate zu Wundererzählungen ausgeformt hatten, um Jesus damit als den verheißenen Messias zu verkünden, daß also manche Wundererzählungen nicht von tatsächlichen Geschehnissen berichten und keine historischen Fakten darstellen. Er hatte auch, soviel ich weiß, darauf hingewiesen, daß das Weinwunder bei der Hochzeit von Kana Analogien in den hellenistischen Dionysos-Mysterien besitzt. Der Schock, den er dadurch bei den braven Schwestern, die sich aus ihrem Glauben heraus lebenslang dem Dienst an kranken Menschen hingegeben hatten, auslöste, war so groß und ihre Empörung so heftig, daß er seine Vortragsreihe abbrechen mußte.

Ich kann die Schwestern gut verstehen. Wer geprägt wurde von dem Glaubensverständnis, das heute noch in der offiziellen kirchlichen Verkündigung vorherrscht, sieht die Verläßlichkeit seines Glaubens vorwiegend in Ereignissen gegründet, die wirklich so wunderhaft geschehen sind, wie sie in der Bibel dargestellt werden. «Denn die Bibel als Gottes Wort lügt nicht und irrt nicht. Davor hat sie der Heilige Geist bewahrt.»

«Und wenn das nicht wirklich so passiert ist», hörte ich immer wieder sagen, «dann stimmt alles nicht; dann kann man ja gleich seinen ganzen Glauben aufgeben.» Es fiel mir selber oft schwer, der psychologischen Logik dieses Arguments zu widersprechen.

Verläßliche Fundamente?

Wer ein Haus bauen will, sucht nach einem festen Grund, in den er die Fundamente seines Hauses eingründen kann. Auch der, der sich auf den Glauben einläßt, sucht nach einem festen Grund, auf den er bauen kann. Zwar ist und bleibt der Glaubensakt als vertrauendes Sicheinlassen auf Gott immer ein Wagnis, und es gibt keine absoluten Sicherheiten, auf die er sich stützen kann. Dennoch verlangt auch der wagende Glaube nach *Gründen*, die ihm sein Wagnis sinnvoll machen.

Er sucht verläßliche Fundamente, die nicht nachgeben, wenn sie belastet werden. Er sucht Stützen, die seinen Glauben in der Last der Anfechtung tragen. Und diesen festen Grund, der Glaubenssicherheit gewährt, meint er am besten in «*feststehenden und unumstößlichen Tatsachen*», in «*tatsächlich geschehenen historischen Ereignissen*» zu finden.

Das Bedürfnis des Menschen, seinen Glauben in «feststehenden Tatsachen» zu gründen, ist wohl die Ursache dafür, daß viele Gläubige mit *heftiger Abwehr* reagieren, wenn sie hören, daß viele Darstellungen aus der Bibel keine historischen Ereignisse schildern, sondern «Bilder», sogar Legenden und Mythen sein sollen. Sie fühlen sich in ihrem Glauben bedroht. Sie fürchten, Sicherheiten zu verlieren, die ihren Glauben getragen haben, und dagegen wehren sie sich instinktiv.

Aus Mythen wurden Fakten

Die Kirche weiß um die Angst des Menschen, sich auf Wagnisse einzulassen, und wie sein Herz verläßliche Sicherheiten sucht. Das gilt auch für den Glauben. Deshalb ist sie bereit, dieses Verlangen zu befriedigen. Sie ist bereit, Sicherheiten zu geben, auch wenn es nur *scheinbare* Sicherheiten sind.

Unbeeindruckt vom Wissen der kirchlichen Theologen beharrt das Lehramt deshalb auf Historizität und Faktizität der biblischen Darstellungen. Es sperrt sich instinktiv dagegen, wichtige biblische Darstellungen als Bilder, Mythen oder Legenden anzuerkennen. Man lese nur einmal den Disput zwischen Erzbischof Degenhard von Paderborn und Eugen Drewermann. (28) Man schaue nur einmal in den *Weltkatechismus* von 1993, der alle Ergebnisse der bibelwissenschaftlichen Forschung fast völlig ignoriert und in seiner ganzen Argumentation so tut, als seien bildhafte Darstellungen der Bibel historische Tatsachenschilderung.

Auf Bilder, Mythen und Legenden oder gar auf Träume und Poesie mag auch die Kirche die Fundamente ihrer Kathedralen und Dome nicht gründen. Dieser Boden ist ihr nicht sicher genug. Da müssen schon handfestere Tatsachen her! Und wo es die nicht gibt, da müssen sie eben geschaffen werden.

Dies hat die Kirche auch getan. Schon in den Tagen der alten Kirchenväter setzte ein Prozeß ein, in dem die *biblischen Bilder in biblische Tatsachen umgewandelt wurden.*

… da wird Sinn zum Unsinn verfälscht!

Wie unglaubwürdig, sogar widersinnig und unsinnig diese Bilder werden, wenn sie als faktische Ereignisse verstanden werden, war den Menschen des Altertums und des Mittelalters noch kaum bewußt, war doch für sie die ganze Wirklichkeit der Welt noch wunderhaft und waren deren Grenzen zum Unwirklichen fließend. Was die Kirche lehrte, entsprach ihrem eigenen Denken.

Seit Galilei, Kopernikus und Descartes zu Beginn der Neuzeit aber, spätestens seit der Aufklärung, seit Voltaire und Kant und der Entstehung des neuzeitlichen Weltbildes im 19. und 20. Jahrhundert, seit Darwin und Einstein ist es dem kritischen Denken des aufgeklärten Menschen nicht mehr möglich, diese sogenannten «Tatsachen», auf welche die Kirche ihren Glauben stützt, ohne Widerspruch und Skepsis hinzunehmen.

Statt *Einsicht* in die Wahrheit des Glaubens zu vermitteln, hindert die kirchliche Verkündigung so Menschen daran, die «Wahrheit», von der die Bibel spricht, zu erfassen und anzunehmen. Nicht Zustimmung zum Glauben wird erzeugt, sondern bestenfalls höflich tolerante *Nachsicht* mit jenen, «die so etwas noch glauben».

Ein Beispiel: Noch im Jahre 1909 schrieb eine römische Entscheidung vor, auch die mythisch-bildhafte Erzählung über die Erschaffung des Weibes aus der Rippe Adams, die wir im ersten Kapitel der Bibel finden, als ein historisches Faktum zu glauben. Aus einer tiefsinnigen Darstellung, die in bildhafter Weise die Einheit und Gleichheit von Mann und Frau herausstellt, wurde eine faktische Absurdität, aus dem tiefen Sinn dieser Darstellung purer Unsinn.

Aussagen, die, als Bild verstanden, einmal Sinn ergaben und Wahrheit aufleuchten ließen, erscheinen dem heutigen Denken, sofern sie als Fakten geglaubt werden sollen, nicht selten als Unsinn und Widersinn. Sie erscheinen als absurde Behauptungen, die allem gesicherten Wissen widersprechen. *Was in der kirchlichen Lehrverkündigung als historische*

Tatsachen *dargestellt wird, beruht zumeist auf einer Interpretation biblischer Texte, die schlichtweg falsch ist und der Eigenart der Bibel nicht gerecht wird.*

... der gibt den biblischen Glauben der Lächerlichkeit preis?

Als ich den neuen *Katechismus* kurz nach seinem Erscheinen 1993 ein erstesmal durchblätterte, traute ich meinen Augen nicht, als ich dort noch las, daß der *Tod seinen «Einzug in die Menschheitsgeschichte»* gehalten habe, weil *«unsere Stammeltern [...] vom Teufel versucht, ungehorsam gegen Gottes Gebot waren.»* (vgl. Nr. 390, 397, 400) – So hatte ich es zwar in meiner Kindheit im Religionsunterricht gelernt; aber mir war unter den heute führenden Theologen keiner bekannt, der die Herkunft des Todes noch so deutete.

Die kirchliche Tradition beruft sich auf den Satz aus dem Römerbrief des Paulus: «Durch einen einzigen Menschen kam die Sünde in die Welt und durch die Sünde der Tod, und auf diese Weise gelangte der Tod zu allen Menschen.» (Röm 5,12) Diese Lehre verdankt Paulus wiederum dem damaligen jüdischen Verständnis der *mythischen* Erzählung vom Sündenfall der Stammeltern Adam und Eva in den ersten Kapiteln der Bibel.

Mythen, die den Ursprung des Bösen und des Todes durch einen Bruch mit der Gottheit deuten, finden wir in vielen alten Religionen. *Innerhalb* solcher archaischen Weltbilder gaben die Mythen den Menschen damals Antwort auf ihre Fragen. Lehrt man heute solche Mythen aber als ein historisches Ereignis, dann erscheinen die Bilder der Mythen den meisten als widersinnige, gar unsinnige Aussagen. Sie werden als Beschreibung historischer Fakten mißverstanden.

Den *Tod* gibt es schon seit der Entstehung des Lebens auf der Erde; er ist Bestandteil des Lebensprozesses. Seit sich vor über drei Milliarden Jahren auf dieser Erde Leben entwickelt hat, kennen Pflanzen und Tiere schon den Tod. Diese sind anthropogenetisch gesehen unsere «Stammeltern». Nur durch die Abstammung unseres Lebens aus ihrem Leben «hielt der Tod Einzug in die Menschheitsgeschichte», nicht aus dem Ungehorsam der «ersten Menschen».

Mußten mir nicht *Zweifel* kommen an den Lehren einer Kirche, die heute noch unter Berufung auf eine «göttliche Offenbarung» dem Menschen zumutet, mythische Bilder aus längst vergangenen Weltbildern als ein historisches *«Ur-Ereignis»* (Nr. 390) zu glauben? Noch heute lehrt der Papst, daß die bekannte Geschichte aus der Bibel vom Sündenfall Adams und Evas im Paradies ein *«Bericht»* ist, der trotz bildhafter Sprache ein *«Ur-Ereignis»* beschreibe, das *«zu Beginn der Geschichte des Menschen»* stattgefunden habe.

Muß ich als gläubiger katholischer Christ wirklich für wahr halten, was das höchste kirchliche Lehramt lehrt, «… daß das unermeßliche Elend, das auf den Menschen lastet, und ihr Hang zum Bösen und zum Tod nicht verständlich sind ohne den Zusammenhang mit der Sünde Adams»? (Nr. 403) «Die Offenbarung gibt uns die Glaubensgewißheit, daß die ganze Menschheitsgeschichte durch die Ursünde gekennzeichnet ist, die unsere Stammeltern freiwillig begangen haben.» (Nr. 390)

Was der höchste Inhaber des kirchlichen Lehramtes heutigen Menschen hier als «geoffenbarte Wahrheit» zu glauben zumutet, widerspricht nicht nur allen gesicherten naturwissenschaftlichen Erkenntnissen der Neuzeit, sondern auch dem übereinstimmenden Verständnis fast aller ernst zu nehmenden Bibeltheologen. Wenn der Papst heute noch diese mythische Erzählung der Bibel als einen «Bericht» über ein historisches «Ur-Ereignis» darstellt, zerstört er die tiefgründige Wahrheit dieser mythischen Erzählung. Schlimmer noch: *Er gibt den biblischen Glauben der Lächerlichkeit preis.*

Voller Zorn geschrieben

Nachdem ich die Darstellung des Sündenfalls im päpstlichen Katechismus gelesen hatte, war ich beim Schreiben dieser «Notizen» aus einer spontan empfundenen Empörung fast, ohne es zu bemerken, in den Sprachstil einer persönlichen Anrede an den Papst verfallen. Ich mußte meinem Herzen Luft machen.

Lieber Papst,
gerade habe ich in dem von Dir verantworteten und empfohlenen Weltkatechismus gelesen, was Du über den Sündenfall unserer Stammeltern und über den Ursprung des Bösen und des Todes als von Gott geoffenbarte Lehre mir und anderen gläubigen Christen zu glauben vorlegst. Ich habe es zweimal lesen müssen, weil ich es nicht für möglich hielt, daß die Kirche auch heute noch so etwas lehren kann.

Auch wenn Du noch so sehr vom Heiligen Geist erleuchtet sein solltest und ich nur ein kleines irrendes Schäfchen in Deiner Herde bin, hier folge ich Dir trotzdem nicht. Was Du da als geoffenbarte Wahrheit anbietest, ist wie eine Mißachtung jedes Menschen, der im Glauben der Kirche Wahrheit sucht.

Da habe ich mich nun auf den Glauben der Kirche eingelassen und mich ein Leben lang bemüht, diesen Glauben nicht nur zu leben, sondern ihn auch geistig zu verantworten und weiterzugeben. Ich habe es mir nicht leichtgemacht mit dem Glauben; ich habe ihn ernst genommen. Und dann kommst Du und speist mich wie einen dummen Jungen mit der absurden Behauptung ab, daß «die ganze Menschheitsgeschichte durch die Ursünde gekennzeichnet ist, die unsere Stammeltern freiwillig begangen haben».

Hast Du überhaupt einmal zur Kenntnis genommen und theologisch verarbeitet, wie die bibeltheologischen Wissenschaften heute die Paradies- und Sündenfalltexte aus der Bibel erklären? Hast Du je zur Kenntnis genommen und theologisch verarbeitet, was die Wissenschaften über die Entwicklungsgeschichte des Menschengeschlechts erkannt haben? Wie verträgt sich Deine Lehre über den Eintritt des Todes in die Menschheitsgeschichte mit dem heutigen Wissen, wonach sich die Menschen erst im letzten Jahrmillion aus Vorformen entwickelt haben, die wir den Tieren zurechnen, und daß Menschen von der heutigen Art des homo sapiens erst vor rund hunderttausend Jahren entstanden sind, daß Elend, Schmerzen und Tod schon viele hundertmillionen Jahre *vorher* das Leben begleiteten, daß also der Mensch durch eine «Ursünde, die er freiwillig begangen hat», überhaupt nicht das Elend, das Böse, das Leid und den Tod in die Welt gebracht haben kann? Das war in der Welt längst, bevor es Menschen gab. Ohne Tod und das damit verbundene Leid hätte es eine Höherentwicklung des Lebens bis zum Menschen hin gar nicht gegeben.

Ist Dir noch nie bewußt geworden, wie unglaubwürdig es ist, eine biblische Aussage in der Sprache des Mythos als ein historisch-faktisches «Ur-Ereignis» aus der Menschheitsgeschichte darzustellen? Wenn Du weiterhin die Menschen nötigst, zusammen mit der Wahrheit des Glaubens auch solche Vorstellungen «im Glaubensgehorsam anzunehmen», treibst Du immer mehr Menschen aus der Kirche hinaus. Haben ihr nicht schon genug Menschen den Rücken gekehrt, seitdem Du sie leitest?

Wann begreift Ihr da oben in den hohen kirchlichen Ämtern, daß die Kirche die Menschen nicht mehr so abspeisen kann wie in früheren Jahrhunderten? Der Kirche stehen heute nicht mehr nur ungebildete und unwissende Menschen gegenüber, die ihr alles abnehmen, was sie ihnen unter Berufung auf eine Offenbarung Gottes als «zu glaubende Wahrheit» vorlegt.

Ihr habt Euch in Euren alten apostolischen Traditionspalast eingemauert. Ihr sucht die Wahrheit nur in den alten Truhen, die Ihr dort im Keller verwahrt, oder in den Folianten, die auf dem Dachboden seit Jahrhunderten verstauben. In der Gewißheit, durch die apostolische Tradition im Besitz irrtumsfreier Wahrheit zu sein, seid Ihr unfähig geworden,

Neues hinzuzulernen. Ihr bietet den glaubenshungrigen Menschen Antiquitäten statt Wahrheit.
Öffnet doch mal die Fenster Eurer Glaubensfestung. Aber nicht nur, um huldvoll auf die Menge da unten herabzuwinken. Schaut Euch die Menschen da draußen genauer an. Sie sind anders, als Ihr aus Eurer Perspektive wahrnehmt. Ihr bewegt Euch mit Eurem Denken und Euren Argumenten nur innerhalb Eurer Festung. Was Ihr lehrt, stimmt nur innerhalb eines geschlossenen Denksystems, das abgeschottet ist gegen die Welt, gegen das Denken und das Wissen der heutigen Menschheit. Das hat Euer Denken in eine intellektuelle Inzucht hineingeführt.
Wenn Ihr immer nur wiederholt, wie die Menschen des Altertums und des Mittelalters ihren Glauben verstanden und ausgedrückt haben, überliefert Ihr nicht die Wahrheit, die sie damals gemeint haben. Euer Auftrag, der Welt die Botschaft Jesu zu vermitteln und die apostolische Tradition zu wahren, wird so nicht erfüllt. Befreit Euch doch einmal aus Eurem Denk-Gefängnis! Sonst verkommt der Glaube der Kirche zur Lehre einer Sekte. Was schon weithin geschehen ist!
Tretet doch endlich einmal heraus vors Haus, atmet tief durch und seht Euch Euer Gebäude einmal von draußen aus an; aus einer gewissen Entfernung, die den Blick auch auf die Umgebung gewährt. Dann bemerkt Ihr, daß Ihr in einem Museum wohnt. Schlimmer noch! Ihr selbst in Euren Gewändern, Aufzügen und Verlautbarungen seid zu Ausstellungsstücken des Museums geworden. Bemerkt Ihr eigentlich gar nicht, wie Ihr auf die Menschen draußen wirkt? Die meisten Menschen bestaunen Euch höchstens noch wie eine folkloristische Kuriosität im Museum für Altertumskunde. Nur auf unmündige und unwissende Massen könnt Ihr so noch Eindruck machen. Die anderen Menschen fühlen sich abgestoßen. Bestenfalls lächeln sie nachsichtig und tolerant, so wie bei einem Sektenprediger.
Pardon, lieber Papst, daß ich so persönlich wurde. Aber, was Du in Deinem Katechismus mir zu glauben zumutest – und nicht nur Deine Lehren über die Herkunft des Elends

und des Todes –, das hat mich wirklich empört. Weil es den Glauben, den ich mit Dir teile, entstellt und unglaubwürdig macht; weil es immer mehr denkende und informierte Menschen hindert, diesem Glauben zuzustimmen! Ich fürchte, Du wirst wahrscheinlich noch nicht einmal verstehen, was mich so zornig macht. Bestenfalls wirst Du im Bewußtsein der Überlegenheit, die Dir Dein Amt gewährt, nachsichtig lächeln. *Nochmals: Pardon!* Und schick mir nicht gleich die Polizei ins Haus! Wegen Majestätsbeleidigung!

Warum verschweigt er sein besseres Wissen?

Beim Papst persönlich bin ich nicht so sicher, ob er ausreichend Kenntnis hat von dem, was die Mehrzahl seiner eigenen Theologen zu den Fragen der Historizität der Sündenfall-Erzählung erkannt hat. Er ist in seinem Denken geprägt durch die besondere Situation des polnischen Katholizismus unter dem kommunistischen Regime. Die polnische Theologie war weithin von der theologischen Entwicklung im Westen abgeschnitten und hat deren kritischen Aufklärungsprozeß nur begrenzt mitvollziehen können. Für sie war die zur Selbstbehauptung und zum Überleben notwendige innere Festigung der Kirche wichtiger als die kritische Hinterfragung der biblischen Quellen. Ich weiß deshalb nicht, wieweit der Papst darüber nachgedacht hat, wie seine Lehre von der «Ursünde» in den Kontext der gesamten wissenschaftlichen Erforschung der Menschheitsgeschichte einzubringen ist.

Bei *Kardinal Josef Ratzinger* aber, der immerhin ein bedeutender Theologe war, bevor er in die höchsten Hierarchien der Kirche aufstieg, kann ich mit Sicherheit annehmen, daß er um die vielfältigen literarischen Formen weiß, in denen die Bibel spricht. Er dürfte wissen, daß die Sündenfall-Erzählung ein Mythos ist, der das gegenwärtig erfahrbare Böse und Leidvolle in der Welt durch einen schuldhaften

Bruch zwischen Mensch und Gott zu deuten versucht. Auch in Mythen aus anderen Religionen taucht dieses Motiv auf. In der biblischen Darstellung des Sündenfalls ist kein historisches «Ur-Ereignis» als Tatsache zu greifen; auch nicht «in bildhafter Sprache». Das weiß Ratzinger bestimmt. Warum stellt er dennoch den Sündenfall-Mythos als eine historische Tatsache dar? Gegen sein besseres Wissen? Ich habe nur eine Erklärung für diese intellektuelle Unredlichkeit: Ratzinger weiß auch, daß der Kirche und vielen ihrer Lehren alle Fundamente weggeschwemmt würden, wenn sich herausstellen sollte, daß sie nicht auf dem festen Boden zuverlässig belegter und «irrtumsfrei überlieferter» Fakten gegründet sind. Und davor hat er Angst. Er verschweigt dem Kirchenvolk die Wahrheit, weil er Angst hat, die Wahrheit könnte der Kirche schaden.

Ohne historische Faktizität des Sündenfalls gäbe es auch keine historische Faktizität der Erlösung. Und wenn das rauskommt, dann schwimmen alle «Früchte der Erlösung», die der Kirche zur Verwaltung und zur Verteilung anvertraut wurden, den Bach hinunter, mitsamt den Mitren und Krummstäben ihrer Oberhäupter.

Bilder – keine Schilderung historischer Ereignisse!

Im Hintergrund der biblischen Darstellungen stehen zwar oft reale Ereignisse aus der Geschichte Israels und konkrete geschichtliche Erfahrungen, aber die Bibel drückt die Deutung dieser Erfahrungen durchweg nicht in Ereignisprotokollen und Tatsachenberichten aus, sondern in der Sprache des Mythos: in Bildern und Gleichnissen, in Legenden und Sagen, in Hymnen und Dichtungen. Wer diese als Schilderung historischen Geschehens liest und versteht, verfehlt, was die Bibel ihm sagen will.

Hat Gott in sechs Tagen die *Welt erschaffen* und am siebten Tag geruht? – Nein! Er hat nicht. Kein historischer Vorgang wird hier geschildert. Es ist die Gliederung eines Lobhymnus in *sieben Strophen,* der in jüdischen Priesterkreisen während des Babylonischen Exils entstand und das Sabbatgebot begründen will.

Waren Adam und Eva die ersten Menschen, die als unsere Stammeltern im Paradies lebten? – Nein, keine historische Tatsache! Ein Paradies hat es weder auf dem Planeten Erde noch im Universum je gegeben. Das *Paradies* ist kein historisch-faktischer Lebensraum der ersten Menschen, sondern das *Hoffnungsbild* einer heilen Welt, in welcher der Mensch mit seinem Ursprung, Gott, übereinstimmt, und deshalb auch in Übereinstimmung mit sich und der Welt lebt. Und *Adam und Eva* waren historisch-faktisch nicht die ersten Menschen. Sie haben nie gelebt. Sie sind ein Bild für den Menschen schlechthin.

Hat Gott aus Zorn über die Bosheit der Menschen den *Turmbau zu Babel* unterbrochen, indem er die Sprache der Menschen verwirrte? – Nein! Er hat nicht. Die Unterschiedlichkeit der Sprachen hat ganz andere Ursachen. Diese Erzählung aus der Zeit des Babylonischen Exils versucht, die Unfähigkeit der Menschen, einander zu verstehen, als Folge einer Nichtübereinstimmung mit Gott in bildhafter Weise zu deuten. Auch die Erzählung von der *Sintflut* ist in der von der Bibel geschilderten Weise nie historisch geschehen. Sie dürfte jedoch ihren geschichtlichen Hintergrund in Erfahrungen von Überschwemmungskatastrophen haben, die im Zweistromland zwischen Euphrat und Tigris häufig vorkommen. Die biblische Darstellung ist eine theologische Deutung einer solchen natürlichen Katastrophe als «Strafe Gottes».

Hat der Prophet Jesaja, von Gott erleuchtet, vorausgesagt, daß eine *Jungfrau* mehr als siebenhundert Jahre später ein Kind gebären werde? – Nein! Er hat nicht. Der Evangelist Mattäus hat Jahrhunderte später diese Schriftstelle aus ihrem ursprünglichen Zusammenhang herausgerissen und auf Jesus angewandt, um ihn als den verheißenen Messias darzustellen. Eine Deutung, keine Tatsache!

Hat Jesus «Blinde sehend, Lahme gehend, Aussätzige rein, Taube hörend, Tote wieder lebend» (vgl. Mt 11,5) gemacht?

– Jesus hat wahrscheinlich als «Heiler» gewirkt, so wie es damals manche taten, aber solche *Wundererzählungen* sind fast alle bildhafte Ausformungen alttestamentlicher Messiasverheißungen oder Übertragungen aus hellenistischen Mythen.

Selbst einer so sachlich-faktisch erscheinenden Angabe, daß Jesus *dreißig Jahre alt* war, als er zum erstenmal öffentlich auftrat, ist keine Tatsache über die Chronologie seines Lebens zu entnehmen. Die Zahl Dreißig ist im alttestamentlichen Sprachgebrauch als eine «theologische Zahl» anzusehen, die ein Idealalter markiert. (3/137) Auch in der Darstellung der Ostergeschichten, daß Jesus am *dritten* Tag auferstanden sei, hat die Zahl «Drei» keine chronologische, sondern eine theologisch-symbolische Bedeutung.

Hat Jesus die großen *Abschiedsreden* gehalten, die im vierzehnten bis sechzehnten Kapitel des Johannesevangeliums aufgezeichnet sind? – Nein! Keine dieser Reden hat der historische Jesus selbst gesprochen. Die Reden sind das Ergebnis des Nachdenkens in den urchristlichen Gemeinden. Sie sind Jesus in den Mund gelegt worden, um ihre Gültigkeit durch seine Autorität zu bekräftigen.

Hat *Pontius Pilatus* wirklich gesagt: «Ich finde keine Schuld an ihm!» (Lk 23,4), als, wie es Lukas berichtet, die Juden Jesu Tod forderten? – Nein! Keine historische Tatsachen-, sondern eine *Tendenzdarstellung,* ebenso wie der Ausruf des römischen Hauptmannes unter dem Kreuz: «Wahrhaftig, dieser war Gottes Sohn.» (Mt 27,54) Die Christen konnten den Römern einen Jesus, der von ihnen als Aufrührer hingerichtet worden war, nicht als göttlichen Heilbringer verkündigen. So mußte die Schuld an seinem Tod von den Römern auf die Juden abgewälzt werden. Eine frühe Ursache späterer Judenpogrome!

Hat Jesus beim *Letzten Abendmahl* die seinen Tod vorausdeutenden Worte «Dies ist mein Leib, der für euch dahingegeben wird. Dies ist mein Blut, das für euch vergossen wird. Tut dies zu meinem Gedenken!» gesprochen und damit die Eucharistie eingesetzt? – Nein! Er hat nicht. Keine historischen Worte Jesu, sondern Worte, die erst in den kultischen

Mahlgemeinschaften der frühen Christen entstanden sind und den Tod Jesu nachträglich als Sühneopfer deuten, eine sogenannte Kult-Legende.

Die Liste der wenigen Beispiele, die mir hier spontan einfallen, könnte man bücherfüllend fortsetzen. Doch immer mit dem gleichen Ergebnis: Nicht spektakuläre, wunderhafte historische Ereignisse und mirakulöse Vorgänge sind «Gegenstand des Glaubens», sondern die Wahrheit, die den biblischen Menschen in den Ereignissen der Geschichte Israels und in der Begegnung mit Jesus von Nazaret aufgegangen ist, eine Wahrheit, welche die Bibel in wunderhaften Bildern, Mythen, Sagen, Legenden, hymnischen Preisungen und Visionen darstellt und bewahrt.

Verstehe ich diese Bilder aber als reale Darstellung wunderhafter historischer Ereignisse, so verschließt sich mir ihre Wahrheit. *Die Ermutigung, mich vertrauend auf das Gottes- und Menschenverhältnis Jesu einzulassen, verfälscht sich zur Nötigung, höchst unwahrscheinliche und absurde Wunderlichkeiten fest für wahr halten zu müssen.* Die Glaubwürdigkeit der Bibel wird desavouiert.

Mein Glaube wird von Gott weg in den Glauben an Wunder abgedrängt.

Zwischen Unglauben und Aberglauben entscheiden müssen

Der große *Zauberer-Gott*, der alle Kunststücke des Wundermachens beherrscht, findet nicht länger Bewunderung und Applaus. Er stößt vielmehr auf Argwohn und Mißtrauen. Er bewirkt nicht Glauben; er bewirkt … Unglauben.

In der Tat! Ich sehe in dem ständigen Sichberufen der Kirche auf wunderhaftes Eingreifen eines Alleskönner-Gottes in den Ablauf irdischen Geschehens *eine der wichtigsten Ursachen für die Entstehung des neuzeitlichen Atheismus.* Seit der Aufklärung ist zumindest der gebildete und denkende Teil der heutigen Menschheit nicht mehr gewillt, von der Kirche mit Wundermärchen abgespeist zu werden. Wer Mythen und Legenden als Darstellung historischer Ereignisse mißversteht, wird in den Aberglauben gedrängt. Die Menschen suchen den Glauben; aber die kirchliche Lehrpraxis drängt sie nur allzuoft, sich zwischen *Aberglauben* und *Unglauben* entscheiden zu müssen.

Warum beharrt die kirchliche Hierarchie entgegen dem besseren Wissen der Mehrzahl ihrer Fachtheologen so uneinsichtig darauf, die «Wahrheit» des Glaubens in wunderhaften historischen Geschehnissen zu verankern? Genau das Gegenteil wäre heute notwendig.

In zahlreichen Gesprächen mit Menschen, die dem biblisch-kirchlichen Glauben distanziert oder gar ablehnend gegenüberstanden und die kirchlichen Lehren als «unglaubwürdigen Blödsinn» abtaten, konnte ich immer wieder erfahren, daß ihnen etwas von der Sinnhaftigkeit und «Wahrheit» mancher kirchlichen Lehren aufging, wenn ich ihnen erklärte, daß diese Darstellungen keine historischen Fakten schilderten, sondern mythische Bilder waren, die tiefe existentielle menschliche Wahrheiten in sich aufgenommen, verarbeitet und bewahrt hatten.

Die Historisierung des Mythos durch die Kirche ist es, die heutigen Menschen immer stärker die Zustimmung zum Glauben erschwert und sie in den Unglauben abdrängt.

Der, auf den es ankommt

Jesus – Gottes Sohn?

Bei einer etwas abenteuerlichen Autofahrt kreuz und quer durch die Türkei lernte ich in der Moschee von Edirne einen islamischen Professor kennen, der mich in sein Haus einlud, mir gastfreundlich den Tisch deckte und sogar Übernachtung anbot. Er erzählte mir, daß er die deutsche klassische Musik sehr liebe, besonders Brahms, jedoch in der Türkei kaum Gelegenheit habe, diese Musik zu hören. Ich hatte im Auto einige Musikkassetten mit klassischer Musik, auch von Brahms. Wir gingen nach dem Essen hinaus in die Dunkelheit, setzten uns ins Auto und hörten gemeinsam das Violinkonzert in D-Dur. So wurden wir Freunde.

Unser Gespräch danach ging bis tief in die Nacht. Unvermeidlich: Islam und Christentum, sein Glaube und mein Glaube. Er sagte, das schlimmste bei den Christen sei, daß sie an drei Götter glaubten: Vater, Sohn und Heiliger Geist. Der Islam sei dem Christentum durch die Bewahrung des Eingottglaubens weit überlegen. Daß Gott, der Einzige, einen Sohn habe, der von einer irdischen Frau geboren wurde, erschien ihm als eine Gotteslästerung. Ich versuchte, so gut es mein Englisch zuließ, sein schiefes Bild vom christlichen Glauben zu korrigieren, indem ich darauf hinwies, daß der Titel «Sohn Gottes» im Alten Testament *Zugehörigkeit* zu Gott, *Angenommensein* von Gott, ja *Gehorsam* gegen Gott bedeute und nichts mit einer Verbindung Gottes mit einer Frau zu tun habe. Doch ich konnte ihn nicht überzeugen, zu unannehmbar erschien ihm die Vorstellung, daß Gott einen Sohn habe, der von einer irdischen Frau geboren war. Auch für den gläubigen Juden ist eine solche Vorstellung nicht nachvollziehbar.

Man könnte die Meinung dieses frommen Moslems als eine typisch islamische Fehlvorstellung vom christlichen Glauben abtun, wenn nicht die christliche Verkündigung, vor allem die offiziell kirchliche, zu viele Gründe für die Entstehung einer solchen falschen Meinung böte.

In der Tat! Im kirchlich vermittelten Glaubensbewußtsein wird durchweg die Gottessohnschaft Jesu in unmittelbarer Analogie zur biologischen Zeugung verstanden: Jesus ist Sohn Gottes, weil er nicht von einem menschlichen Vater gezeugt, sondern von einer Jungfrau geboren wurde, die «empfangen hat durch den Heiligen Geist».

«Sohn Gottes» – ein Messias-Titel

Der Titel «Sohn Gottes» ist schon viel älter als das Christentum und hatte schon im Glauben Israels, im *Alten Testament*, eine große Bedeutung. Mit einer Herabkunft eines ewigen Gottessohnes auf die Erde und seiner Menschwerdung durch göttliche Zeugung im Jungfrauenschoß hat dieser Titel dort nichts zu tun.

Nach damals wirksamen Vorstellungen wurde ein Kind erst dann zum «Sohn», wenn der Vater es aufhob *(erhob)* und damit als Sohn *anerkannte, annahm und bestätigte*. Der Titel «Sohn» drückte *Erwählung, Zuwendung, Anerkennung, Annahme, Bestätigung, Erhebung* aus, auch *Bevollmächtigung*, etwas «im Namen des Vaters» zu tun. Der «Sohn» steht unter dem Vater und ist ihm *gehorsam*.

In diesem Sinne wurde *das ganze Volk Israel* «Sohn Gottes» genannt. Auch *David, der König Israels,* wurde «Sohn Gottes» genannt, obwohl keiner daran zweifelte, daß er von menschlichen Eltern gezeugt und geboren worden war. Auch Israels Könige trugen diesen Titel. Die Bibel drückt damit aus, daß sie *unter* Gott standen, daß sie nicht aus eigener Macht herrschten, sondern aufgrund einer Erwählung durch Gott. Nur wenn sie in diesem Gehorsam gegenüber Gott blieben, wurde ihre Herrschaft zum Segen und zum Heil für

das Volk. Nur wo der Wille Jahwes geschah, wo also Gott im Volke «herrschte», entstand Heil. Und wenn der König sich von Gott abwandte, ihm nicht mehr gehorchte, seine Macht aus sich selbst begründete, kam Unheil. – So jedenfalls stellten es die Propheten immer wieder dar. Aus diesen Vorstellungen entstand dann später im Judentum das Bild eines gottgesandten *Messias,* der von Gott erwählt und ihm ganz gehorsam war, der *dadurch* die *Herrschaft Gottes* in Israel wieder aufrichten werde. Er wurde «der Gesalbte des Herrn» genannt, wie die Könige Israels nach ihrer Salbung. Das Wort «Messias» heißt der *Gesalbte* und in griechischer Sprache *Christus.*
Der Messias, der Christus, war ein «Sohn Gottes» wie David, der König. Die Bezeichnung «Sohn Gottes» ist ein Titel für den erhofften Retter, den Christus. Der Name besagt nicht, daß der Messias selber «göttlich» oder gar ein Gott sei. Der Messias galt wie einst David als ein von Gott erwählter Mensch, der den Willen Gottes erfüllte und dadurch Heil brachte: ein neuer David, ein Davidssproß. «Sohn Gottes» war praktisch ein anderer Name für Messias oder Christus.

Einer von uns

Wenn die Jünger Jesu und seine jüdischen Anhänger Jesus «Sohn Gottes» nannten, dann drückten sie damit nichts anderes aus als ihren Glauben, daß Jesus aus Nazaret der erhoffte Messias, der von Gott gesandte Retter Israels war. Keineswegs meinten sie damit, daß Jesus eine göttliche Person sei, die als Mensch unter ihnen lebte.
In dem Mann, mit dem sie übers Land zogen, mit dem sie redeten, aßen, tranken und schliefen, haben sie mit Sicherheit keinen Gott gesehen, der schon vor Anbeginn der Zeiten als «Sohn» in Gott gewesen und nun aus einer Jungfrau geboren worden war. Das wäre ihrem strengen jüdischen Monotheismus genauso schwergefallen wie meinem moslemischen Professor in Edirne.

Auch wenn die Juden in Jerusalem darüber stritten, ob Jesus Gottes Sohn sei oder nicht, dann stritten sie nicht darüber, ob er ein Gott sei oder «nur ein Mensch»; sie stritten darüber, ob er der Messias sei. Keinem von ihnen wäre eingefallen, in Jesus, dem Zimmermannssohn, einen herabgestiegenen Gott zu sehen.
Die Familie Jesu wußte nichts von seiner Gottheit. Maria steht ihrem Sohn ziemlich verständnislos gegenüber, trotz der bei Lukas geschilderten Belehrung durch einen Engel. Und seine Verwandten halten ihn schlichtweg für «verrückt». (Mk 3,21) Auffällig ist auch, daß sich Jesus an keiner Stelle der Evangelien auf seine Zeugung durch den Heiligen Geist beruft und seine Geburt aus einer jungfräulichen Mutter erwähnt.

Obwohl die Evangelien die menschliche Gestalt Jesu später vergöttlichend übermalen, wird doch an vielen Stellen aus den ältesten Überlieferungsgeschichten des Neuen Testamentes deutlich, daß auch der historische Jesus sich selbst nicht als eine göttliche Person gesehen hat. Auch für moralisch vollkommen hat er sich nicht gehalten. Als einer ihn «Guter Meister» nannte, wies er das zurück: «Nur einer ist gut», Gott. (Mt 19,17)

Ich sehe Jesus zunächst einmal als *Menschen. Für mich* ist er sogar der maßgebende Mensch. Als Mensch wurde er geboren von einer ganz normalen menschlichen Frau. Auch die Erzählungen von seiner Geburt aus der Jungfrau zwingen uns nicht zu der Annahme, der Mensch Jesus von Nazaret sei anders als andere Menschen gezeugt und geboren worden. Als Mensch hat er gelebt, gelehrt, geglaubt, gehofft und gelitten. Und als Mensch ist er gestorben. *Einer von uns!*

Verheiratet?

Wir wissen nicht, ob Jesus verheiratet war. Wir werden es wohl auch nie wissen. Es ist aber nicht mit Sicherheit auszuschließen, daß Jesus *verheiratet* war, obwohl in den Evangelien davon keine Rede ist. Der ernst zu nehmende jüdische Gelehrte *Schalom Ben-Chorin* weiß gute Gründe aufzuzählen, die für eine Ehe Jesu sprechen: «Ich bin also der Ansicht, daß Jesus von Nazaret, wie jeder Rabbi in Israel, verheiratet war. Seine Jünger und seine Gegner hätten ihn gefragt, wenn er von diesem allgemeinen Brauche abgewichen wäre. [...] Nun aber wird man sagen, daß wir ja auch von einer Frau Jesu und von seinen Kindern kein Wort lesen. Das stimmt, aber wir lesen ja auch kein Wort von den Frauen der Jünger. Sollten sie alle, ganz entgegen dem jüdischen Brauch dieser Zeit und aller Zeiten, unverheiratet gewesen sein?» Ein unverheirateter Rabbi wäre gar nicht ernst genommen worden. (26/104f.)

Die christliche Überlieferung hat eine mögliche Verbindung Jesu mit einer Frau als Widerspruch zu seiner Gottessohnschaft empfunden und deshalb ausgeschlossen, so wie sie auch die «Brüder und Schwestern Jesu» in «Verwandte» umwandelte. Ich hätte da keine Schwierigkeiten. Die Bedeutung, die Jesus für mich hat, würde sich nicht verändern. Ich sehe darin auch keinen Widerspruch zu seiner «Göttlichkeit». Wenn Gott, wie es die Kirche lehrt, in Jesus *ganz Mensch* geworden ist und er *«uns in allem gleich geworden ist, außer in der Sünde»* (Hebr 4,15), gehört die Liebe des jungen Mannes Jesus zu einer Frau nicht weniger zu seiner vollen und wahren Menschlichkeit als Essen, Trinken, Schlafen, Sprechen, Fühlen und Atmen.

Es sei denn, man sähe die Liebe zwischen Mann und Frau, im Gegensatz zu Essen, Fühlen und Atmen, als etwas Widergöttliches an, als Sünde!

Allwissend?

War Jesus allwissend? Ich habe da meine Zweifel. Allwissend wurde er erst später, als er zu einem göttlichen Wesen erhoben worden war. Der Mensch Jesus hat als Kind Lesen und wohl auch Schreiben erlernen müssen, nicht anders als andere Kinder auch. Was er nicht wußte, mußte er wie jeder andere Mensch erfragen: Wie viele Brote habt ihr? Wie heißt du? Wie lange hat er dieses Leiden schon? Der päpstliche Katechismus hat für dieses normale menschliche Verhalten allerdings auch eine Antwort bereit: «Er wollte das erfragen, was man als Mensch durch Erfahrung lernen muß. Das entsprach seiner freiwilligen Annahme der ‹Knechtsgestalt›.» (1/472)

Ich glaube, daß Jesu Weltbild dem Wissen seiner Zeit und den Vorstellungen seiner Umwelt entsprach. Die Vorstellungen vom Wirken von Geistern und Dämonen, von Engeln und vom Teufel teilte er mit seinen Zeitgenossen. Manche Forscher vermuten, daß Jesus von hellenistischen Philosophenschulen, die im galiläischen Raum wirkten, beeinflußt war. In der Nähe Nazarets, in Gadara, gab es eine Niederlassung der *Kyniker*. Ihre Wanderprediger zogen durch die galiläischen Orte und verkündeten ihre Lehre. Einige Elemente der Lehre Jesu zeigen eine so auffällige Übereinstimmung mit den Lehren dieser Philosophen, daß nicht auszuschließen ist, daß Jesus sie von ihnen übernommen hat.

Jesus wußte bestimmt nicht, daß die Erde nur ein Planet ist, der um die Sonne kreist, und er wußte auch nicht, daß hinter dem Atlantik noch unentdeckt der Erdteil Amerika lag. Und Chinesisch konnte er auch nicht verstehen. Er hatte auch keine Ahnung davon, daß noch zweitausend Jahre später in Rom ein Papst residieren würde, der sich als sein beauftragter Stellvertreter bezeichnet.

Daß Jesus als *Zwölfjähriger* aufgrund seines göttlichen Wissens die Gelehrten des Tempels mit seiner Weisheit in Erstaunen versetzte, ist nicht historisch; es ist eine spätere Legende, die den göttlichen Ursprung Jesu veranschaulichen sollte.

Hätte ein kluger Theologe mit Jesus über die Allerheiligste Dreifaltigkeit gesprochen, hätte er ihn wohl ziemlich verständnislos angeschaut. *Sein religiöses Wissen* schöpfte er aus der jüdischen Überlieferung, die in der Synagoge gelehrt wurde. Seine Lehre war in wesentlichen Elementen schon im jüdischen Glauben vorgebildet, obgleich sie ihre ganz besondere Akzentuierung und Entschiedenheit erst im Munde Jesu erfährt. Weder die Gotteskindschaft noch das Gebot der Nächstenliebe sind neu. Auch von der Feindesliebe wird schon im Alten Testament gesprochen.

In seiner Botschaft vom Anbruch der Herrschaft Gottes, dem Zentrum seiner historischen Verkündigung, knüpft Jesus an Aussagen der *jüdischen Endzeit-Erwartung* an. Ähnlich wie die jüdische Eschatologie kündet auch Jesus an, daß dem Kommen der neuen Welt ein Zusammenbruch der alten vorausgeht. Dann «wird die Sonne sich verfinstern und der Mond seinen Schein nicht mehr geben». «Die Sterne werden vom Himmel fallen.» (vgl. Mk 13,19 mit Je 13,10; 34,4)

Auch wenn die Worte dieser «Endzeit-Rede» so schon im Spätjudentum vorgeformt waren oder diese Rede in den judenchristlichen Gemeinden aus alttestamentlichen Versatzstücken später zusammengebaut sein sollte und der historische Jesus sie nicht selbst formuliert und gesprochen hat, dürfen wir annehmen, daß er doch genauso gedacht hat und gesprochen hätte. Sie entsprachen sowohl seinen religiösen Vorstellungen wie auch seinem Weltbild. Auch er stellte sich nicht anders als seine Zeitgenossen in naiver Weise vor, daß beim Kommen Gottes die Sterne vom Himmel auf die Erde fallen würden, weil es so bei Jesaja, dem Propheten, geschrieben stand. Obwohl nach dem Kolosserbrief «alles in der Welt, der Himmel und die Erde, *durch ihn geschaffen* wurde» (1,16), hatte Jesus keine bessere Kenntnis der kosmologischen Verhältnisse im Universum als die anderen Menschen damals auch.

Irrtumsfrei?

Jesus war auch *nicht irrtumsfrei*. Sogar in einem ganz entscheidenden Punkt seiner Botschaft hat er sich geirrt: Er verkündete das Kommen des Gottesreiches in Israel als *unmittelbar bevorstehend* an: «Wahrlich, dieses Geschlecht wird nicht vergehen, bis dies alles geschieht.» (Mk 13,30) «Es sind einige unter euch, die den Tod nicht schmecken werden, bis sie das Gottesreich kommen sehen in Kraft.» (Mk 9,1) Jesus glaubte also, daß das Ende dieser Welt noch zu Lebzeiten seiner Zeitgenossen eintreten und dann alles verwandelt und neu geschaffen würde, einschließlich der Menschen.

Wir wissen heute, daß diese *Naherwartung* Jesu falsch war. Es hat sich nichts verändert in der Welt; weder ist sie untergegangen, noch hat sie sich verwandelt. Schon die Urkirche mußte ihre Erwartung der anbrechenden Gottesherrschaft immer weiter hinausschieben, obwohl noch der 1. Petrusbrief die Hoffenden weiter vertröstete: «Das Ende aller Dinge steht nahe bevor.» Die ausbleibende Gottesherrschaft, in der sich alles zum Guten wandeln würde, hat der Urkirche noch manche Kopfschmerzen bereitet, bis sie schließlich das Problem löste, indem sie lehrte, daß das Reich Gottes zwar schon angebrochen, jedoch noch «verborgen» sei. Aber einst im ewigen Leben werde es sich «vollenden». Dann wird «Gott alle Tränen abtrocknen. Der Tod wird nicht mehr sein. Und nicht Trauer, Klage und Mühsal.»

Jesus, der Jude

Bei einem Aufenthalt in Wien hatte ich mich von Freunden überreden lassen, abends mit ihnen hinaus nach Grinzing zum Heurigen zu fahren. Es hat mir nicht leid getan.

An dem langen schmalen Holztisch auf dem Hof eines Weinbauern saß mir ein älterer Mann gegenüber. Seine Kleidung und Barttracht ließen vermuten, daß er ein orthodoxer Jude war. Ich kam mit ihm ins Gespräch. Er hatte seine Familie in den Konzentrationslagern verloren und war selbst nur durch Zufall dem blutigen Holocaust entkommen. «Die Christen haben die Juden immer verfolgt», sagte er. Ich konnte dieser geschichtlichen Tatsache nicht widersprechen, betonte aber, daß ich als Christ dieses Verhalten der Christenheit nicht verstehen und nachvollziehen könne, da doch

Jesus, den die Christen als Sohn Gottes bekennen, selbst ein Jude gewesen sei. Das hätte doch zu Freundschaft und Verbundenheit mit den Juden führen müssen. Inmitten der lauten, weinseligen Fröhlichkeit geriet unser Gespräch unerwartet in Tiefe und Ernsthaftigkeit.

«Was halten Sie als Jude eigentlich von Jesus?» fragte ich ihn. «Wer war Jesus?» Er trank einen Schluck Wein und erklärte mir dann: «Jesus war ein *Reformator* der jüdischen Religion, so ähnlich wie bei euch Jan Hus oder Martin Luther. Er ist mit der Priesterschaft zusammengestoßen wie alle Propheten. Deshalb mußte er sterben.» – So ungefähr kann ich kurz zusammenfassen, was er in längerer Rede ausführte.

Seine Jesus-Interpretation war damals neu für mich. Jesus, ein gescheiterter Reformator der jüdischen Religion? So hatte ich es bisher noch nie gesehen. Ich konnte diese Sicht mir damals nicht zu eigen machen, weil mir das zu wenig erschien. Aber sie hatte mich beeindruckt und ist mir im Gedächtnis geblieben. Heute bin ich mehr geneigt, ihr größere Wahrscheinlichkeit zuzugestehen, besonders nachdem ich die Bücher von Ben-Chorin und Pinchas Lapide gelesen habe.

Wenn wir beginnen, Jesu Reden und Jesu Handeln als das Reden und Handeln eines Juden unter Juden zu begreifen und seine Worte auf dem Hintergrund jüdischen Denkens verstehen, bekommt seine Botschaft einen überraschend neuen Sinn und leuchtet mehr ein als in der gewohnten Denkweise des griechisch-lateinischen Verständnisses.

Das christlich-kirchliche Jesus-Bild hat tatsächlich die Verwurzelung Jesu in der jüdischen Frömmigkeit, im jüdischen Denken und im jüdischen Glauben gar nicht genügend zur Kenntnis genommen und aufgearbeitet. Die aus dem griechischen Denken stammende deduktive Theologie vom fleischgewordenen Logos hat das jüdische Volk zu einem Landeplatz des vom Himmel herabsteigenden Gottessohnes degradiert. Die Gestalt des Gottessohnes bleibt dadurch trotz göttlichen Glanzes eigentümlich farblos, blutarm und abstrakt.

Jesus, der Prophet

Die Gestalt Jesu ist nicht zu lösen aus seiner jüdischen Herkunft, seiner jüdischen Umwelt und seiner jüdischen Religion. Die Frage, wer Jesus war und was er gewollt hat, kann nur innerhalb dieses Kontextes beantwortet werden.
Jesus war ein gläubiger Jude. Er war kein Priester und auch kein Mönch. Er war, wie man heute in der Kirche sagen würde, ein ganz gewöhnlicher «Laie». Er hatte kein kirchliches Amt; er war kein Mann des Systems. Er war auch kein studierter Theologe, kein Schriftgelehrter. Er hütete keine «heiligen Überlieferungen» und wirkte auch nicht als Gesetzeskundiger.

Man kann ihn am besten mit einem Wort bezeichnen, das auch er selbst auf sich anwandte: Er war ein *Prophet*. So sagten es damals auch die Leute von ihm: Er ist einer von den Propheten. «Er war ein Prophet, mächtig in Tat und Wort vor Gott und allem Volk.» (Mk 8,28)

Israels Religion hatte immer wieder Propheten hervorgebracht, Männer, die in besonderen geschichtlichen Stunden mit dem Anspruch auftraten, die Sache Gottes zu vertreten. Sie verkündeten keine Lehrsätze, keine unfehlbaren Wahrheiten; sie sprachen unmittelbar in die Situation des Volkes hinein; sie redeten ins Gewissen, sie riefen auf, sie drohten an, sie griffen ein, sie forderten Änderung des Denkens, Änderung der Zustände. Sie machten Mut, sie trösteten, sie vermittelten Visionen einer besseren Zukunft, sie öffneten neue Wege. Sie standen nicht auf der Seite der etablierten Ordnungen. Sie schafften vielmehr Unruhe und hatten die Ordnungshüter des Tempels und des Palastes meist als Gegner. In ihrer Stimme vernahm Israel Anspruch, Zuspruch und Weisung des Gottes, der das Volk einst aus der Knechtschaft Ägyptens herausgeführt hatte. Sie redeten und handelten aus dem Geist Gottes heraus.

Wenn die Person Jesu in ihrer Einzigartigkeit einer Gruppe zugeordnet werden kann, dann wohl am ehesten den Propheten Israels. Auch er ist einer, der, «vom Geist Gottes ergriffen», mit dem Anspruch auftrat, Gottes Willen zu verkünden und im Namen Gottes zu reden. Er machte Mut, im Vertrauen auf Gott zu leben. Auch er brachte gegenüber dem ritualisierten Tempelgott der Priester, gegenüber dem domestizierten Büchergott der Schriftgelehrten und gegenüber dem pedantischen Ordnungsgott der kasuistischen Gesetzeslehrer wieder den lebendigen, persönlichen Gott aus Israels Jugendzeit zur Geltung. Sein Gott ist derselbe Gott, von dem auch die großen Propheten Israels gesprochen hatten. Auch er erlangte damit die todbringende Feindschaft der priesterlichen Religionsbürokraten, die ihn schließlich auch ans Kreuz brachte.

Jesus übte scharfe Kritik an den Mächtigen, geißelte die Ausbeutung der Armen und griff soziale Mißstände an. Solche Zustände entsprechen nicht dem Willen Gottes. Gott will Freiheit. Gott will Barmherzigkeit. Obwohl Jesus kein Politiker war und auch keine politische Befreiungsbewegung anführte, weckte er damit doch auch den Argwohn der staatlichen Macht. Obwohl er sich von aufrührerischen antirömischen Bewegungen in seinem Land fernhielt, auf das Schwert verzichtete und Gewaltlosigkeit forderte, wurde er dennoch als politischer Aufrührer von der römischen Staatsmacht hingerichtet. Prophetenschicksal!

Jesus, der Gottessohn

Die Umwandlung des jüdischen Messias Jesus in einen aus dem Himmel herabgestiegenen gottgleichen, ewigen Gottessohn begann schon wenige Jahre nach seinem Kreuzestod.

Der Glaube der jüdischen Urgemeinde an die Messianität Jesu wurde auch von Juden übernommen, die außerhalb Judäas im hellenistischen Kulturkreis lebten, griechisch sprachen und griechisch dachten. Und über diese erreichte die Botschaft von Jesus, dem Messias, auch die übrigen Völker im *hellenistischen Umfeld des Judentums,* die sogenannten «Heiden». Wenn diese Nichtjuden von einem *Sohn Gottes* namens Jesus hörten, verbanden sie damit nicht die Vorstellung der jüdischen Messias-Erwartung. Diese war eigentlich nur für Menschen, die in der jüdischen Denktradition aufgewachsen waren, von Bedeutung. Sie war den Nichtjuden fremd und mußte ihnen wie eine innerjüdische Angelegenheit erscheinen. Sie hörten die Rede vom Gottessohn Jesus mit anderen Ohren, mit hellenistischen. Auch ihnen war die Vorstellung von einem Gottessohn wohlvertraut, und sie war mit großer Bedeutung gefüllt. Der Name «Sohn Gottes» bezeichnete auch bei ihnen nicht unbedingt ein göttliches Wesen. Meist wurden bedeutende und hervorragende *Menschen* mit diesem Titel geehrt.

Der *ägyptische Pharao* galt als ein Sohn Gottes. Die *römischen Kaiser* wurden nach ihrem Tod zu einem Gott. *Augustus* wurde schon zu Lebzeiten als Gott verehrt. In den Mythen waren *Herakles* und *Dionysos* Söhne eines Gottes. Sie waren aus der Verbindung des Zeus mit einer irdischen Frau hervorgegangen. Sogar geschichtliche Gestalten wie *Homer, Pythagoras, Platon, Alexander der Große, Pompejus* wurden als «Sohn Gottes» bezeichnet. Die Grenze zwischen «göttlich» und «menschlich» war damals noch fließend. Es war nichts Außergewöhnliches, von einem Menschen zu sagen, er sei ein Sohn Gottes.

Ich kann mir gut vorstellen, daß es für die Menschen des hellenistischen Kulturkreises, in dem ja das Christentum entstand, gar nicht schwierig war, dasselbe auch von Jesus zu sagen. Dieser ihnen vertraute Titel half ihnen vielleicht sogar, die Bedeutung Jesu herauszustellen und auszudrücken. Allerdings verknüpften sie mit dem Namen «Sohn Gottes» andere Vorstellungen als die jüdisch-biblische Tradition. Ihre Vorstellungen von einem Sohn Gottes vermischten sich mit den jüdischen, und damit wandelte sich auch die ursprüngliche Bedeutung dieses Titels.

Mit dieser Umwandlung flossen auch Vorstellungen aus der hellenistischen Mythologie, aus dem Kaiserkult und aus der griechischen Philosophie in das Bild ein, welches das Neue Testament von Jesus, dem Gekreuzigten, zeichnet. In der Heidenmission der Urkirche wurde aus dem *jüdischen Messias,* dem gehorsamen Gottesknecht, ein *griechischer Christus* mit göttlichem Glanz. Aus dem jüdischen Messias-Titel «Sohn Gottes» wurde ein gottgleicher Sohn Gottes im metaphysischen Sinn. Aus dem gottgehorsamen Menschen Jesus wurde selbst ein Gott, «der herrscht in Ewigkeit». Und: Aus einer jüdischen Erneuerungsbewegung wurde eine Weltreligion: das Christentum. Aus der angekündigten «Herrschaft Gottes» wurde die Herrschaft der Kirche.

Der «Christus des Glaubens»

Die Umgestaltung des Jesus-Bildes von dem eines jüdischen Messias in das Bild eines göttlichen Heilbringers für die ganze Welt ist vor allem das Werk eines hochgebildeten Juden, der aus Tarsus stammte, einer hellenistischen Stadt im Süden der heutigen Türkei: *Paulus.* Viele Religionswissenschaftler bezeichnen ihn als den eigentlichen Begründer des Christentums, nicht Jesus. Ohne Paulus wäre die Sache Jesu eine innerjüdische Angelegenheit geblieben. Es wäre vielleicht eine jüdische Sekte, ein «Jesustum», entstanden, aber kein Christentum.

Es ist nicht sicher, ob Paulus Jesus überhaupt persönlich gekannt hat. Auffallend ist, daß Paulus in allen seinen Schriften fast gar nichts aus dem Leben und Wirken Jesu berichtet. Es gibt in ihnen keine biographischen Details über Jesus. Der historische Jesus wird völlig überdeckt von der Gestalt des göttlichen Christus. Was der wirkliche Jesus getan und gesagt hat, scheint ihn gar nicht zu interessieren. Ich habe gelesen, daß er in seinen Schriften nur fünfzehnmal den Namen «Jesus» nennt, dagegen dreihundertachtundsiebzigmal den Namen «Christus» gebraucht. Paulus überliefert keine Worte aus dem Munde Jesu. Er erzählt nichts von seinen Taten. Er verkündet nicht die Lehre Jesu; er verkündet *seine eigene* Lehre. Nicht Jesus ist die Quelle, aus der er schöpft, sondern eine «Erleuchtung» durch den «Geist».

Paulus hat eine ganz neue Gestalt geschaffen: den «*Christus des Glaubens*». Und dieser hat mit dem wirklichen Jesus nicht mehr viel Ähnlichkeit. Während das Bild des historischen Jesus immer mehr im Hintergrund verschwindet, wird das Bild des erhöhten Christus immer vielgestaltiger ausgemalt, mit immer mehr Details angereichert und ins Göttliche gesteigert. Es entstand eine gottgleiche Gestalt, in die alle Vollkommenheiten und alle Mächtigkeiten hineinprojiziert wurden.

Das Kreuz, das Jesu Scheitern als Messias besiegelte, wurde zum Siegeszeichen. Und der geschundene Mann, der daran gehangen hatte, wurde zum herabgestiegenen Gottessohn, der sich als Sühneopfer darbrachte und dadurch zum Erlöser der ganzen Menschheit aufstieg.

Dieser Christus war da, «noch ehe die Welt erschaffen wurde». «Alles ist durch ihn und auf ihn hin erschaffen worden.» (Kol 1,15–17) Der Zimmermannssohn aus Nazaret wurde zum Erschaffer des Kosmos und zum göttlichen Weltenherrscher. «Er ist ein Abglanz der Herrlichkeit Gottes und ein Abbild seines Wesens», schreibt der Hebräerbrief, und der Philipperbrief steigert noch, indem er von einem «Gleichsein mit Gott» spricht.

Anders als auf den historischen Menschen Jesus konnte sich die Kirche auf diese Gestalt des Christus immer wieder unwiderlegbar berufen und ihre eigene Bevollmächtigung durch ihn begründen. Deshalb wird auch noch heute in der Kirche, in der Liturgie, in den Predigten und im Katechismus viel mehr von Christus als von Jesus gesprochen.

Die Evangelien

Paulus hatte fast gar nichts aus dem Leben und Wirken Jesu erzählt. Das schien ihn nicht interessiert zu haben. Wahrscheinlich wußte er auch kaum etwas Konkretes über Jesu Leben. Er verkündete nur eines: *Der Gekreuzigte ist der Christus.*

In den vier Evangelien jedoch, so meinen die meisten Gläubigen, stoße man auf den wirklichen Jesus. Sie hoffen, dort erfahren zu können, wer denn Jesus wirklich war, wo er geboren wurde, wie er gelebt hat, was er getan und gesagt hat. Hier hoffen sie auf Tatsachen zu stoßen, die ihnen ein zuverlässiges Bild vom wirklichen Jesus vermitteln.

Mit den Paulusbriefen, aus denen ihnen beim Gottesdienst in der Epistel einzelne Abschnitte vorgelesen werden, können die meisten der «einfachen» Gläubigen wenig anfangen. Die *später* entstandenen Evangelien in ihrer erzählerischen Anschaulichkeit scheinen dem Glaubenden dagegen endlich das zu geben, wonach ihm verlangt. Sie nehmen nicht nur das Denken, sondern auch Herz und Phantasie gefangen.

Doch wer nach der historischen Wahrheit über Jesus und sein Wirken sucht, ist in den Evangelien nicht viel besser bedient als in den Paulusbriefen. Auch hier ist der wirkliche Jesus fast völlig überdeckt von der Gestalt des erhöhten Christus des Glaubens.

Obwohl sich in den vier Evangelien auch viele biographische Details aus dem Leben Jesu und zeitgeschichtliche Ereignisse niedergeschlagen haben, ist es nicht ihre Absicht, *eine Biographie Jesu* nachzuliefern. Sie wollen letztlich keine Tatsachen aus seinem Leben erzählen und keine seiner Reden wortgetreu dokumentieren. Sie wollen dasselbe, was auch Paulus wollte: den Glauben an den gekreuzigten Messias verkünden, den Gott «zum Herrn erhöht hat». Nur tun sie es mit anderen Mitteln, mit den Mitteln der erzählerischen Darstellung.

Sie sehen die Person, das Reden und Handeln, das Leben und Sterben Jesu im Licht des Osterglaubens. Die Gestalt des historischen Jesus von Nazaret wird vom nachösterlichen Glauben her theologisch übermalt und verschwindet fast völlig hinter den überhöhenden Bildern, welche die Verfasser der Evangelien vom «Christus des Glaubens» zeichnen. Wo die Schilderung konkreter Geschehnisse mit genauen Angaben über Ort, Zeit und Personen den Eindruck erwecken, über tatsächlich geschehene Ereignisse zu berichten, haben wir es in Wirklichkeit meist mit kunstvoll gefügten theologischen Konstruktionen zu tun.

Keine Beschreibung des Lebens Jesu

Wir wissen nur wenig vom wirklichen Jesus, der damals im Land der Juden lebte und wirkte. Nur mühsame Gelehrtenarbeit kann aus den Evangelien Hinweise auf das Reden, Leben und Handeln der historischen Person Jesu herausfiltern.

Nur ein Teil von dem, was der Jesus der Evangelien lehrt und predigt, gehört zu den «ureigensten Worten Jesu», das heißt zu den Worten, die der historische Jesus selbst so gesagt hat. Die meisten seiner Worte, Lehren und Reden in den Evangelien sind *«Gemeindebildung»*, das heißt, sie sind in den nachösterlichen Gemeinden, in ihrem Leben, ihrem Gottesdienst und ihrer Verkündigung erstmalig formuliert worden. Sie entsprangen meist dem gläubigen Nachdenken über Jesus, der theologischen Reflexion, oder sie entstanden aus der Notwendigkeit von Klarstellungen bei konkreten Auseinandersetzungen in der Urkirche. Sie geben uns daher nur indirekt Auskunft darüber, wer Jesus wirklich war und was er wirklich gelehrt hat; sie geben uns vielmehr Auskunft über das, was in den Gemeinden von ihm geglaubt wurde. Sie sind *Deutungen Jesu* auf dem Hintergrund des jüdischen Glaubens und hellenistischer Vorstellungen.

Wir kennen zum Beispiel den *Geburtsort Jesu* nicht sicher. Der Ort Betlehem, an dem Lukas die wunderbare Geburt Jesu stattfinden läßt, steht für sein theologisches Bemühen, Jesus als den verheißenen Messias, den Sproß Davids, herauszustellen; denn David stammte aus Betlehem. Die Geburt in Betlehem ist eine theologische Aussage, keine biographische.

Die Antwort auf die Frage, ob Jesus *Wunder* gewirkt hat, hängt davon ab, was wir unter Wunder verstehen. Als historische Fakten jedenfalls können sie schwerlich angesehen werden. Die meisten Wundererzählungen des Neuen Testamentes versuchten, die Bedeutung Jesu darzustellen, *indem* sie alttestamentliche Textstellen zu Erzählungen ausformten. Sie wollten damit Jesus als den darstellen, von dem die Propheten die Rettung Israels erhofften. Die Bibelwissenschaftler haben in manchen Wundererzählungen eine Übertragung von Motiven aus hellenistischen Darstellungen der Taten von antiken Heroen und Göttern erkannt, deren Verehrung in der Zeit der Urkirche mit der Verehrung Jesu konkurrierte.

Selbst die *Passionsgeschichten* in den vier Evangelien sind durch und durch theologisch konzipiert, wenn auch mit unterschiedlichen Akzentuierungen. Sie deuten zum Beispiel das Schicksal Jesu unter dem alttestamentlichen Bild des leidenden Gottesknechtes, der als «Lamm Gottes» durch sein Leiden und seinen Tod Sühne leistet für die Sünden der vielen und durch sein Blut einen Neuen Bund zwischen Israel und seinem Gott stiftet. Sie zeichnen die Passionsgeschichte nach Vorlagen, die viele hundert Jahre älter sind, und können für den tatsächlichen Hergang der Passion Jesu nicht als zuverlässige Quelle angesehen werden.

Diese wenigen Beispiele, die mir spontan einfallen, genügen, um mir im Bewußtsein zu halten, was die kritischen Bibelwissenschaften an unzähligen anderen Beispielen immer wieder nachweisen konnten: Im Hintergrund des Bildes, das die Evangelien von Jesus zeichnen, steht zwar die Gestalt des historischen Jesus, und auch biographische Details aus seinem Leben und Wirken schimmern durch, doch dieses Bild beschreibt nicht unmittelbar das Leben und Handeln des historischen Jesus von Nazaret.

Dem Neuen Testament geht es *nicht um die Überlieferung historischer Fakten;* es geht ihm um die *Propagierung des Glaubens,* daß Jesus der Christus ist.

Was wir in den Evangelien finden, sind Mythen, Legenden, Sagen, Bilder, Gleichnisse, erdachte Reden, erzählerisch ausgeformte Schriftbeweise, Wundererzählungen, Visionen, Hymnen usw., aber keine verläßliche Auskunft über den wirklichen Jesus und sein Tun. Aus dem Neuen Testament können wir bestenfalls den geschichtlichen Nachhall des Wirkens Jesu erkennen.

Dieses Wissen der Theologen dringt nur selten aus den Hörsälen der Universitäten über die Kanzeln ins Volk hinein. Wozu auch sollte man die Gläubigen verunsichern?!

Immer mehr überdeckt vom göttlichen Christus

An den vier Evangelien können wir gut beobachten, wie mit wachsendem zeitlichem Abstand von seinem Tod die Gestalt Jesu immer gottähnlicher gezeichnet und die Göttlichkeit Jesu immer mehr gesteigert wurde. Aus dem Zimmermannssohn aus Nazaret wurde immer mehr ein Gottessohn.
Von den vier Evangelien ist das Evangelium nach Markus das älteste, also dem historischen Jesus zeitlich noch am nächsten. Es entstand nach Auskunft der Gelehrten etwa 67 bis 70 n. Chr., also rund fünfunddreißig Jahre nach Jesu Tod. Einige Jahre später entstanden die Evangelien nach Mattäus und Lukas. Beide übernahmen variierend Erzählstoffe aus dem Markusevangelium, schöpften darüber hinaus auch aus eigenen Quellen. Das Johannesevangelium, das in Stil und Inhalt erheblich von den drei ersten Evangelien abweicht, dürfte etwa hundert Jahre nach Jesu Geburt geschrieben worden sein.
Bei Markus wird Jesus erst bei der Taufe im Jordan durch die Stimme aus den Wolken zum *Sohn Gottes* proklamiert. Bei Mattäus und Lukas ist schon das Kind im Mutterleib Gottes Sohn. In der Krippe wird es von göttlichem Glanz umstrahlt. Und bei Johannes wird Jesus als präexistenter Logos verkündet, der schon *vor seiner Geburt* von Ewigkeit an bei Gott war. «Im Anfang war das Wort. Und das Wort war bei Gott. Alles ist durch dieses geworden.»
Im Markusevangelium, dem ältesten, zeichnet sich im Hintergrund der Darstellung Jesu noch stärker die Gestalt des Menschen Jesus ab. Jesus redet bei ihm noch weithin wie ein Mensch. Er erzählt, er fragt, er hört zu, er argumentiert, er entgegnet, er streitet. Bei Johannes hält er als göttlicher Lehrer wie von einem hohen Thron lange und feierliche Re-

den in dichterischer Sprache, die eigentlich nur für die philosophisch Gebildeten verständlich waren.

Auch die *Wundermacht* Jesu wird gesteigert. Das Töchterchen des Jairus, das Jesus bei Markus aus dem Tod rettet, «schläft nur». Der Jüngling von Naim, von dem nur Lukas erzählt, liegt schon auf der Bahre und wird begraben, als Jesus ihn erweckt. Johannes steigert weiter: Lazarus liegt schon vier Tage im Grab, und er «riecht schon», als Jesus ihn wieder ins Leben zurückruft. (Mk 5,39; Lk 7,11; Jo 11,39)

Bei Markus zerriß beim Tode Jesu «der Vorhang des Tempels von oben bis unten in zwei Stücke». Bei Mattäus nimmt die Natur heftigeren Anteil am Tod ihres Mitschöpfers: «Die Erde erbebte, die Felsen zersprangen, die Gräber taten sich auf.»

Bei Markus und Mattäus stirbt Jesus am Kreuz mit dem Schrei des Gottverlassenen aus dem Psalm 22: «Mein Gott, mein Gott! Warum hast du mich verlassen?» Schon für Lukas ist die Vorstellung eines von Gott verlassenen Messias unerträglich. Er schönt und harmonisiert mit einem Wort aus dem Psalm 31: «Vater, in deine Hände befehle ich meinen Geist.» Jesus stirbt nicht in verzweifelter Anklage gegen seinen Gott; er gibt sich vertrauensvoll wie ein Kind in die Hände des Vaters. Ganz anders später bei Johannes. Hier ist Jesus kein Klagender; hier ist er zu einem souveränen Vollbringer geworden, zu einem Sieger. Er sagt nur: «Es ist vollbracht.»

Schon knapp siebzig Jahre nach seinem Tod war die Gestalt des Menschen Jesus fast völlig von der Gestalt des göttlichen Christus überdeckt worden. Um diese Unterschiede in der Darstellung der vier Evangelien weiß natürlich auch die Amtskirche. Aber sie hat eine andere Erklärung dafür bereit: Durch das Wirken des Heiligen Geistes ist die Erkenntnis Christi in der Kirche immer weiter fortgeschritten.

Das Jesus-Bild –
gemalt nach alttestamentlichen Vorlagen

Die Evangelien sind ein Niederschlag frühchristlicher Verkündigung. Sofern sich die Verkündigung Jesu an die *Juden* richtete, griffen die frühen Christen, die ja selbst auch Juden waren, auf die heiligen Schriften zurück, um mit ihrer Hilfe Jesus als den verheißenen Messias, als den neuen David, als den neuen Mose zu beweisen. Einzelne Sätze oder Bilder aus den Schriften der Propheten wurden zu Erzählungen über Jesus ausgeformt.

Die Flucht nach Ägypten und der Kindermord von Betlehem in der Kindheitsgeschichte des Mattäus wollen zum Beispiel keine historischen Ereignisse aus der Kindheit Jesu darstellen. Sie wollen vielmehr mit Hilfe alttestamentlicher Schriftzitate und durch Verknüpfung mit Themen aus der Kindheit des Mose die jüdischen Hörer überzeugen, daß Jesus der Messias sei. In vielen Erzählungen von Wundern, die Jesus vollbracht hat, wie Heilungen von Blinden, Tauben und Gelähmten, Sturmstillung und Brotvermehrung, wurden Motive aus dem Alten Testament auf Jesus übertragen. Der Lobgesang, den Maria nach ihrem Besuch bei Elisabeth spricht, das Magnifikat, ist fast ausschließlich aus alttestamentlichen Bruchstücken zusammengesetzt. Schriftkundige Judenchristen der Urkirche haben die Bausteine kunstvoll theologisch gefügt.

Kundige Neutestamentler können bei den Evangelien Kapitel für Kapitel, Text für Text, fast Satz für Satz die Prägung der Darstellung des Jesus-Lebens durch alttestamentliche Vorlagen nachweisen. Selbst die Passionsgeschichten, die uns so dokumentarisch anmuten, sind bis in kleinste Einzelheiten hinein kunstvoll nach Bauplänen und mit Baumaterial aus der jüdischen Bibel zusammengebaut. Sie geben uns nur wenig Auskunft über das wirkliche Geschehen.

Übertragungen aus heidnischen Mythen?

Bei der Ausbreitung des christlichen Glaubens in die Welt des «heidnischen» Hellenismus wurden auch *Vorstellungen aus anderen antiken Religionen und Mythen* übernommen und in den Dienst der Christus-Verkündigung gestellt. Auf diesem Weg drangen sie später auch in die Darstellungsweise der Evangelien ein. Wir müssen damit rechnen, daß vieles, was die Evangelien über Jesus erzählen, ursprünglich einmal in ähnlicher Form von hellenistischen Heroen und Gottheiten erzählt und auf Jesus übertragen wurde.

Bekannt ist zum Beispiel die auffallende Ähnlichkeit zwischen der christlichen Lehre und der Lehre des *Mithras-Kultes*. Die Mithras-Religion war von Persien aus etwa zur gleichen Zeit wie das junge Christentum in den römischen Herrschaftsbereich eingewandert und konkurrierte mit der christlichen. Auch Mithras war vom Himmel herabgestiegen. Hirten beteten ihn bei seiner Geburt an. Er tat in seinem Erdenleben viel Gutes und hielt mit seinen Anhängern, bevor er wieder zum Himmel auffuhr, ein Abschiedsmahl. Bei den kultischen Mahlfeiern der Mithras-Anhänger sollen auch die Worte gesprochen worden sein: «Tut dies zu meinem Gedächtnis! Das ist mein Leib, das ist mein Blut.» (vgl. 23/337) Mithras wurde im Himmel vom Sonnengott erhöht und nahm an seiner Allmacht teil. Er war «Mittler zwischen Gott und Menschen» und wurde Heiland und Erlöser genannt. – Sollten diese Parallelen wirklich nur Zufall sein?

Der Geburtstag des Mithras wurde in Rom am 25. Dezember gefeiert. Im Jahre 353 legte die Kirche den Geburtstag Jesu auf diesen Tag. Die kirchlichen Petrus-Symbole Fels, Hahn und Schlüssel sollen ursprünglich Symbole des Sonnengottes Mithras gewesen sein. Auch die Mitren, welche die Häupter katholischer Oberhirten zieren, stammen von den Mithras-Priestern.

Was sind das nur für Gedanken, die sich mir aufdrängen, wenn ich diese Auskünfte der vergleichenden Religionswissenschaft zur Kenntnis nehme?

Pythagoras, der große Philosoph und Mathematiker aus dem 6. Jahrhundert v. Chr., begann wie Jesus seine Lehrtätigkeit mit einem Fischwunder. Von ihm wurde erzählt, daß er vor dem Volk in Bildern und Gleichnissen gelehrt, Kranke geheilt, sogar einen Sturm auf dem Meer gestillt habe. Er wurde verspottet und verfolgt. Er fuhr ab in die Hölle und stand auf von den Toten. Man hielt ihn für einen Sohn des Gottes Apoll.

Vom Tode *Cäsars* wurde erzählt, daß sich dabei die Sonne verhüllte, eine Finsternis eintrat, die Erde erbebte und Tote auferstanden.

Noch zur Zeit Jesu wurde *Herakles* als Heiland, Gottessohn und Mittler verehrt. Er stirbt wie der johannäische Jesus mit den Worten: «Es ist vollbracht.» Der babylonische *Marduk* wurde, von seinem Vater als Erlöser auf die Erde gesandt, «gefangengenommen, verhört, zum Tode verurteilt, gegeißelt, mit einem Verbrecher hingerichtet».

Auch zu vielen *Wundern Jesu* gibt es «Vorläufer» in den heidnischen Mythen. Der Heilgott *Asklepios* aus Epidaurus wurde wie Jesus als Arzt und Heiland bezeichnet. Wie Jesus heilt er Stumme und Gelähmte; wie Jesus fordert er Glauben. Er stillt Stürme und weckt Tote auf. (vgl. 10/83 ff., 90, 92)

Die vergleichende Religionsgeschichte hat eine Fülle solcher Ähnlichkeiten der Darstellung Jesu in den Evangelien mit vorchristlichen Mythen zusammengetragen. Man wird sie nicht einfach ignorieren können. Ob und inwieweit sie in direkter Absicht auf Jesus übertragen wurden, wage ich nicht zu entscheiden. Jedenfalls liegt der Verdacht nahe, daß sie in der Ausformung des Jesus-Bildes zumindest *indirekt* wirksam waren, weil sie ganz normaler und selbstverständlicher Bestandteil des religiösen Denkens und Sprechens der Zeit waren, in der die Evangelien entstanden.

Kaiserliche Purpurgewänder für den Zimmermannssohn

In der lukanischen Geburtsgeschichte Jesu erscheint den Hirten auf dem Feld ein Engel, der ihnen verkündet, wer das neugeborene Kind in der Krippe ist: «Ich verkünde euch eine *frohe Botschaft*. Euch wurde in der Stadt Davids ein *Retter* geboren, der ist *Messias* und *Herr*.» Lukas hat hier dem Engel Jesus-Titel in den Mund gelegt, in denen die junge Kirche die Bedeutung ausdrückte, die Jesus nach seinem Tod für sie gewonnen hatte.

Im Neuen Testament wird Jesus nicht nur *Sohn Gottes* und *Messias (= Christus)* genannt, sondern auch *Herr, Retter, Heiland, Befreier*. Diese *Titel* stammen sowohl aus dem Sprachgebrauch des Alten Testamentes als auch aus der Vorstellungswelt der heidnischen Umwelt. Sie wurden auf Jesus übertragen.

Den ursprünglich orientalischen Herrschertitel «Herr» (griechisch: Kyrios) hatten schon die Übersetzer des Alten Testamentes benutzt, um den hebräischen Gottesnamen Jahwe wiederzugeben. Die Juden sagten «der Herr», wenn sie von Gott sprachen. Sie priesen ihren Gott auch als Retter, Befreier und Heilbringer.

Bei den Römern wurde der Titel *Kyrios* auf den Kaiser angewandt. Die Lobpreisung der Kaisers klingt im christlichen Kult noch nach im Kyrie der Messe: «Kyrie eleison. Herr, erbarme dich.» Ebenso trugen die Kaiser die Titel: *Retter*, «*unser Herr und Gott*» (*dominus et deus noster*), *Befreier*, *Heiland (soter)*, sogar *Weltheiland*.

Auch der Ausdruck «*Frohe Botschaft*» (= euangélion = Evangelium), den der Engel gebrauchte, um die Ankunft des Messias zu verkünden, stammt aus dem Kaiserkult und wurde benutzt, um zu verkündigen, daß ein neuer Herrscher den Thron bestiegen hatte.

Dem Mann aus Nazaret wurden nicht nur die verhüllenden Gewänder des biblischen Gottes umgehängt, um seine messianische Gottessohnschaft herauszustellen; es waren auch die kaiserlichen Purpurgewänder, mit denen man den Christus schmückte.

Von wem kommt Heil?

Vor etwa hundert Jahren wurde in der türkischen Stadt *Priene* eine römische Inschrift gefunden. Sie stammt aus dem Jahre 9 v. Chr. und verkündet, daß der Geburtstag des *Kaisers Augustus* in aller Welt als Fest gefeiert werden soll. Ich hatte den Text dieser Inschrift schon vor Jahren in ein Schüler-Arbeitsheft über die Weihnachtstexte aufgenommen. Die Schüler sollten durch einen Vergleich mit den biblischen Texten erkennen, daß die biblische Weihnachtsbotschaft keine süßliche Idylle schildert, sondern eine höchst brisante Provokation mit politisch-sozialer Sprengkraft enthält.

Die Inschrift lautet: «Dieser Tag, der Geburtstag des Kaisers, hat der ganzen Welt ein anderes Ansehen gegeben. Sie wäre dem Untergang verfallen, wenn nicht in dem heute Geborenen für alle Menschen ein gemeinsames Glück aufgestrahlt wäre. Wer richtig urteilt, wird in diesem Geburtstag den Anfang des Lebens für sich erkennen. Die Vorsehung hat diesen Mann zum Heil der Menschen mit Gaben erfüllt und uns zum Heiland gesandt. Allem Krieg wird er ein Ende setzen und alles herrlich ausgestalten. Durch sein Erscheinen werden die Hoffnungen der Vorfahren erfüllt. Es ist unmöglich, daß je ein Größerer käme. Der Geburtstag dieses Gottes ist für die Welt der Anfang aller Evangelien.»

Wer auch nur ein wenig die Sprachformeln der Bibel und des christlichen Redens über die Bedeutung der Geburt Jesu im Ohr hat, wird sofort verblüfft feststellen, daß dort mit fast den gleichen Worten und Bildern von der Geburt Jesu gesprochen wird. Was der römische Kaiserkult über Augustus aussagt, wird im Neuen Testament in provozierender Umkehrung von Jesus Christus ausgesagt: Nicht vom glanzvollen mächtigen Kaiser kommt Heil und Frieden in die Welt, sondern von dem ohnmächtigen Kind, das friedlich in der

Krippe liegt. Heil wird nicht erwartet von politischen, wirtschaftlichen und militärischen Mächten, sondern von einem Menschen, der keine Macht hatte, wohl aber tief in Gott wurzelte und deshalb ein Liebender, ein Vergebender, ein Dienender war.

Damals schrieb ich für die Schüler: «Je mehr wir uns mit unserem Leben auf *den* einlassen, den die Weihnachtserzählungen als Messias proklamieren, um so eher kann es uns gelingen, zu einem Leben zu kommen, in dem Heil, das heißt Liebe und Freundschaft, Wahrheit und Vertrauen, menschenwürdiges Leben und gemeinsames Glück wichtiger werden als das Jagen nach Geld und Reichtum, nach Macht und Geltung, nach Vergnügen und Konsum. Auf den Weg Jesu zu setzen ist eine realistische Chance, daß es etwas besser wird in unserem eigenen Leben, und auch in der Welt.»

So hatte ich damals geschrieben. Und ich habe auch heute noch keinen Grund, davon etwas zurückzunehmen.

Welcher Jesus?

Es war die Gestalt *Jesu* gewesen, die mich in jungen Jahren in eine Entscheidung für den christlichen Glauben hineingeführt hatte. *Er* war es gewesen, der mich überzeugt hatte. *Er* war es, an den ich mich gebunden hatte. In der Lehre *Jesu* fand ich eine «Wahrheit», die ich für mich übernehmen konnte. Durch ihn kam ich auch wieder neu in Berührung mit einer «Wirklichkeit», die im Leben Jesu die entscheidende Rolle spielt: mit Gott. Und weil ich *ihm* glaubte, weil ich bei *ihm* Wahrheit fand, weil *er* für mich Wegweisung wurde, fand ich auch Zugang zur *Kirche,* quasi in einem zweiten Schritt. Meist verläuft der Weg umgekehrt.

Nachdem mir nun *im nachhinein* durch mein Nachdenken bei diesen «Notizen» noch stärker als bisher bewußt geworden ist, wie sehr die Gestalt des historischen Jesus vom vergöttlichten Bild des nachösterlichen Christus überzeichnet worden ist, denke ich wieder neu darüber nach: Welcher

Jesus hat mich damals so beeindruckt, welcher mich geprägt, welcher mich an sich gebunden? War es der Mann aus Nazaret oder war es vielleicht doch der «Christus des Glaubens»?

Ich muß gestehen, daß ich damals noch gar nicht um die Unterscheidbarkeit dieser beiden Gestalten gewußt habe. Mein Jesus-Bild war damals noch wesentlich bestimmt von dem Bild, das Romano Guardini in seinem Buch «Der Herr» gezeichnet hatte. Der historische Jesus war für mich so, wie ihn die Evangelien beschrieben: ein Mensch voller Liebe und Güte, voller Wahrheit und Weisheit, voller Wundermächtigkeit und in göttlicher Vollmacht redend und handelnd. Ich sah ihn als einen, der helfend, heilend, vergebend, aufrichtend für die Menschen da war, der frei war von allem Bösen und Schlechten, frei von Irrtum und frei von Sünde. Er war göttlichen Ursprungs und lebte ganz in Übereinstimmung mit Gott; bis in den Tod hinein.

An eine solche Person konnte man sich doch wohl binden! Dafür brauche ich mich heute nicht zu entschuldigen.

Nur eine «Nachfolge-Prägung»?

Psychologisch gesehen – das erkenne ich heute ganz klar –, war es die *Idealgestalt* Jesu, die mich gefangengenommen hatte: der «Christus des Glaubens», der in einem sich stetig steigernden Prozeß in den Evangelien ins immer Vollkommenere und ins Göttliche erhoben worden war.

Daß es sich hier um einen für die Adoleszenz typischen *psychologischen Vorgang der Prägung durch ein Idealbild* handelte, kann ich erst heute nachträglich mit Hilfe der Psychologie erkennen. Solche Prägungen entsprechen auf der Ebene des Personalen und Menschlichen demselben Vorgang, der auf der Ebene der Verhaltensprägung bei jungen Tieren «*Nachfolge-Prägung*» genannt wird (Konrad Lorenz).

War es dann also nur ein psychologischer Prägungsvorgang, durch den ich zum Glauben an Jesus Christus gekommen bin? Dieser Verdacht, der mir jetzt, in diesem Augenblick beim Schreiben, kommt, verwirrt mich. Der Gedanke, daß es «*nur so*» und nicht «*viel mehr*» gewesen sein könnte, was mich zum Glauben brachte, wirft mir das Selbstverständnis, das ich bisher von meinem Glauben hatte, über den Haufen.

Bisher hatte ich mein Gläubigwerden immer auf die Erfahrung eines «Berührtwerdens» durch Gott in der Begegnung mit Jesus zurückgeführt. Und nun? Nichts als ein alltäglicher lapidarer Vorgang der Prägung auf eine Idealgestalt im Jugendalter?

Ernüchternd!

Der Verlierer und der Sieger

In der Begegnung mit dem Jesus der Evangelien bin ich – ohne es zu wissen – auf ein überhöhend gemaltes, vergöttlichendes Bild des Menschen Jesus von Nazaret gestoßen. Der Glanz dieses Bildes hat mich betört und gefangengenommen.

Haben Menschen dieses vergöttlichte Bild von Jesus gestaltet, um sich eine vollkommene Gestalt zu schaffen, an der sie sich festhalten konnten? Oder haben sie – wie es die kirchliche Überlieferung sieht –, vom Geist Gottes erleuchtet, nach Ostern immer deutlicher erkannt, wer der umstrittene Rabbi aus Galiläa, der als Aufrührer am Kreuz endete, in Wirklichkeit war, nämlich der menschgewordene Gottessohn?

Ist der «Christus» der Evangelien ein Ergebnis des bedürfnisorientierten Suchens von Menschen nach einer überhöhten Leitgestalt, die ihnen Orientierung, Halt und Hoffnung gewährt? Kann es sein, daß sich die früheren Anhänger Jesu, enttäuscht vom wirklichen Jesus, der nicht gehalten hatte, was man von ihm erhofft hatte, einen neuen «Hoffnungsträger» geschaffen hatten, den «Christus des Glaubens»?

Dieser war kein *Verlierer* wie der Mann am Kreuz. Er war von Anfang an ein *Sieger*. Christus vincit! Bei Siegern ist man besser aufgehoben. Und Legenden sind allezeit schöner als die Wirklichkeit.

Geboren in den Herzen der Menschen?

Jesus von Nazaret wurde «geboren aus der Frau». Er war ein Mensch mit Blut in den Adern. Der «Christus des Glaubens» wurde geboren in den Herzen und Köpfen von Menschen. Das Grundmaterial seiner Gestalt, der Ton gleichsam, stammt aus den Erinnerungen an den historischen Jesus. Bilder und Gestalten aus dem Alten Testament und aus den hellenistischen Mythen lieferten die Modelle und Vorlagen. Im Kult wurde die Gestalt des Christus geformt und mit dem Goldglanz der Göttlichkeit überstrichen. Erhärtet wurde sie in den endlosen dogmatischen Kämpfen der frühen Kirche.

Ich wage kaum weiterzudenken. Habe ich mich glaubend und vertrauend an eine Gestalt gebunden, die es so, real existierend, gar nicht gibt, nie gegeben hat? Eine Gestalt, die bestenfalls nur in den Köpfen und Herzen von Menschen existiert, von ihnen selbst erschaffen?

Doch! Selbst wenn der Christus des Glaubens «nur» in den Herzen der Menschen geformt wurde, ist er dennoch so gut und so wahr und Gott so nahe, daß einer, der Gutes und Wahres sucht, einer, der Gott sucht, immer wieder von ihm eingefangen wird. Durch die Jahrhunderte hindurch!

Jesus·oder Christus?

Wer ist für mich wirklich maßgebend? Der arme Mensch aus Nazaret, der so von Gott erfüllt war, daß ihn das ans Kreuz gebracht hat? Oder der strahlende Gottessohn, der als erhöhter Herr «herrschet und regieret»? Jesus oder Christus?

Wenn ich so spontan aus dem Herzen heraus ohne jede theologische Reflexion antworten soll, muß ich zugeben, daß mir der Mensch aus Nazaret viel näher ist. Bei ihm fühle ich mich wohl. Ich habe ein Gefühl der Liebe zu ihm. Ich hänge an ihm, obwohl ich, auch das muß ich zugeben, recht wenig von ihm weiß. Vielleicht ist es nur das Bild, das ich mir von ihm gemacht habe, das mich an ihn bindet. Der glorreiche Christus läßt mich irgendwie kalt. Er schüchtert mich ein. Er ist mir zu hoheitsvoll, zu künstlich, zu weit entfernt von dem, «was mich unbedingt angeht». Anders als Papst und Bischöfe, die sich immerzu auf ihre Bevollmächtigung durch ihn berufen, kann ich mit ihm weniger anfangen als mit dem Menschen Jesus.

«Halt!» rufen mir spätestens an dieser Stelle die kirchlichen Theologen zu. «Du schaffst hier einen Gegensatz zwischen Jesus und Christus. Das darfst du nicht! Es ist ja gerade das Zeugnis der Schrift und das Bekenntnis der Kirche, *daß Jesus der Christus ist.*»

Menschheit und Gottheit?

Es stimmt, was die Theologen da sagen: Die Grundformel des christlichen Glaubens ist tatsächlich das Bekenntnis: *«Jesus ist der Christus»*, oder noch kürzer ausgedrückt: *«Jesus Christus»*. Doch schon das Neue Testament kann die Einheit des Menschen Jesus mit dem erhöhten Christus, dem ewigen Gottessohn, nicht durchtragen: Der Mensch Jesus verschwindet fast vollständig hinter dem erhöhten Christus und wird von diesem überformt. *Der menschliche Jesus tritt in den Hintergrund. Der göttliche Christus beherrscht die Szene.*

Kein Wunder, daß die ersten christlichen Jahrhunderte beherrscht sind von unzähligen Kämpfen um die Bestimmung des Verhältnisses zwischen der Menschheit Jesu und seiner Gottheit. Arianismus, Nestorianismus, Monophysitismus seien nur als Stichworte genannt. Immer komplizierter, windungsreicher und spitzfindiger werden bei den spätantiken Kirchenvätern und bei den Definitionen der Konzilien Unterscheidungen und Gleichsetzungen, die Zu-, Unter- und Überordnungen von Substanzen, Wesenheiten, Naturen,

Wirkweisen und Personen, von menschlichem und göttlichem Wollen und Erkennen.

Ich bin überzeugt, Jesus selbst hätte diese theologische Tüftelei über seine Person nicht verstanden und nur den Kopf geschüttelt, wenn er Sätze wie den folgenden aus dem Konzil von Chalkedon gelesen hätte: «Ein und derselbe ist Christus, der einziggeborene Sohn und Herr, der in zwei Naturen unvermischt, unveränderlich, ungetrennt und unteilbar erkannt wird, wobei nirgends wegen der Einung der Unterschied der Naturen aufgehoben ist, vielmehr die Eigentümlichkeit jeder der beiden Naturen gewahrt bleibt und sich in einer einzigen Person und einer einzigen Hypostase vereinigt.» (Nr. 467)

Solche christologische Formeln entstammen dem Denken und dem Fragen der Spätantike. Für die damalige Kirche konnten sie wahrscheinlich hilfreich sein, die Beziehung zwischen dem Menschen und dem Gottessohn Jesus mit Hilfe damaliger Denkkategorien zu bestimmen. Sie sprechen in Begriffen, die heute einen ganz anderen Sinn bekommen haben und dadurch für den heutigen Menschen, auch für den gebildeten, kaum noch verstehbar sind. Sie geben Antworten auf Fragen aus dem 2. bis 5. Jahrhundert. Wir haben andere.

Was ER mir bedeutet!

Ich will an dieser Stelle einmal versuchen, möglichst schlicht, einfach und ohne theologische Akrobatik anzudeuten, was Jesus *mir persönlich* bedeutet.

Für mich ist Jesus zunächst einmal der Mensch, an dem ich mich *orientieren* kann. Unter allen Menschen, die ich persönlich kenne, unter allen, die mir aus der Menschheitsgeschichte bekannt sind, gibt es keinen, der mir bessere und zuverlässigere *Orientierung* für mein Denken, Werten und Handeln geben könnte.

Für mich ist er wie ein *Wegweiser,* der die Richtung weist, wenn ich nicht mehr weiß, wohin ich gehen soll. Ich glaube, daß der Weg, den Jesus gewiesen hat, ein Weg ist, der Menschen zu einem menschlicheren Leben führen kann, zu einem Leben, in dem mehr Liebe und Frieden, mehr Güte und Barmherzigkeit, mehr Freude und vielleicht auch etwas mehr Glück und etwas weniger Böses und Leidvolles möglich sind. Ich glaube, daß der Weg, den Jesus gewiesen hat, ein Weg ist, der die Menschheit in eine menschenwürdigere Zukunft hineinführt.

Er ist für mich der *Maßstab* für das, was als wahrhaft *menschlich* anzusehen ist. Menschlich ist alles, was dem Leben, der Lehre, dem Geist und der Gesinnung Jesu entspricht. Er ist der *wahre Mensch*. Was wahrhaft menschlich ist, kann an ihm und seinem Leben abgelesen werden. Was vor ihm nicht bestehen kann, kann auch nicht als «menschlich» angesehen werden. Je mehr es seinem Beispiel und seiner Gesinnung widerspricht, um so «un-menschlicher» wird es.

Ich glaube, daß er die Macht hat, Menschen, die auf ihn eingehen, zu verändern. Zum Guten hin. Er weckt die Bereitschaft, der Wahrheit den Vorzug zu geben gegenüber dem Vorteil, dem Dienen gegenüber dem Herrschen, der Versöhnung gegenüber dem Sieg.

Ich glaube, daß menschliches Leben eine um so größere Freiheit gewinnen und eine um so höhere *Menschlichkeit* erlangen kann, je mehr es sich seinem Geist öffnet und sich von ihm bestimmen läßt. Ich glaube, daß *Heil* ins menschliche Leben gelangt, wenn man *ihn* einläßt. Er ermutigt mich, meine eigene Wahrheit zu finden und mich ihr zu stellen. Vor ihm kann ich mich annehmen, als der ich bin; auch in meiner Begrenztheit.

Er ist für mich *Richter*. Was wirklich *gut* ist und was als *böse* bezeichnet werden muß, hängt für mich davon ab, wie er es beurteilen würde. Wo ich erkenne, daß ich seiner Weisung und seiner Gesinnung zuwidergehandelt habe, weiß ich, daß ich falsch und schlecht gehandelt habe, daß ich schuldig geworden bin.

Er ist für mich *Herr.* Wenn ich ihn über mich herrschen

lasse, werden Vorschriften, Gebote, Gesetze, Weisungen, auch kirchliche, nicht letzte Norm meines Wertens und Handelns sein. Eine lebendige Person, auf die ich hinhorche, bestimmt letztentscheidend die Weise meines Handelns. ER ist die *letzte Instanz*. Die Verbindlichkeit von allgemeinen moralischen Konventionen und von kirchlichen Weisungen wird dadurch relativiert. Die Unterwerfung unter *sein* Urteil macht mich *freier* und *unabhängiger* vom Urteil anderer Menschen, freier vom Druck des sozialen Milieus, unabhängiger auch vom Urteil kirchlicher Meinungen.

An *ihm* messe ich alle, die Macht und Geltung beanspruchen, bis hin zu den Großen und Mächtigen des Staates, der Gesellschaft und der Kirche. Sie schneiden dabei in der Regel nicht gut ab und verlieren an Bedeutung für mich. «Mächtige stürzt er vom Thron», heißt es im Magnifikat. Das gibt Freiheit. Meine Orientierung an Jesus erlaubt mir eine *Gottunmittelbarkeit,* die nicht erst durch kirchliche Institutionen, Ämter, Vollmachten, Lehren, Handlungsanweisungen oder Riten vermittelt werden muß.

Ich glaube, daß in seiner Person und in seinem Leben etwas vom Grund, vom Sinn, vom Weg und vom Ziel unseres ganzen Lebens sichtbar und erfahrbar geworden ist, Wahrheit über den Menschen: *Gott!*

Auch wenn ich es heute etwas anders als im landläufig verbreiteten kirchlichen Verständnis sehe, kann ich durchaus noch – ähnlich dem Thomas aus dem Johannesevangelium – zu ihm sagen: «Mein Herr und mein Gott!» Für mich bist Du «Herr»; für mich bist Du «Gott», der, «der mich unbedingt angeht».

Vielleicht ist das, was ich hier im Kontext heutiger Bedeutsamkeiten sage, gar nicht so weit entfernt von dem, was auch die alten biblischen und kirchlichen Formeln im Kontext damaliger Bedeutsamkeiten auszusagen versuchten.

Am Kreuz geopfert?

Seit den Predigten, die ich in Kindertagen hörte, seit den Belehrungen, die ich in meinem eigenen Religionsunterricht in der Dorfschule und später auf dem Gymnasium empfing, hängen mir die Formeln im Ohr: «... *der uns durch sein hochheiliges Blut, durch sein bitteres Leiden und durch seinen Tod am Kreuz von den Sünden erlöst hat.*» «*In seinem Blut gereinigt von aller Schuld.*» «*Das Lamm, das geschlachtet wurde, um uns wieder mit Gott zu versöhnen.*»

Tausendfach habe ich inzwischen diese Worte in allen Variationen in jedem nur möglichen Kontext gehört, in Hunderten von Predigten, in unzähligen Gebetsformulierungen der Liturgie, bei Kindstaufen und Begräbnissen, in der Fronleichnamsprozession und in der Osternacht, im Wort zum Sonntag, in bischöflichen Hirtenbriefen und bei Papstansprachen. Trotzdem muß ich ehrlich gestehen, daß ich bis heute nicht verstanden habe, was damit gemeint ist. Jedenfalls ist es mir bis zum heutigen Tag nicht gelungen, damit einen nachvollziehbaren, erhellenden Sinn zu verbinden.

Gewiß, ich weiß, was religionsgeschichtlich dahintersteht. Die Vorstellung, *daß Schuld nur durch Blut getilgt werden kann*, reicht weit zurück in ein archaisches Denken. Dieses Denken ist heute noch wirksam in südländischer Blutrache und Sippenfehden, in Duellen «zur Wiederherstellung der Ehre». Dieses Denken gab Grund zur blutigen Rache und wurde so zum Anlaß zahlreicher Gemetzel und Kriege. Auch in der Verhängung einer Todesstrafe ist die Vorstellung wirksam, daß schwerste Schuld der Sühnung durch Blut und Leben bedürfe.

Blut!

In einem nepalesischen Hindutempel sah ich angewidert, wie Hähne und Lämmer geschlachtet wurden und ihr Blut den Gottheiten dargebracht wurde. Die Geschichte der Religionen trieft von Blut. Den Göttern war Blut immer ein ganz besonderer Saft. Blut scheint Gottheiten gnädig zu stimmen. Nicht nur das Blut von *unschuldigen* Opfertieren, auch das Blut von gemetzelten Menschen scheint für sie ein willkommener Trank zu sein.

Das Blut war es auch, das Blut eines geschlachteten Lammes, das die Hebräer in ägyptischer Fron bei ihrem Exodus an die Türpfosten ihrer Häuser strichen. Durch Blut blieben sie verschont, als «der Herr alle Erstgeburt im Lande Ägypten erschlug.» (Ex 12,12) Blut befreite und erlöste Israel «aus dem Sklavenhaus Ägypten». Zur Erinnerung an diese Rettung, Befreiung und Erlösung feierte Israel alljährlich sein Passahfest. Dabei wurde das Passahlamm geschlachtet.

Blut sühnt, Blut versöhnt, Blut reinigt, Blut rettet, Blut befreit, Blut ... *erlöst.*

Das Blut des Lammes

Dieser jüdische Ritus, am Passahfest als Erinnerung an die Erlösung aus ägyptischer Knechtschaft ein Lamm zu schlachten, wurde für Paulus zum *Schlüssel, den Tod Jesu am Kreuz zu deuten:* «Christus, unser Passahlamm, ist geschlachtet worden.» (1 Kor 5,7)

Wie Israel einst durch das Blut des Lammes gerettet und erlöst wurde, so wird die Menschheit durch das Blut Jesu aus der Macht der Sünde und des Todes erlöst.

Jesus wurde in dieser Sicht zum «Lamm Gottes», zum «Sündenbock», dem man die Schuld auflud. Was einst das Blut des Opferlammes bewirkte, bewirkt nun das Blut Jesu. *Es sühnt, es versöhnt, es reinigt, es rettet, es befreit, es nimmt die Schuld hinweg, es erlöst.* «Ihr wurdet losgekauft mit dem kostbaren Blut Christi, des Lammes ohne Fehl und Makel.» (1 Petr 1,18)

Damit war eine Opfer- und Erlösungslehre geboren, die bis heute im Zentrum der christlichen Lehre und der kirchlichen Praxis steht, *mehr als Jesu Lehre und Botschaft selbst.* In der Sprache des Katechismus hört sich das so an: «Der Tod Christi ist das österliche Opfer, worin ‹das Lamm, das die Sünde der Welt hinwegnimmt›, die endgültige Erlösung der Menschen vollzieht. Zugleich ist er das Opfer des Neuen Bundes, das den Menschen wieder in die Gemeinschaft mit Gott versetzt, indem er den Menschen mit Gott versöhnt durch das Blut.» (Nr. 613)

Der Tod Jesu – von Gott geplant?

Die Deutung des Todes Jesu als Sühnetod war herausgewachsen aus dem Schock, den seine Anhänger bei seiner Kreuzigung verarbeiten mußten. Jesus, von dem man geglaubt hatte, er sei der Messias und werde Israel befreien, war gescheitert. Wie ein Verbrecher war er schmachvoll am Kreuz geendet. Sein Tod hatte alle Hoffnungen, die man auf ihn gesetzt hatte, zunichte gemacht. Wie sollte man den gläubigen Juden einen Messias verkündigen, der gescheitert war und wie ein Verbrecher am Kreuz geendet hatte?

Die Antwort finden wir bei Paulus und später auch in den Evangelien: Das Unheils-Ereignis wurde in ein Heils-Ereignis umgedeutet. Aus dem gekreuzigten jüdischen Messias wurde der Retter der ganzen Menschheit. Sein Tod war kein Scheitern; sein Tod war ein Opfer, aus Liebe und Gehorsam gegen Gott erbracht. Sein Tod lag im Plan Gottes, der die Menschheit aus der Herrschaft der Sünde und des Todes erretten wollte.

Auch die Darstellung der Passion Jesu im Johannesevangelium ist geprägt von der Absicht, Jesus als das «Passahlamm» darzustellen. Das reicht hinein bis in die Chronologie der Ereignisse.

Ich zweifle, ob Jesus seinen Tod gewollt hat, um dadurch die *Menschheit* zu erlösen. Dafür war sein Engagement zu sehr auf die «Kinder Israels» zentriert. Jesus hat sich nicht geopfert, um Gott ein Sühneopfer darzubringen. Er hatte ein anderes Bild vom «Vater». Jesus hat den Tod erlitten, weil er seine Sache, die für ihn zugleich die Sache Gottes war, bis zum Letzten durchgestanden hat.

Sühneopfer – eine archaische, heidnische Vorstellung

Ich kann diese kirchliche Opfer- und Erlösungstheologie bestenfalls als einen zeitbedingten Versuch der frühen Christen ansehen, dem katastrophalen Tod Jesu gottgegebenen Sinn zuzuschreiben. Die Deutung geschah mit Hilfe von Vorstellungen, die im spätjüdischen Denken bereitlagen; das Bild vom leidenden Gottesknecht und der Brauch des Passahmahles, der daran erinnerte, daß Israel einst durch das Blut des Osterlammes aus Ägyptens Knechtschaft erlöst wurde.

Auch die damals *allgemein verbreitete religiöse Vorstellung*, daß Opferblut die Gottheit versöhnt und Schuld tilgt, steht im Hintergrund der neutestamentlichen Deutung. Motive wie die *Entsühnung durch Blutopfer*, nicht nur durch das Blut von Opfertieren, auch durch das Blut von Menschen, das zu Ehren der Gottheit vergossen wird, tauchen auch in den Mythen und Sagen anderer Religionen auf. Die Vorstellung eines unschuldig getöteten Gottes, dessen Blut den Menschen Heil bringt, ist jedenfalls Jahrhunderte vor dem Tod Jesu in den Mythen der Völker zu finden. Auch im Mithraskult träufelten die Opferpriester das Blut eines geopferten Stieres auf die Gläubigen und wuschen damit deren «Sünden» ab.

Solche Vorstellungen aus der religiösen Umwelt des damaligen Judentums wurden auf Jesus übertragen: Jesus ist das Lamm Gottes, das hinwegnimmt die Sünde der Welt. Sie sind zeitbedingte magisch-mythische Deutungen, die damals von den Menschen verstanden wurden. Damals dienten sie dem Glauben, dem Sterben Jesu einen gottgewollten Sinn zu geben. In der säkularisierten Welt von heute, in der solche Opfervorstellungen keine Rolle mehr spielen, werden diese kirchlichen Glaubensformeln zu Leerformeln, unverständlich und unglaubwürdig. Sie vermögen dem heutigen Menschen nicht mehr das ursprünglich Gemeinte mitzuteilen. Sie haben nur noch Bedeutung in der *binnenkirchlichen Ritualsprache*. Sie degenerieren zu kultischen Zaubersprüchen.

«... *seinen Sohn dahingegeben*»?

Nach christlicher Erlösungslehre «hat Gott die Welt so sehr geliebt, daß er seinen eingeborenen Sohn dahingegeben hat». Lag der grausame Kreuzestod Jesu demnach im Heilsplan Gottes? War die Todesstrafe, die Jesus erlitten hat, also von Gott gewollt?

Der katholische Katechismus antwortet in gewünschter Klarheit: «Zum gewaltsamen Tod Jesu kam es nicht zufällig durch ein bedauerliches Zusammenspiel von Umständen. Er gehört zum Mysterium des Planes Gottes, wie der hl. Petrus schon in seiner ersten Pfingstpredigt den Juden von Jerusalem erklärt: Er wurde nach Gottes beschlossenem Ratschluß und Vorauswissen hingegeben.» (Nr. 599)

Dieser Katechismus beteuert zwar gleich anschließend in schöner Unschuld, daß dies nicht besage, daß die, die Jesus verraten haben, «nur die willenlosen Ausführer eines Szenarios waren, das Gott im voraus verfaßt hatte». Dennoch macht diese kirchliche Lehre die jüdischen Ankläger und die römischen Schergen zu Gottes Werkzeugen, und Gott macht sie zum Drahtzieher im Hintergrund, zu deren heimlichem Komplizen.

Papst Johannes Paul II. vertritt die Lehre, daß Maria unter dem Kreuz ihres Sohnes «nicht ohne göttliche Absicht stand,

[...] sich mit seinem Opfer in mütterlichem Geist verband, indem sie der Darbringung des Schlachtopfers, das sie geboren hatte, *liebevoll zustimmte*». (Nr. 964)

Mein Gott! Merken diese Leute überhaupt nicht, welche Ungeheuerlichkeit sie da von sich geben? Sind sie so sehr in dem Käfig ihres Denksystems verfangen, daß sie alles Gespür dafür verloren haben, wie weit sich ihr Denken von der Botschaft Jesu entfernt hat?

Abrahams Opfer

In einer Stellungnahme zu einem Buch von Hans Küng im November 1977 verglichen die deutschen Bischöfe das Handeln Gottes bei der Kreuzigung seines eingeborenen Sohnes Jesus Christus mit dem Verhalten *Abrahams* bei der Opferung seines Sohnes Isaak. Abraham erschien ihnen nur als ein «schwaches Vorausbild», denn dieser bricht das Schlachten seines Sohnes ab. «Aber der himmlische Vater», so die Bischöfe, «hält nicht ein, er gibt den einzigen Sohn, sein Liebstes, und damit sich selbst, für uns dahin.» (vgl. 23/329, 346)

Es gehört wohl mit zum Bedeutendsten der im Volke Israel herausgebildeten Gottesvorstellung, daß der Gott Israels Menschenopfer verschmähte. Von einigen wenigen Ausnahmen abgesehen, die auch in der Bibel mit Ablehnung und Abscheu erwähnt werden, hat Israel seinem Gott keine Menschenopfer dargebracht. Und damit stand Israels Gott ziemlich allein inmitten der Gottheiten der umgebenden Völker.

In der berühmten Geschichte von *Abraham* wird erzählt, daß er seinen Sohn Isaak dem Herrn opfern wollte. Die Geschichte ist so, wie sie in der Bibel erzählt wird, mit Sicherheit nie geschehen. Sie gibt keinen historischen Vorgang wieder, spiegelt jedoch die Auseinandersetzung Israels mit der Praxis der Menschenopfer in den Religionen der Nachbarvölker. Und die Antwort, zu der Israels Nachdenken hingeführt hat, legt der unbekannte Autor dieser Erzählung einem

Engel Gottes in den Mund: «Nimm deine Hand von dem Knaben und tu ihm nichts zuleide.» (Gen 22,12)
Israels Gott will keine Sohnesopfer, überhaupt keine Menschenopfer. Abraham opfert statt dessen einen Widder.

Was Jesus unter Opfer verstand

Das Schlachten von Opfertieren, vornehmlich von Lämmern, war in allen alten mediterranen und vorderorientalischen Hirtenkulturen üblich, auch in Israel bis zur Zerstörung des Tempels durch die Römer. Doch schon die *Propheten* übten Kritik an den Schlacht- und Brandopfern. «*Schlachtopfer will ich nicht; Liebe will ich*», sagt Gott bei Hosea. (6,6)
Diesen Satz des Propheten zitiert auch Jesus. (Mt 9,13) Nicht Opfergaben will Gott, sondern *Zuwendung des Herzens, Umkehr, Gerechtigkeit, Barmherzigkeit.* Das Opferverständnis Jesu steht in der Linie der Propheten. Für Jesus bedeutet Opfer: *liebende Hingabe an Gott,* den Willen des Vaters tun, so leben, wie Gott es will. Dadurch wird die «Sünde», die Nichtübereinstimmung mit Gott, überwunden. Nicht durch das Vergießen von Blut, nicht durch Schlachten von Tieren und Menschen, nicht durch Sterben, sondern durch Umkehr, Liebe und Vergebung. Der Gott Jesu bedarf keiner blutigen Satisfaktion, um eine Schuld zu vergeben. Hatte man das Gleichnis vom verlorenen Sohn bei der Konstruktion der christlichen Erlösungslehre übersehen?
Gegenüber der Botschaft Jesu und der Propheten erscheint mir die kirchliche Opfertheorie als ein *atavistischer Rückfall* in das Denken archaischer Frühformen des Religiösen. Sie fällt weit zurück hinter die Propheten, sogar noch zurück hinter Abraham; sie reicht zurück in die Zeit der Kinderopfer. In der Abrahams-Erzählung wurde die Opferung von Menschenblut überwunden und durch das Tieropfer ersetzt. Und bei den Propheten wurde der Gerechtigkeit und der Barmherzigkeit der Vorzug gegenüber dem Schlachten von

Tieren gegeben. Wahrhaft ein großer Schritt in der Evolution des religiösen Bewußtseins in der Menschheit!

In der kirchlichen Deutung des Todes Jesu aber führt der Schritt in die umgekehrte Richtung: Die Opferung des einzigen Sohnes löst die Schlachtung von Opfertieren ab.

Nicht das Gottesbild Jesu

Jesus hatte seinen Gott im Bild des guten Vaters geschildert. Es war ein Gott, der dem schuldig gewordenen Sohn entgegeneilt, ihn, ohne Vorausleistungen zu fordern, in seine Arme nimmt und ihm bedingungslos vergibt. Doch *nicht das Gottesbild Jesu* wurde zur Mitte des kirchlichen Glaubens und des kirchlichen Kultes, *sondern das heidnisch-mythische Bild* von einer Gottheit, die durch den Ungehorsam eines einzigen Menschen unendlich beleidigt worden war und nur durch Menschenblut, durch den Sühnetod des eigenen Sohnes, versöhnt werden konnte.

Nicht aus der Gottesherrschaft, die Jesus ankündigte, kommt «Heil» in die Welt. Nicht aus der Zuwendung Gottes zum Menschen, die Jesus verkündete, wurde die Erlösung des Menschen aus schuldhafter Gottesferne begründet, sondern aus dem Schlachtopfer am Kreuz, das «im Plane Gottes» lag.

Nicht Jesu Botschaft, sondern die Lehre von seinem sühnenden Opfertod wurde zum Zentrum des kirchlichen Glaubens. Denn mehr als Jesu Botschaft sichert diese Erlösungslehre der Kirche ihre Bedeutung, ihren Status und ihre Macht. Denn, so lehrt der Katechismus: «... die Heilssendung, die der Vater seinem menschgewordenen Sohn anvertraut hat, wird von ihm den Aposteln und durch sie ihren Nachfolgern anvertraut.» (Nr. 1120)

Wem so das zeitliche und ewige Heil der Menschheit zur Verwaltung und Zuteilung anvertraut wurde, gelangt fast von selbst in eine zentrale Schlüsselstellung zwischen Gott und Menschheit. Die «*Früchte der Erlösung*», die Jesus

durch seinen Kreuzestod erworben hat, werden von den kirchlichen Amtsträgern *verwaltet und ausgeteilt.*
 Ich kann deshalb gut verstehen, weshalb die Kirche diese Erlösungslehre in den Mittelpunkt ihrer Lehre und ihres Kultes gerückt hat.

Heilsverwaltung – nach geltenden Bestimmungen

Die Verwaltung der «Früchte der Erlösung» in der Praxis: Es ging um die *Sündenvergebung in der Beichte.* Auch für die Prälaten im bischöflichen Ordinariat war es unübersehbar geworden, daß sich das *Bußsakrament* nicht mehr allzu großen Zuspruchs bei den Gläubigen erfreute. Die Zahl der Beichtenden ging rapide zurück.
 Bei vielen Seelsorgern und Theologen führte diese Tatsache zu einem neuen Nachdenken über das Bußsakrament und zu einer Neubesinnung auf das, was Jesus über die Vergebung der Schuld gelehrt hatte. *Jesus hatte nicht aufgefordert, beichten zu gehen.* Jesus forderte mehr: *Umkehr des Lebens.* Er verkündete, daß jedem, der vom Bösen abläßt und sein Leben neu auf Gott ausrichtet, ein Neuanfang möglich wird. Schuld kann überwunden und vergeben werden. Wahrhaft, eine gute und hilfreiche Botschaft.
 Nach Botschaft und Lehre Jesu ist die Vergebung Gottes jedoch nicht an kirchliche Prozeduren gebunden; die einzige Bedingung Jesu: Umkehr des Herzens, Erneuerung der Gesinnung, ehrliche Bereitschaft zum Neuanfang im guten! Eine Ohrenbeichte mit der Exklusivität der Sündenvergebung durch einen katholischen Priester hat Jesus mit Sicherheit nie eingesetzt.
 Der *ursprünglich richtige Kern* der Sündenvergebung durch die Kirche trat damals vielen wieder neu ins Bewußtsein: In der Gemeinschaft derer, die an Christus glauben, sollte die Vergebung weiterleben und weiterwirken. Wer so große Schuld auf sich geladen hatte, daß er sich dadurch aus der Gemeinschaft der Mitchristen herauslöste, sollte den-

noch Neuaufnahme und Vergebung finden, wenn er sich von seiner Schuld distanzierte und sein Leben änderte.

Aus dieser Rückbesinnung auf die neutestamentlichen Grundlagen der Sündenvergebung wuchsen damals viele Bemühungen, in der Praxis der Seelsorge neue Akzente zu setzen. Die Ohrenbeichte wurde als *nur eine* der vielen möglichen Formen von Umkehr und Vergebung erkannt, obgleich ihr nach wie vor hoher pastoraler Wert zugemessen wurde.

Die persönliche Umkehr zu Gott, verbunden mit der Bitte um Vergebung bei dem Menschen, an dem man schuldig geworden war, wurde wieder stärker herausgestellt. Ebenso versuchte man eine uralte kirchliche Praxis neu zu beleben, den *Bußgottesdienst* mit gemeinsamem Schuldbekenntnis der Gemeinde und dem allgemeinen Zuspruch der Vergebung Gottes durch den Priester.

Bei den Vertretern des Ordinariats wurden die Bemühungen der Seelsorger keineswegs mit Wohlwollen begleitet. Sie riefen vielmehr ihr Mißtrauen und ihre Mißbilligung hervor. Im Kirchlichen Amtsblatt des Bistums erschien eine Verfügung des Generalvikars, der darauf verwies, daß *nach den geltenden Bestimmungen* die Vergebung der Sünden nur in der sakramentalen Beichte erfolge. «Nach den geltenden Bestimmungen» stand tatsächlich da! Ich erinnere mich noch, wie ratlos und irritiert ich war, als ich das las. Mir wurde wieder einmal mehr bewußt, wie weit sich amtskirchliches Denken von seinen Ursprüngen in der Verkündigung Jesu entfernt hatte.

Die von Jesus verkündete Vergebung Gottes wird «nach den geltenden Bestimmungen» verabreicht. Heilsverwaltung nach Juristenart! Wer weiß, welch große Macht über die Menschen und welch gewaltiger Einfluß auf die Gesellschaft der Kirche allein aus dem Beichtstuhl zuwuchsen, wird allerdings die Sorge des Generalvikars verstehen.

Das Kreuz im Leben – gottgefällig?

Hatten sich – nach der Lehre der Kirche – «das bittere Leiden und das hochheilige Kreuz Jesu» als gottgefällig und heilbringend erwiesen, dann müssen Leid und Kreuz doch auch für den gewöhnlichen Christen gottgefällig und heilbringend sein. In der Tat! Der Katechismus folgt dieser Logik: «Er (Jesus) will diejenigen, denen sein Erlösungsopfer zuerst zugute kommt, an diesem Opfer beteiligen.» «Es gibt keine andere Leiter, um zum Himmel emporzusteigen, als das Kreuz.» (Nr. 191)

Aus Spanien bekam ich einen Brief von einem Priester, der früher einmal der Religionslehrer meiner Kinder gewesen war und oft in unserem Haus geweilt hatte. Obwohl er inzwischen in der Organisation «Opus Dei» eine leitende Stellung hat, schätze ich ihn persönlich hoch ein, weil er ein lauterer Mensch mit einem «reinen Herzen» ist. – Im Briefkopf war der Wahlspruch des Opus-Dei-Gründers Escrivá gedruckt: «In laetitia, nulla dies sine Cruce.» «In Freude – kein Tag ohne Kreuz.»

Es kann durchaus sein, daß auch in meinem Leben einmal eine Zeit kommt, in der kein Tag ohne Schmerzen vergeht. Und ich weiß nicht, wie ich dann damit fertigwerde. Das muß ich dann wohl aushalten, weil mir nichts anderes übrigbleibt. Aber ist das eine «Freude»? – Ist das von Gott gewollt?

Muß das ein bösartiger Gott sein, dem das Leiden seiner Kreatur wohlgefällig ist! Er unterscheidet sich kaum von den grausamen Gottheiten der Vorzeit, denen menschliche Qualen eine willkommene Opferspeise waren. Ein perverser Gott! Das ist nicht der Gott Jesu. Von Jesus her habe ich ein anderes Bild von Gott: ein Gott, der das Wohl des Menschen will, sein Glück, seine Freude, sein Heilsein; ein Gott, der kein menschliches Leiden will; ein Gott, der vom Leid befreien will.

Drewermanns Giordano Bruno sagt: «Mein Haupteinwand gegen den Christus der Christen lautet: Er hat den natür-

lichen Instinkt, den Schmerz zu fliehen und das Glück zu suchen, für etwas Gottwidriges ausgegeben, und er hat einen Gott zu den Menschen gebracht, der das Leiden Unschuldiger braucht als Sühne für seine rächende Gerechtigkeit. Eine schlimmere Sünde gegen den Menschen und gegen Gott kann niemand begehen.» (5/146)
Wohlgemerkt: Das sagt Giordano Bruno vom «Christus der Christen», nicht von Jesus.

Opfer bringen?

Die aus archaisch-heidnischen Vorstellungen stammende Lehre vom sühnenden Opfertod führte dazu, daß das *Kreuz* das eigentliche Zeichen des christlichen Glaubens wurde. Sicher, man kann das Kreuz als ein Zeichen sich hingebender Liebe deuten, und damit weist es ins Zentrum des Christlichen. Aber macht das Kreuz wirklich das Wesenhafte der Liebe sichtbar? Werden die Akzente nicht einseitig auf Opfer und Schmerz hin verschoben?

Gewiß: Liebe ist bereit, um des Geliebten willen auch Opfer zu bringen, Verzichte zu leisten, das eigene Glücksverlangen in den Hintergrund zu stellen, sogar Schmerz auf sich zu nehmen – aber nicht um des Opfers willen, nicht um des Verzichtes willen, nicht um des Schmerzes willen. Diese sind nicht das Ziel; sie haben keinen Wert in sich. Vom Gott Jesu her gesehen erscheinen sie mir sogar als Un-Werte. Denn der Gott Jesu will das Wohl der Menschen, Freude, Frieden, Glück. Der Gott Jesu will nicht das Kreuz. Er will nicht den Schmerz; er will, daß Schmerzen vermieden und Wunden geheilt werden. Er will kein Leid. Er will, daß Leid, Not, Elend, Haß und Feindschaft überwunden werden; er will, daß die Tränen getrocknet werden.

Opfer und Schmerzen auf sich zu nehmen kann nur dann einen gottgefälligen Wert haben, wenn sie um der Liebe willen, um das zu erreichende Gute willen auf sich genommen werden, nicht aber als Selbstzweck. *Opfer bringen – für sich allein gesehen – ist noch keine gottgefällige Leistung.* Gottgefällig ist es, zu anderen gut zu sein, für sie da zu sein, wenn sie uns brauchen, einander zu helfen, zu dienen und zu vergeben. So habe ich jedenfalls die Botschaft Jesu verstanden.

Ich kann jetzt – *im nachhinein* beim Schreiben dieser «Notizen» – besser verstehen, weshalb ich mit den dogmatischen und liturgischen Formeln von Jesus, «der uns durch sein Blut von aller Schuld gereinigt» und «uns am Kreuz von der Sünde erlöst hat», nie so recht etwas anfangen konnte. Diese kirchliche Opfer- und Erlösungslehre paßt nicht zu Jesus. Aus dem «Geist Jesu» heraus habe ich sie nie in mich aufgenommen.

Dem Grab entstiegen?

Auferstehung – keine Rückkehr ins frühere Leben

Auf einer Autoreise durch die Türkei kam ich mit meinen beiden Töchtern, damals um die sechzehn oder siebzehn Jahre alt, nach Pamukale, dem antiken Hierapolis. In der Nähe der berühmten Sinterterrassen, durch die das warme Wasser aus den kalkhaltigen Quellen herabrinnt, liegt eine Nekropolis, eine Totenstadt mit Hunderten von steinernen antiken Gräbern. Ein aus einem Steinblock herausgehauener Sarkophag mit einer quer darüberliegenden Steinplatte erinnerte mich an Auferstehungsbilder, wie ich sie von Matthias Grünewald, Albrecht Altdorfer und anderen spätmittelalterlichen Malern in Erinnerung hatte. Ich konnte der Versuchung nicht widerstehen, eine meiner Töchter anzuregen, einmal in das Grab zu steigen, um ihm dann «wie Jesus» mit siegreicher Geste zu entsteigen. Das Foto liegt heute noch im Album dieser Reise.

Diesen Scherz erlaubte ich mir, weil ich damals schon wußte, daß man sich die Auferstehung Jesu *so nicht* vorstellen darf. Jesus ist nicht in der Weise von den Toten auferstanden, daß ein Toter plötzlich wieder lebendig geworden war und dem Grab entstieg. Darin stimmen heute fast alle wichtigen Bibeltheologen überein. Jesus ist nicht in sein altes körpergebundenes Leben zurückgekehrt.

Wenn die Rede von der Auferstehung Jesu schon etwas Wahres aussagt, dann ist dieses sicherlich nicht so vordergründig, sondern tiefer und wesentlicher zu verstehen.

Auferstehung – nur eines von vielen Bildern

Das älteste Dokument des christlichen Auferstehungsglaubens finden wir bei *Paulus*. «Christus starb für unsere Sünden, den Schriften gemäß. Er wurde begraben und auferweckt am dritten Tage, den Schriften gemäß. Er erschien dem Kephas, dann den Zwölfen. Zuletzt auch mir.» (1 Kor 15,3–8) Diese Formel enthält gleichzeitig den Kern der Botschaft, die Paulus in immer neuen Varianten verkündete: Das Kreuz war nicht das Ende Jesu. Jesus ist als Messias nicht gescheitert. Er hat am Kreuz gesiegt. Alles, was geschah, geschah «gemäß den Schriften». Gott hat den Gekreuzigten nach seinem Tod *als Messias bestätigt*.

Paulus drückt diese Botschaft in vielen verschiedenen *Bildern* aus: *Gott hat ihn erhöht, ... zum Herrn gemacht, ... zum Erben eingesetzt. Er wurde verklärt, ... verwandelt ... umgestaltet. Er ist erschienen. Gott hat ihn auferweckt. Er ist auferstanden.*

Von all diesen unterschiedlichen Bildern, die alle die gleiche Erfahrung deutend umkreisen, hat sich doch nur das letztgenannte Bild, das der Auferweckung, in die Glaubensvorstellungen der Christenheit eingeprägt. Es bestimmt unser Verständnis von «Auferstehung»; wahrscheinlich, weil es das anschaulichste ist. Das Bild von der *Auferweckung*, bei dem Gott der Handelnde ist, wird später gesteigert zum Bild der *Auferstehung*, wobei Jesus selbst der machtvoll Handelnde ist. In den vier Evangelien erfuhr dieses Bild *später* durch die *Geschichten vom leeren Grab* erzählerische Entfaltung und Veranschaulichung.

«Ein geschichtliches Faktum»?

Daß die Erzählungen vom leeren Grab *kein reales historisches Ereignis* beschreiben, ist übereinstimmende Meinung fast aller führenden christlichen Theologen, der katholischen und der evangelischen. Zu widersprüchlich sind die Darstellungen in den vier Evangelien. Schon Reimarus hat vor über zweihundert Jahren in der nach seinem Tod von Lessing herausgegebenen Schrift auf die vielen Ungereimtheiten aufmerksam gemacht.

Als faktische *Wiederbelebung eines Leichnams* ist das Geschehen der Auferstehung historisch nicht zu greifen, auch nicht durch das «leere Grab». Die Erzählungen vom leeren Grab, von den Frauen, die zum Grabe gingen, und von den Engeln, die ihnen die Auferstehungskunde mitteilten, sind *legendenhafte* Geschichten, keine Beschreibungen von historischen Vorgängen. Sie schildern keine tatsächlichen Ereignisse, die den Auferstehungsglauben begründen; *sie verkünden und veranschaulichen vielmehr den schon seit Jahrzehnten wirksamen Osterglauben der Urkirche.*

Selbst so nebensächlich erscheinende Angaben wie «*am dritten Tag*» sind keine chronologischen Zeitangaben. Dieser Ausdruck ist eine «symbolische theologische Ausdrucksweise», worauf der heutige Vorsitzende der Deutschen Bischofskonferenz, Karl Lehmann, einmal aufmerksam gemacht hat, als er noch als Professor schrieb. Theologen, die um den Mangel an historisch greifbaren Tatsachen in den Ostererzählungen wissen, versuchen dennoch diesen Mangel auf der Gewinnseite zu buchen, indem sie wie Karl Lehmann auf den Geheimnischarakter des Ostergeschehens hinweisen: «Das Ereignis der Auferweckung Jesu entzieht sich jedoch völlig allen menschlichen Vorstellungen und damit auch allen irdischen Zeitmaßen.» (22/66)

Allen Erkenntnissen der heutigen wissenschaftlichen Exegese zuwider, geht der Katechismus mit den Ostererzählungen noch immer so um, als seien diese Tatsachenberichte: «Angesichts dieser Zeugnisse ist es unmöglich, die Auferstehung als etwas zu interpretieren, das nicht der *physischen Ordnung* angehört, und sie nicht als ein *geschichtliches Faktum* anzuerkennen.» (Nr. 643)

Nicht vorstellbar

In aller Unerleuchtetheit muß ich einmal ganz simpel nachfragen: Wenn nach der Lehre des Papst-Katechismus die Auferstehung der «*physischen Ordnung*» angehört, wie darf ich mir dann dieses «geschichtliche Faktum» vorstellen? Wenn etwas zur «physischen Ordnung» gehört, dann unterliegt es doch zwangsläufig physikalischen Bedingungen. Also: Ist der Gekreuzigte leibhaftig dem Grab entstiegen? Ist er auf seinen leibhaftigen Füßen, der «physischen Ordnung» der Schwerkraft gehorchend, umhergegangen? Haben ihn die erwählten Zeugen mit ihren Augen gemäß der «physischen Ordnung», d. h. über das physikalische Medium der Lichtwellen, tatsächlich gesehen? Haben sie über das physikalische Medium der Schallwellen mit ihm gesprochen? Wenn etwas gemäß der «physischen Ordnung» verläuft, unterliegt es zwangsläufig auch den biologischen Zwängen des Stoffwechsels. Darf ich mir das beim Auferstandenen ganz konkret vorstellen?

«Halt!» rufen da die kirchlichen Theologen meinem Verstehenwollen entgegen. «Du denkst und fragst völlig falsch. Die Auferstehung kannst du dir überhaupt nicht vorstellen. Sie ist *unvorstellbar*. Sie ist ein Mysterium. Außerdem hatte Jesus nun einen *verklärten* Leib. Seine Leiblichkeit war umgewandelt.» Aha! So ist das!

Der Erzbischof von Paderborn belehrt mich: «Den Vorgang der Auferstehung hat niemand gesehen. Er bleibt ein Geheimnis. Ich will jetzt auch nicht versuchen, ihn mir vorzustellen.» So sagt er in dem schon erwähnten «Spiegel»-Gespräch.

Die großen Worte vom «Mysterium der Auferstehung», dem größten Wunder Gottes, das alles menschliche Begreifen übersteigt, schüchtern mich ein. Ich wage kaum noch weiterzufragen, was ja wohl auch beabsichtigt ist. Die vielen vorgestanzten kirchlichen Formeln, in denen von Auferstehung gesprochen wird, verschleiern und verdecken mir mehr, als sie mir enthüllen und aufhellen.

Sprach-Bilder, die eine Erfahrung umkreisen

Alle Ausdrücke und Sprachformeln, in denen das Neue Testament vom Ostergeschehen spricht, sind keine Beschreibungen historischer, sinnenhaft wahrnehmbarer Vorgänge, sondern bildhafte Ausdrücke. *Auferweckung, Auferstehung, Erhöhung, Erscheinung, Umgestaltung und Umwandlung seines Lebens, Verklärung seines Leibes, Erhebung zum Herrn, zum Sohne eingesetzt,* alle diese Formeln sind *Sprach-Bilder,* die alle ein und dieselbe «Erfahrung» deutend umkreisen und zum Ausdruck zu bringen versuchen.

Ja, selbst Sprachformeln wie «... *aufgefahren in den Himmel*», «... *sitzet zur Rechten Gottes*», «... *alles zu seinen Füßen gelegt*» und «... *unter uns durch seinen Geist*» gehören mit in den Zusammenhang der *Bilder,* die Menschen aus den frühen christlichen Gemeinden gefunden und gebraucht haben, um eine eindrucksvolle, ihnen besonders wichtige Erfahrung zu deuten und auszusprechen: die sogenannte *Oster-Erfahrung.*

Die Bilder *Auferstehung, Erhöhung, Himmelfahrt, Geistsendung* meinen ein und dieselbe Sache. Selbst das Bild der *Jungfrauengeburt* in den Weihnachtserzählungen ist eine Entfaltung und Veranschaulichung des Osterglaubens.

Die Wahrheit muß tiefer liegen!

Nachdem ich mit Hilfe der Bibeltheologen erkannt habe, daß die Ausdrücke «Auferweckung», «Auferstehung» oder «Erscheinung» *Bilder* sind, die eine Erfahrung, die «*Oster-Erfahrung*», ausdeuten und veranschaulichen, kann ich mir die Auferstehung Jesu nicht mehr so vorstellen, daß die Jünger einen auferstandenen Jesus mit ihren Augen gesehen, mit ihren Ohren gehört und mit ihren Händen gegriffen haben. Damit würde man wieder ein wirkmächtiges, tiefes Bild als wunderhaftes Faktum mißverstehen und die eigentliche

Wahrheit, die in den Bildern enthalten ist, an falscher Stelle suchen und verteidigen, nämlich bei angeblichen äußeren Tatsachen. Von einem Verständnis der Oster-Erfahrung als einer empirischen Erfahrung äußerer Vorgänge durch die menschlichen Sinne muß ich – ebenso wie die meisten Theologen – Abschied nehmen. Deshalb kann ich auch die «natürlichen» Erklärungsversuche für mich nicht übernehmen, die zum Beispiel *A. N. Wilson* vorlegt, wenn er vermutet, die Jünger hätten nach dem Tode Jesu den Bruder Jesu, Jakobus, gesehen und ihn mit Jesus verwechselt. (35) Auch die Erklärung von *H. von Mendelsohn,* Jesus sei bei der Abnahme vom Kreuz noch nicht ganz tot gewesen, von den Frauen wieder gesundgepflegt worden und später mit den noch sichtbaren Wundmalen mit einigen seiner Jünger in Verbindung getreten, kann ich nicht folgen, obwohl sie eine gewisse Plausibilität hätte. (34) Sie liegt auf derselben Ebene wie der Verdacht der Juden, die Jünger hätten den Leichnam Jesu heimlich beiseite geschafft: nämlich auf der Ebene äußerlicher Fakten.

Die «Wahrheit» des Osterglaubens muß tiefer liegen!

«Innere Erfahrungen»?

Oder war es doch eine innere Erfahrung im Sinne einer von Gott bewirkten «inneren Erleuchtung», ein *«Widerfahrnis»,* wie Bultmann sagt?

Solche Erklärungsversuche der Oster-Erfahrung werden von vielen Theologen, besonders evangelischen, vorgebracht. Sie versuchen, den ihnen bekannten Widersprüchen der wunderhaften Fakten zu entgehen, indem sie die Wunderhaftigkeit nach innen verlegen: Gott hat bewirkt, daß den Jüngern die Gottheit und Messianität Jesu *aufging,* daß ihnen in einer plötzlichen Erhellung zu Bewußtsein kam, daß Jesus weiterlebt. «Jesus ist auferstanden in den Glauben der Gemeinde», sagt man. Diese Erklärungsversuche der Oster-Erfahrung leuchten mir etwas besser ein und bereiten meinem Verstehenwollen weniger Schwierigkeiten. Doch stellen auch sie mich nicht zufrieden.

Formen plötzlichen, *blitzhaften Erkennens* sind der Psychologie und der Erkenntnislehre wohlbekannt und können *natürlich* erklärt werden, ohne unbedingt auf das Einwirken eines sich mitteilenden Gottes zurückgreifen zu müssen. Auf solche «innere Erleuchtungen» berufen sich besonders im Bereich des Religiösen nicht nur berühmte Religionsstifter wie Buddha und Mohammed. Jeanne d'Arc beruft sich auf eine Erleuchtung und spricht ebenso wie die Kinder von Fatima und Lourdes von «Erscheinungen». Viele Sektengründer und Konvertiten berichten über Erfahrungen, in denen ihnen blitzartig eine unsichere Vermutung zur *unbedingten Gewißheit* wurde. In solchen inneren Erleuchtungen kann ich auch keine ausreichende Erfahrung erkennen, auf die ich einen Glauben an die Auferstehung Jesu gründen könnte. Sie sind Gegenstand der Psychologie, nicht der Theologie.

Was hat sich wirklich ereignet?

Ich frage also weiter: Was waren das für Erfahrungen, die damals, vor fast zweitausend Jahren, zur Entstehung des Glaubens an eine Auferstehung Jesu geführt haben? Was ist damals wirklich geschehen?

Ich weiß es natürlich nicht. Keiner weiß es genau. Auch der Papst und die Bischöfe nicht.

Ich weiß, wie unsicher der Boden wird, wenn man versucht, aus biblischen Quellen historisches Geschehen zu rekonstruieren. Ich will deshalb nur versuchen, durch einige Hinweise die Richtung anzudeuten, in die meine Vermutungen gehen. Beweise kann ich nicht auf den Tisch legen. Meine Vermutung besitzt für mich persönlich jedoch eine höhere Wahrscheinlichkeit, dem geschichtlichen Geschehen zu entsprechen, als viele andere Erklärungen, die ich in der Kirche gehört habe. Ich frage jetzt ganz schlicht nach dem, was sich historisch wirklich ereignet haben könnte.

Nach dem Tod Jesu am Kreuz brach für alle, die ihre Hoffnungen auf ihn gesetzt hatten, alles zusammen. «Wir hatten gehofft, daß er es sei, der Israel befreien würde», klagen bei Lukas (24,21) die Jünger und drücken damit die Enttäuschung aller aus, die mit ihnen geglaubt hatten, Jesus sei der Messias. Ihre Hoffnung auf einen, der ihnen den Weg in eine bessere Zukunft eröffnete, hatten sie «begraben» müssen, im engsten Sinne des Wortes. Er war als Messias gescheitert. Seine Sache, auf die sie so sehr vertraut hatten, erschien für alle Zeiten verloren.

Im Laufe der Zeit nach dem Tode Jesu machten die Jesus-Anhänger jedoch eine andere Erfahrung: Die Wirkung, die von Jesus zu Lebzeiten ausgegangen war, endete keineswegs mit seinem Tod. Im Gegenteil! Sie ging weiter; sie steigerte sich sogar. Auch nach seinem Tod ging von seiner Gestalt noch etwas aus, was Menschen zu ergreifen und zu verändern vermochte. Dieser Jesus hatte wirklich etwas in Bewegung gesetzt, was über seinen Tod hinaus wirkte. Es war fast so, als ob er nicht tot im Grab läge, sondern noch als Lebender mitten unter ihnen wirkte, mächtiger als zuvor.

Als Messias bestätigt

In der Tatsache des Weiterwirkens Jesu mußten seine Anhänger Gott selbst am Werke sehen: *Gott hat Jesus als Messias bestätigt.* Es war kein Irrtum gewesen, an ihn geglaubt und auf ihn gehofft zu haben. Jesus hat recht gehabt. Und recht hatte man auch selbst gehabt, als man ihm folgte: Er war tatsächlich der Messias. Die Zweifel an Jesus, die seine Jünger bei seinem Tod bedrängten, waren wie überwunden. Neue Gewißheit, neue Hoffnung, neuer Glaube waren da.

Seinen Tod am Kreuz sah man jetzt in einem anderen Licht. Und in diesem Licht wurde er *neu gedeutet:* Durch den Tod am Kreuz wurde nicht hoffnungszerstörend ein Scheitern Jesu offenbar; sein Tod wurde zum Zeichen der Liebe Jesu zu den Menschen und seines Gehorsams gegen Gott. Die

Kreuzigung war keine Katastrophe mehr; sie wurde zum Bestandteil der göttlichen Erlösung aus der Macht der Sünde und des Todes. Der schmachvolle Tod Jesu unter Verbrechern am Kreuz hat der «Sache Jesu», dem Anbrechen der Gottesherrschaft, kein Ende gesetzt, sondern ihr zum Durchbruch verholfen. Das Kreuz wurde zum Siegeszeichen; der geschundene Mann, der qualvoll an diesem Holz starb, zum Sieger über den Tod.

«Er war gehorsam bis zum Tod, bis zum Tod am Kreuz», heißt es nun bei Paulus. «Darum hat Gott ihn über alle *erhöht*. Jedes Knie soll sich ihm beugen. Jede Zunge bekennen: *Herr ist Jesus Christus.*» (Phil 2,6–11) Diese Worte besagen genau dasselbe, was an anderer Stelle als «Auferstehung von den Toten» beschrieben wird, nur in einem anderen Bild und einem anderen Kontext.

Dem Denken und den Vorstellungen der damaligen Zeit legte es sich nahe, die Erfahrung des Weiterwirkens Jesu in den Sprachbildern auszudrücken und auszudeuten, die wir im Neuen Testament vorfinden: «Jesus lebt. Gott hat ihn auferweckt und ihm neues Leben geschenkt. Jesus ist auferstanden. Das Grab ist leer.»

Der Glaube der Jünger hat ihn buchstäblich wieder aus dem Grab herausgeholt. Wenn wir schon nach historisch greifbaren Fakten suchen, auf die sich der christliche Auferstehungsglaube gründet, dann dürften diese wohl eher im Bereich solcher und ähnlicher Vorgänge zu finden sein.

Totenerweckungen –
damals keine außergewöhnliche Vorstellung

Die Bilder und Vorstellungen, in denen die Urkirche ihren Glauben an göttliche Bestätigung des gekreuzigten Jesu als Messias ausdrückte, mußten *nicht erfunden* werden; sie lagen bereit, sowohl im späten Judentum als auch in der hellenistischen Umwelt. Sie brauchten nur aufgegriffen und übernommen zu werden.

Für die damaligen Menschen war die Vorstellung, daß ein Mensch wieder aus dem Todesschlaf erweckt wurde, nichts Außergewöhnliches. Die Grenzen zwischen möglich und nicht möglich waren noch nicht so ausgeprägt wie heute unter einem naturwissenschaftlich geprägten Weltbild. Erzählungen von wunderhaften Totenerweckungen gingen immer wieder durchs Land und wurden auch ohne Schwierigkeiten geglaubt. Babylonische Mythen bezeichnen manche Gottheiten als «Totenbeleber». So erzählen auch die Evangelien zum Beispiel von Totenerweckungen Jesu: das Töchterchen des Jairus, der Jüngling von Naim, der Freund Lazarus.

Daran können wir erkennen, wie wenig schwierig es für die Menschen damals war zu glauben, daß ein Toter wieder lebendig werden konnte. Bei Mattäus gibt Jesus sogar den Jüngern den Auftrag: «Heilet Kranke, *erwecket Tote!*» (10,8)

Ein mythisches Bild?

Von einem Zeitgenossen Jesu, dem Philosophen *Apollonius von Tyana,* wurde erzählt, daß er in Rom ein Mädchen, das begraben werden sollte, zum Leben erweckt habe und daß er nach seiner eigenen Verurteilung zum Tode auferstanden und in den Himmel aufgefahren sei. Schon dreihundert Jahre vor Jesus erzählte man von *Pythagoras,* daß er verfolgt, verurteilt, gestorben, in die Unterwelt abgefahren und danach wieder von den Toten auferstanden sei.

Ich erwähnte schon, daß das Bild eines getöteten göttlichen Heilbringers, der von den Toten auferstand und in den Himmel zurückkehrte, zum Grundbestand vieler antiker Mythen gehörte. Dieses Bild hat seinen *Ursprung bei den Vegetationsgottheiten,* in denen das jahreszeitliche Sterben und Auferstehen in der Natur vergöttlicht wurden.

In Syrien wurde *Adonis,* in Phrygien *Attis,* in Ägypten *Osiris,* in Thrakien *Dionysos* als Gottheiten verehrt. Sie alle wurden aus dem Tode wieder in neues Leben erweckt. Der Kult des babylonischen Gottes *Tammuz,* der von den Toten auferstand, war auch in Jerusalem bekannt. Aus Tarsus, dem Geburtsort des Paulus, wird der Kult des Vegetationsgottes *Sandan* bezeugt. Es gab ein Fest, an dem sein Tod und seine Auferstehung gefeiert wurden. Sein Kult dürfte auch dem Paulus bekannt gewesen sein. (vgl. 10/64, 70, 90, 106, 193) Solche Mythen waren zur Zeit der Urkirche im hellenistischen Umfeld des Judentums noch sehr lebendig. Sie wurden im Volk erzählt und waren auch den hellenistischen Juden nicht unbekannt. Ihre Kulte standen zum Christus-Kult des jungen Christentums in Konkurrenz.

Anfrage: Ist es wirklich abwegig, wenn man die Möglichkeit erwägt, daß das mythische Motiv eines getöteten und wieder zum Leben erweckten Gottes für die frühen Christen zu einem Bild wurde, mit dessen Hilfe sie ihren Glauben an die Messianität Jesu ausdrücken konnten?

Die Wahrheit nicht im Historischen suchen

Die Evangelien erzählen von Jesus, daß er von den Toten auferstanden ist, dasselbe, was auch die Mythen von ihren Heroen und Gottessöhnen erzählen. Ich muß nun weiter nachfragen: Kann es vielleicht sein, daß beide Aussagen einen *gemeinsamen Ursprung*, eine *gemeinsame Wurzel*, eine *gemeinsame Quelle* haben und *gemeinsam Wahrheit* aussprechen? Dann wäre die Wahrheit über die Auferstehung Jesu nicht im Historischen, nicht in einem einmaligen Ereignis der Vergangenheit zu suchen, sondern in etwas, was über die Zeiten und ihre unterschiedlichen Denkweisen hinweg *allgemein menschlich* ist.

Wenn ich die Wahrheit der Auferstehung Jesu nur in historischen Ereignissen suche, mögen sie geschehen sein oder nicht, komme ich nicht weiter. Das spüre ich auch bei meinem Nachdenken während des Schreibens dieser «Notizen». Wenn ich aber die Auferstehung *auch existentiell* sehe, eröffnen sich mir neue Möglichkeiten des Verstehens und auch des Glaubens.

Ich könnte zum Beispiel verstehen, weshalb auch schon in den mythischen Religionen *vor* Jesus und außerhalb des Christentums von Auferstehung gesprochen wird. Nicht von einem einzelnen wunderhaften historischen Ereignis wäre dann hier wie dort die Rede, sondern von einer *Wahrheit, die in der Menschheit immer wieder erfahren wurde*, über die Grenzen der Zeiten und der Religionen hinweg. Die Mythen und Religionen haben diese «Wahrheit» *nur an einzelnen Personen «festgemacht»* und sichtbar gemacht.

Vergehen – Sichwandeln – Neuerstehen

Alles, was ist, ist irgendwann und irgendwie dem Untergang, dem Vergehen, dem Sterben unterworfen. Doch ist dieses Vergehen nicht das Ende. Es ist Teil eines Umwandlungsprozesses. Es ist der Beginn eines Neuerstehens in gewandelter Gestalt, einer «Neu-Schöpfung». Das können Menschen seit Anbeginn der Menschheitsgeschichte überall in der Welt erfahren, zu allen Zeiten und in allen Bereichen. Es ist eine Grundwahrheit des ganzen Daseins.

Sie wird schon sichtbar im Bereich der *Natur* im jahreszeitlichen Absterben der Vegetation und in ihrer «Auferweckung» durch die Macht der aufbrechenden Sonne im Frühling. Nicht zufällig waren die mythischen Gottheiten, die starben und auferstanden, ursprünglich Vegetationsgottheiten. Die menschliche *Geschichte* zeigt, wie alle sozialen Gebilde, Familien, Sippen, Dynastien, Herrschaften, Staaten aufblühen, untergehen und in gewandelter Form aufs neue erstehen; eine Erfahrung derselben «Wahrheit» des Daseins.

Auch durch die modernen *Naturwissenschaften* wird das Grundgesetz von *Vergehen, Umwandeln und Neuerstehen* erkennbar. *Die Evolutionsbiologie* weiß: ohne Sterben keine Weiter- und Höherentwicklung des Lebens. Ohne Karfreitag kein Ostern. Ohne Tod, ohne Umwandlung, wäre das Leben bei den Einzellern stehengeblieben und hätte nie die Vielfalt von Pflanzen und Tieren hervorgebracht, auch nicht den

Menschen. Nur im dialektischen Zusammenspiel mit dem Tod ersteht das Leben immer wieder neu und entfaltet sich weiter.

Die moderne *Physik* hat dieses Grundgesetz von Untergang, Umwandlung und Neuerschaffung auch im Bereich der Materie aufgezeigt. Es gilt sowohl im Bereich des Makrokosmos wie auch des Mikrokosmos. Neue *Sterne im Universum* entstehen aus dem Material und der Energie von «gestorbenen» alten Sternen. Auch unsere *Sonne,* deren Energieausstrahlung wir die Entstehung allen Lebens auf der Erde verdanken, ist wie die ganze Milchstraße aus Umwandlungsprozessen kosmischer Materie und Energie einmal «neu erstanden». Und eines Tages, in vielen Milliarden Jahren, wird auch sie ihren Karfreitag erleben, um im Aufgehen neuer Sterne wieder neu zu erstehen.

Ähnlich ist es auch im *mikrokosmischen* Bereich der Atome und Moleküle, der Neutronen und Elektronen und der Elementarteilchen. Auch hier gilt das Gesetz des Vergehens, der Umwandlung und des Neuerstehens in gewandelter Form. Die ständigen Umwandlungsprozesse im subatomaren Bereich führten in vielen Milliarden Jahren über den materiellen Bereich hinaus zu chemischen Vorgängen und von diesen zu biologischen, psychischen und geistigen Höherentwicklungen. Nur so konnte der Mensch entstehen und auch seine Religion: *durch Tod, Umwandlung, Auferstehung.*

Könnte es nicht sein, daß dieses allgemeine Grundgesetz der Welt, das in allem Geschehen in der Welt wirksam ist und erfahrbar wird, die «Wahrheit» ist, die im Osterglauben und vor diesem schon in vielen Mythen thematisiert wurde?

Die existentielle «Wahrheit» des Osterglaubens

Vergehen und Neuwerden, Sterben und Auferstehen sind Grundvorgänge des gesamten Lebens. Es entsteht nichts Neues, ohne daß Altes zugrunde geht. Daß Altes vergeht, ist die Voraussetzung dafür, daß Neues werden kann. Solche

«Wahrheit» festzuhalten ist wichtig für die Menschheit. Sie ist wichtig für die individuelle und kollektive Bewältigung der Erfahrung von Untergang, Vergehen und Tod bei jedem einzelnen Menschen. Sie hilft, mit solchen Erfahrungen fertigzuwerden, gibt Hoffnung, daß der Tod nicht das letzte Wort hat. Sie schenkt Kraft zum Weiterleben. Ich vermute, daß es solche allgemeinmenschlichen Erfahrungen des Lebens waren, die sich nicht nur in den Mythen, sondern auch in dem Glauben an die Auferstehung Jesu niedergeschlagen haben.

In der Botschaft des Osterglaubens von der Auferweckung Jesu sammelt sich bildhaft die Menschheitserfahrung vom Durchgang des Lebens durch den Tod in neues, gewandeltes Leben. «Wenn das Weizenkorn nicht in die Erde fällt und stirbt, bleibt es allein; wenn es aber stirbt, bringt es viele Frucht.» (Jo 12,24) Hier sehe ich ihre existentielle, ihre menschliche Wahrheit.

Die Osterbotschaft kann Ermutigung sein, den Durchgang durch die Nacht auszuhalten, darauf vertrauend, daß sich jenseits der Nacht die Dunkelheit lichtet. Sie ist erfahrungsgegründete Zusage, daß jenseits der Schuld Vergebung, jenseits des Hasses neue Liebe möglich ist. Sie kann in der Bedrängnis des Leidens und Sterbens Hoffnung gewähren, daß jenseits des Leidens Heil und jenseits des Todes neues Leben möglich ist.

Erfahrungen der Liebe

Die tiefere existentielle Wahrheit des Sprechens von Tod, Umwandlung und Auferstehen zu neuem Leben kann auch sichtbar werden, wenn man sie von zwischenmenschlichen Erfahrungen her deutet:

Liebenden, zum Beispiel, die aus einem «*Paradies*» vertrieben wurden, weil *Schuld* ihre Liebe zerstörte, kann aufgehen, was Auferstehung bedeutet, wenn sie erfahren, daß auch eine *gestorbene* und schon *begrabene* Liebe wieder zu neuem Leben erweckt werden kann. Sie erfahren «*Auferste-*

hung», wenn sie eine Liebe erfahren, die größer und mächtiger ist als die Schuld. Wer erfahren hat, in welche «*Hölle*» ein Mensch durch den Tod einer Liebe geraten kann, weiß auch, welcher «*Himmel*» sich wieder eröffnet, wenn die Liebe zu neuem Leben ersteht.

Nicht nur das biblische Bild von der Auferstehung, auch die Bilder von Paradies und Sündenfall, vom Abstieg Jesu in die Hölle und von seiner Himmelfahrt gewinnen, wie durch einen Zauberstab berührt, plötzlich einen ganz neuen, einsehbaren und nachvollziehbaren Sinn, wenn man sie aus der Perspektive existentieller menschlicher Grunderfahrungen sieht. Als fest für wahr zu haltende wunderhafte historische Ereignisse «gemäß der physischen Ordnung» bereiteten sie meinem Glauben Schwierigkeiten. Nun aber entlassen sie auf einmal tiefe Wahrheit über den Menschen und das Leben, die ich nicht nur für wahr halten, sondern auch glaubend annehmen kann.

Auferstehung geschieht auch, wo eine begrabene Hoffnung wieder auflebt und Macht gewinnt, wo Zerstrittene wieder zusammenfinden, wo Feindschaft sich in Freundschaft, wo Haß sich in Liebe wandelt. Auferstehung geschieht, wo sich vor dem Verzweifelten eine neue Zukunft auftut, wo in der Dunkelheit einer ausweglosen Situation ein Licht aufleuchtet und einen neuen Weg weist.

«... sie macht den Tod zuschanden»

Ostersonntag. Heute morgen kam mir in der Kirche während der Ostermesse ein Gedanke, den ich noch einfügen will. Es war bei dem Osterlied «... da sieht man seiner Gottheit Macht; sie macht den Tod zuschanden».

Es gibt eine reale und höchst wirksame Ursache des Auferstehungsglaubens. Sie liegt in der Seele des Menschen selbst: *die Angst vor dem eigenen Tod.* Der biologisch in uns angelegte Überlebensdrang, den wir mit den Tieren gemeinsam haben, drängt über die Todesgrenze hinaus. Im Unterschied zu den Tieren aber wissen wir um die Unabwendbarkeit und die Unbesiegbarkeit der Todesmacht. Wir möchten hoffen, daß der Tod nicht das letzte Wort über unser Leben spricht, daß es eine Macht gibt, die größer ist als die des Todes, eine Macht, die uns Leben gewährt; auch jenseits des unausweichlichen Todes.

Und diese Macht kann nur ein Gott haben. «Da sieht man seiner Gottheit Macht; sie macht den Tod zuschanden.» Ich frage mich nun, ob der Glaube an einen Gott, der aus dem Tode wieder auferstand, eine Projektion aus der Tiefenschicht der menschlichen Seele ist. Wenn man sich mit diesem Gott vereinigt, kann man Hoffnung haben, auch selbst einmal nach dem Tod durch das von ihm geöffnete Tor in ein neues Leben einzugehen.

Vielleicht liegt hier die existentielle Wurzel jener Wahrheit, die in der Botschaft von der Auferstehung Jesu verkündet wird.

Auferstehung – ein Prozeß?

Noch ein Gedanke kam mir in diesem Zusammenhang: Nach der vorherrschenden Meinung der gegenwärtigen Theologie wird das «Oster-Ereignis» als Ursache für die Entstehung des Glaubens an die Gottheit Jesu gesehen.

Kann es nicht umgekehrt gewesen sein? Die fortschreitende Vergöttlichung Jesu in den Jahren nach seinem Tod brachte auch den Auferstehungsglauben hervor. Dann wäre der Auferstehungsglaube eine mythische Entfaltung und legendenhafte Veranschaulichung des in den Jahren nach dem Tod Jesu entstandenen Glaubens an seine Göttlichkeit.

Das Geschehen, das im Neuen Testament mit dem Wort «Auferstehung» bezeichnet wird, stellen wir uns immer als ein Ereignis vor, das nur wenige Tage nach dem Tod Jesu erfolgte. Nicht zuletzt aber durch die vorzügliche Untersuchung des Vorsitzenden der Deutschen Bischofskonferenz, Karl Lehmann, wissen wir, wie ich schon erwähnte, daß die

Angabe «am dritten Tag» keine chronologische Zeitangabe ist, sondern eine symbolisch-theologische Angabe. Das «Oster-Ereignis» könnte auch ein *Prozeß* gewesen sein, der sich über viele Jahre, vielleicht über Jahrzehnte hin vollzog: *ein Prozeß der fortschreitenden Vergöttlichung Jesu, der in den Oster-Erzählungen seinen bildhaft anschaulichen Ausdruck fand.* Wenn geglaubt wurde, daß Jesus ein Gott war beziehungsweise ein Sohn Gottes, dann war es fast zwangsläufig, auch zu glauben, daß sein göttlicher Vater ihn nicht im Grab gelassen hat.
Dieser Gedanke kam mir erst heute. Ich habe ihn noch nirgendwo gelesen. Wohl auch nur einer der vielen Erklärungsversuche! Die Bedeutung, die Jesus für mich hat, wird für mich nicht geringer, wenn ich den Auferstehungsglauben heute anders zu verstehen suche.

Keine Antwort?

Ich habe die letzten Notizen meiner Frau vorgelesen. Sie fragt: «Bist du wirklich überzeugt, daß das so richtig ist, wie du es geschrieben hast?»
Ich antworte: «Nein, ganz sicher bin ich nicht. Aber unter allen Möglichkeiten zu verstehen, was mit Auferstehung gemeint ist, sind es die, die mir im Moment am meisten einleuchten.»
Sie sagt: «Ist das nicht zu wenig, was da noch übrigbleibt?»
Ich sage: «Mein Glaube an Jesus hängt nicht daran, ob Jesus nach seinem Tod dem Grabe entstiegen und seinen Jüngern leiblich sichtbar erschienen ist, ob er mit ihnen gesprochen, gegessen und getrunken hat. Mein Glaube hängt nicht an Wundern. Im Gegenteil! Der Osterglaube erscheint mir so in neuer Weise sinnvoll und wahr, wenn ich versuche, die Auferstehung Jesu anders zu sehen und tiefer zu verstehen.»
«Und wie?» fragt meine Frau.
«Danach suche ich ja die ganze Zeit», antworte ich.

«Quäl dich doch nicht mit diesen Fragen!» sagt sie. «Auch du wirst keine Antwort finden. Mach Schluß für heute! Komm, wir gehen zu ‹Pinocchio› und essen eine Pizza.»

Aufgefahren in den Himmel?

Jerusalem 1966. – Ich war hinaufgestiegen auf den Ölberg. Hier steht, so hatte man mir gesagt, an der Stelle, an der Jesus in den Himmel aufgefahren war, eine Kirche. Dort zeigte man mir ein Stück Felsenboden, auf dem noch die Fußabdrücke zu sehen waren, die Jesus dort hinterlassen hatte. Damals wußte ich noch nicht viel von der historisch-kritischen Bibelwissenschaft. Trotzdem kam mir das unglaubwürdig vor. Denn von hinterlassenen Fußspuren hatte ich nichts in der Bibel gelesen.

Inzwischen aber weiß ich, daß es eine Himmelfahrt in der Weise, wie sie in der Apostelgeschichte und bei Lukas dargestellt wird, nie gegeben hat, weder auf dem Ölberg noch anderswo. Auch die Himmelfahrt ist kein historisches Faktum, sondern ein *Bild,* in dem die Urkirche ihren Glauben an die *Erhöhung des gekreuzigten Messias* und an seine *Bestätigung durch Gott* ausdrückt und verkündet; literarisch gesehen: eine *Legende*.

In dem damaligen geozentrischen Weltbild stellte man sich vor, daß der Raum Gottes, der Himmel, oberhalb der Erdscheibe lag. Weil sich der fromme Jude scheute, den Namen «Gott» auszusprechen, war das Wort *Himmel* zu einem *Ersatzwort für Gott* geworden. Die Sprachformel «Jesus ist in den Himmel aufgefahren» beschreibt keine erste Weltraumfahrt, auch keine physische Erhebung des Körpers Jesu in die Wolken hinein. Wir müßten heute sinnrichtiger übersetzen mit Formeln wie: «Jesus wurde ganz in die Gemeinschaft mit Gott hineingenommen.» Und damit ist mit dem Bild der Himmelfahrt im Grunde dasselbe gesagt, was auch mit den Bildern «Auferstehung» oder «Erhöhung» gesagt wird. Ostern und Himmelfahrt sind ein und dasselbe.

«In den Himmel aufzufahren» war damals nichts Unmögliches. Wenn sich der Raum des Göttlichen, der Himmel, unmittelbar über dem Erdkreis wölbte, war es für die damaligen Menschen recht gut vorstellbar, daß ein bedeutender Mensch nach seinem Tod in den Himmel emporfuhr. Von vielen mythischen Gestalten wie *Herakles, Attis, Mithras* oder auch von bedeutenden Menschen wie *Homer* und *Cäsar* wußte man so etwas zu erzählen. Auch das Alte Testament spricht von einer Himmelfahrt, und zwar beim Propheten *Elia*.
Im Neuen Testament erzählen nur die Apostelgeschichte und das Lukasevangelium von der Himmelfahrt. Eine Erwähnung der Himmelfahrt am Schluß des Markusevangeliums wurde als «unecht», als späteres Anhängsel, erkannt. Bei Lukas erfolgte die Himmelfahrt am Tag der Auferstehung Jesu bei Bethanien; in der Apostelgeschichte vierzig Tage später vom Ölberg aus.

Die Zeit Jesu endet

War die *Himmelfahrt* ursprünglich nur ein anderes Bild, um den Glauben an Jesu Auferstehung auszudrücken, so hat sie sich später im Verständnis der Kirche immer mehr zu einem eigenständigen wunderhaften historischen Ereignis gewandelt. Das dürfte daran gelegen haben, daß auch die Auferstehung Jesu immer mehr als ein äußerliches historisch faktisches Wunderereignis verstanden wurde. Der auferstandene Jesus konnte nicht für alle Zeiten auf der Erde mit einem verklärten Leib umherwandeln, zumal ja keiner ihn jemals zu Gesicht bekam (außer die Vorläufer des Episkopates natürlich).
Längst schon waren der historische Jesus und seine Botschaft in den Hintergrund gedrängt worden durch den «Christus des Glaubens», dessen «sichtbarer Leib» die Kirche war. Auf ihn konnte man sich besser berufen als auf Jesus und seine Lehre. Wohin also mit dem auferstandenen

Jesus? Am besten ließ man ihn dorthin zurückkehren, von wo er gekommen war: in den Himmel.

Die Reaktion des *Großinquisitors* auf das Zurückkommen Jesu in die von der Kirche beherrschte Welt in Dostojewskis gleichnamiger Legende ist bedenkenswert. Wie würde heute wohl der Vatikan reagieren, wenn Jesus plötzlich dort stehen und um eine Audienz beim Papst ersuchen würde? Das Unbehagen des päpstlichen Hofstaates wäre genauso groß wie die Verwunderung Jesu über das, was diese Leute in seinem Namen lehren und tun.

Himmelfahrt? – Die Zeit Jesu von Nazaret endet. Die Herrschaft des erhöhten Christus beginnt. Und damit die Herrschaft der *Kirche*.

Vom Geist erleuchtet?

Die Kirche – von Jesus gegründet?

Gewiß kann man nicht bestreiten, daß die Kirche irgendwie auf Jesus zurückgeht. Ohne Jesu Auftreten und Wirken wäre wohl nie eine religiöse Gemeinschaft entstanden, die sich noch nach seinem Tod in seinem Namen versammelte, sich ausbreitete und sich schließlich zu einer neuen Religion entwickelte, dem Christentum.

Ob dies aber die Absicht Jesu war, darf erheblich bezweifelt werden. Mit Sicherheit wollte Jesus keine neue Religion gründen, die sich vom Judentum ablöste. Das Wirken Jesu war auf die Erneuerung Israels gerichtet. Er war ein frommer Jude, der innerhalb seiner jüdischen Religion dachte, betete, lehrte, lebte und starb.

Jesus verkündete das *unmittelbar bevorstehende Ende der jetzigen Welt und das Anbrechen einer neuen Gottesherrschaft über Israel*. Er forderte Israels Umkehr und wollte Israels Verhältnis zu seinem Gott erneuern. Das allein schon hätte ihn daran gehindert, eine weltweite Kirche gründen zu wollen, die sich gegen das Judentum abgrenzte und «bis zum Ende der Zeiten» dauern würde. Sein Blick war auf die Rettung Israels angesichts des bevorstehenden Endes gerichtet und nicht auf die Errichtung einer dauerhaften Kirche, die in Rom ihr Zentrum, in einem Papst ihre Spitze und in einer endzeitlichen Vollendung ihr Ziel hat.

Auch nach seinem Tod fühlten sich seine Apostel und Jünger immer noch als gläubige Juden. Die Bibel der Juden, das Alte Testament, war auch ihre Bibel und bestimmte ihre Sicht auf Jesus und sein Schicksal. Jesus hat die zwölf Apostel nicht als Vorläufer zukünftiger katholischer Bischöfe erwählt und ausgesandt. «Die Zwölf» stehen im Neuen Testament

für die zwölf Stämme Israels. Sie wurden «zu den verstreuten Schafen Israels» gesandt, um sie zusammenzurufen zu einem neuen Israel unter der Herrschaft Gottes. Es erscheint mir auch fraglich, ob Jesus, der als ein prophetischer Charismatiker allem Institutionellen fernstand und auch der jüdischen Priesterkaste, ihrer Frömmigkeit, ihrem Kultbetrieb und ihrem Herrschaftsanspruch kritisch und sogar ablehnend gegenüberstand, ausgerechnet eine neue Institution gegründet haben könnte, die von einer Priesterhierarchie beherrscht und geprägt ist.
Ich habe meine Zweifel, ob Jesus diese Kirche gewollt und gegründet hat.

Zweierlei Theologien

Ich las ein Interview mit dem bekannten Bibeltheologen Herbert Haag. Er wurde gefragt, ob Jesus die Kirche gegründet habe. Haag antwortete: «Darin sind sich heute wohl alle Theologen einig, daß Jesus von Nazaret keine Kirche gründen wollte.»
«Wirklich alle? Auch die Bischöfe?»
«Ja, auch die Bischöfe. Sie werden das freilich nicht zugeben. Leider gibt es heute in unserer Kirche zweierlei Theologien: eine für die Eingeweihten und eine für die Dummen. Die für die Eingeweihten wird an den Universitäten doziert, die für die Dummen wird auf den Kanzeln gepredigt.» (12/27)

«Du bist Petrus ...»

Wenn Jesus nicht die Absicht hatte, eine Kirche zu gründen, ist es auch höchst zweifelhaft, daß Jesus die berühmten Worte an Petrus (Mt 16,18), die heute die Kuppel des Petersdomes in Rom zieren, wirklich persönlich gesagt hat: *«Du bist Petrus, der Fels, und auf diesem Felsen will ich meine Kirche bauen.*» Die Mehrzahl der Bibeltheologen hält diesen Satz mit guten Gründen für eine spätere «Gemeindebildung», also für Worte, die in der Urkirche oft viele Jahre nach dem Tod Jesu entstanden und Jesus nachträglich in den Mund gelegt wurden. Der Hintergrund dieser Worte dürfte in Auseinandersetzungen zwischen einzelnen Gemeinden um Rang und Priorität ihrer Leiter zu suchen sein. Der Vorrang des Petrus, der wohl schon zu Lebzeiten Jesu innerhalb der Apostel eine führende Rolle gespielt hatte und nach dem Tod Jesu in judenchristlichen Gemeinden dominierte, wurde mit diesen Worten hervorgehoben. Nur das Mattäusevangelium, das bekanntlich in judenchristlichen Gemeinden entstand, erwähnt diese Verheißung an Petrus. Die anderen Evangelien wissen nichts davon. Zudem: Mit einer Verheißung der Leitungsgewalt des römischen Bischofs über die Weltkirche hat dieses Wort nichts zu tun.

Der Papst jedoch begründet als Bischof von Rom bis heute seinen Vorrang vor allen anderen Bischöfen und seine Leitungsgewalt über die Gesamtkirche mit diesem Satz. Dabei ist es historisch noch recht ungesichert, ob Petrus überhaupt in Rom gewesen ist und ob er wirklich der erste Bischof der römischen Christengemeinde gewesen ist.

Pfingsten?

Die Apostelgeschichte erzählt, daß sich beim jüdischen Pfingstfest vom Himmel her plötzlich ein Brausen wie von einem gewaltigen Sturm erhob und Zungen wie von Feuer sich auf «Petrus und seine Brüder», die in einem Haus versammelt waren, herabließen.

Es spricht alles dagegen, daß es sich hier um die Schilderung eines historischen Ereignisses handelt. Es handelt sich vielmehr um eine *bildhaft veranschaulichende Darstellung* des Glaubens der Urgemeinde, daß der Gekreuzigte der vom Geist Gottes erfüllte Messias ist, der auch nach seinem Tod in der Gemeinschaft der Menschen, die an ihn glauben, weiterwirkt. Die Pfingsterzählung ist eine veranschaulichende Entfaltung des Osterglaubens.

Die Bilder dieser Veranschaulichung, Brausen vom Himmel her, Sturm, Feuer, stammen aus dem Alten Testament, der jüdischen Bibel, und weisen ebenso wie die Zeitangabe «am Pfingstfest» auf die jüdische Überlieferung hin, wonach Mose am Berg Sinai von dem unter Feuer, Donner und Sturm niedersteigenden Gott die Gesetze empfangen hat. Das Pfingstfest war bei den Juden ein Fest zum Gedächtnis an das Sinai-Geschehen.

Manchen Details der Predigt, die Petrus anschließend hält, konnten die Bibelwissenschaftler entnehmen, daß sie eine spätere theologische Konstruktion aus heidenchristlicher Sicht ist und daß der historische Petrus sie unmöglich so vor jüdischen Zuhörern gehalten hat. (vgl. 23/187 f.) Auch das Sprachwunder, wonach die draußen zusammengelaufene Menge aus den verschiedensten Völkern die Apostel «ein jeder in seiner eigenen Sprache» reden hörte, verweist auf den legendären Charakter der Pfingsterzählung.

Das alles aber konnte die Päpste bis heute nicht hindern, das Pfingstgeschehen als ein reales historisches Ereignis anzusehen, bei dem der in den Himmel aufgefahrene Christus seinen Aposteln den Heiligen Geist herabsandte und sie damit zu ihrem Amt als geisterleuchtete Leiter und Lehrer der von ihm gegründeten Kirche befähigte.

Papst und Bischöfe, die sich als Nachfolger des Petrus und der Apostel ansehen, haben den Vorzug einer solchen Sonderausstattung mit den Gaben des Heiligen Geistes nicht ungenutzt gelassen. Von nun an konnte sich die Kirche bei all ihren Lehren und Weisungen auf den Heiligen Geist berufen, der sie erleuchtet, leitet und heiligt.

Heiliger Geist?

Heiliger Geist, was ist das eigentlich? In der Lehre der Kirche ist der Heilige Geist eine geheimnisvolle Person, die als dritte innerhalb der «Allerheiligsten Dreifaltigkeit» lebt und wirkt. Durch den Heiligen Geist teilt Gott sich mit.

Im landläufig verbreiteten Verständnis der Gläubigen wird der Heilige Geist als so etwas wie ein göttlicher Souffleur angesehen, der den biblischen Autoren, den Aposteln und ihren Nachfolgern die Wahrheit ins Ohr flüstert, ihnen die richtigen Gedanken und Worte eingibt, sie vor Irrtum bewahrt und zum richtigen Handeln anleitet. Am bekanntesten ist im Volksbewußtsein seine Rolle bei der jungfräulichen Empfängnis. Ansonsten steht er in der christlichen Frömmigkeit ziemlich im Hintergrund. Sicher zu Unrecht!

Ursprünglich war der Heilige Geist gar keine Person, sondern nur ein *Wind*, ein *Hauch*, ein Atemzug, bewegte Luft. «Ruach Jahwe» nannte das alte Israel ihn: den «Hauch Gottes», den «Atem» Gottes. Der «Atem» war ein Bild des Lebens. Wenn der Mensch nicht mehr atmete, war das Leben aus ihm entwichen. Der «Atem» Gottes gab Leben. Der «Geist» war etwas, was von Gott ausging und sich mitteilte, etwas, was im Menschen «aufbrechen» konnte. Von den Propheten wurde gesagt, daß sie «vom Geist Gottes ergriffen» waren, wenn sie gegen Unrecht, Hartherzigkeit, Götzendienst und Kultfrömmigkeit auftraten und zur Umkehr aufriefen. Vom kommenden Messias wurde erwartet, daß er im Geiste Gottes kraftvoll sprechen und handeln werde.

Sicherlich haben viele Menschen damals beim *Auftreten Jesu* in ihm einen Menschen gesehen, der in dieser Weise *vom Geist Gottes ergriffen* war und ganz aus diesem Geist heraus lebte, redete und handelte. Und so haben sie es auch gedeutet: Jesus ist der Messias, der mit dem Geist Gesalbte. Auf ihm ruht der Geist des Herrn. In ihm wirkt Gottes Geist. Er bringt Gottes Geist in die Welt.

Sein Geist wirkt weiter

Und noch etwas konnten sie erfahren, etwas, was auch heute noch erfahrbar ist: Jesus vermochte andere mit diesem

Geist anzustecken, zu infizieren. Wer sich anstecken läßt vom Geist und der Gesinnung Jesu, kann dadurch in seiner gesamten Lebenshaltung verändert werden. Er kann vertrauender, angstfreier, großherziger und in einer größeren Bereitschaft zum Lieben leben. «Die Frucht des Geistes aber ist Liebe, Freude, Friede, Geduld, Freundlichkeit, Güte, Treue», heißt es im Galaterbrief.

Der Geist Gottes, der von Jesus ausgeht, kann auch eine größere Freiheit gegenüber den Lehren und Weisungen religiöser Institutionen bewirken. Die Proklamation der «Freiheit der Kinder Gottes», die durch den Geist bewirkt wird, war eindeutig gegen das religiöse Establishment des Judentums gerichtet und hatte eine emanzipatorische Tendenz. Der Geist Gottes ist der Geist der Freiheit. Wer sich diesem Geist geöffnet und ihn in sich aufgenommen hat, gewinnt eine *Unmittelbarkeit* zu Jesus und zu Gott, die sich einer Vermittlung und Reglementierung durch kirchenamtliche Lehr- und Weisungsinstanzen weitgehend entzieht.

Es ist so ähnlich wie in einer Beziehung zwischen menschlichen Personen: Je mehr ich mit einem Menschen, der für mich maßgebend und wichtig geworden ist, innerlich verbunden und vertraut bin, um so weniger bedarf es der Belehrungen und Anweisungen von oben nach unten, um mich zu einem Handeln in seiner Absicht zu bewegen. Je mehr ich dessen Geist und Gesinnung für mich übernommen habe, um so freier und unabhängiger von Weisungen kann ich entscheiden und handeln. Ich handle dann «in seinem Geist».

In diesem Sinne kann «Heiliger Geist» in jedem lebendig und wirksam werden, der sich mit seiner Existenz auf Jesus einläßt und sich seinem Geist öffnet. *Geistempfang ist Existenzmitteilung;* kein kultischer Ritus und auch kein wunderhaftes Ereignis, das fünfzig Tage nach der Auferstehung Jesu und zehn Tage nach seiner Himmelfahrt in Jerusalem stattfand.

Heiligen Geist austeilen

Nach der herkömmlichen Lehre und Praxis der Kirche erfolgt die Weitergabe des Heiligen Geistes an die Gläubigen durch kultisch-sakramentale Riten. Aus der «Fülle des Heiligen Geistes», welche die Kirche empfangen hat, aufbewahrt und verwaltet, teilt sie den Heiligen Geist in jeweils hierarchisch gestuften Dosierungen über die Gläubigen aus. Die Normalportion für das Kirchenvolk gibt es schon bei der *Taufe*, eine etwas größere dann bei der *Firmung*, damit die Gläubigen «mündig» werden. Doch allzu mündig dürfen sie nicht werden; dann gäbe es wahrscheinlich Gehorsamsprobleme. Deshalb gibt es noch erhebliche Steigerungsmöglichkeiten in Umfang und Art des Geistbesitzes. Aber diese sind ausschließlich auf den Klerus, vorzüglich auf den höheren, beschränkt.

Wem gar die allerhöchste Stufe der Erleuchtung durch den Heiligen Geist zuteil geworden ist, wie dem Bischof von Rom, «*erfreut sich der Unfehlbarkeit*». (Nr. 891)

Wahrheitsbesitz kraft des Amtes?

Ich kenne im deutschsprachigen Episkopat eine Reihe von Bischöfen, die sowohl durch ihre menschlichen Qualitäten überzeugen wie auch durch ihre theologische Kompetenz. Was sie aufgrund dieser Qualifikation sagen, nehme ich ernst und denke gerne darüber nach. Anders aber ist es, wenn Bischöfe schon allein aufgrund ihres Amtes beanspruchen, im Besitz eines besseren Verständnisses des Glaubens zu sein.

Nach der immer wieder betonten Lehre der Kirche geht das Amt von Papst und Bischöfen auf die Apostel zurück. Sie empfangen ihr Amt durch den Ritus der Handauflegung bei der Bischofsweihe. Durch die Kette der handauflegenden Bischöfe wird so symbolisch-rituell eine Verbindung geschaffen, die bis auf die Apostel zurückreicht. Ja, noch weiter reicht die Kette zurück: bis zu Christus selbst, der (obwohl

Jesus Laie war) als «Ewiger Hoherpriester» die eigentliche Quelle aller bischöflichen und päpstlichen Vollmachten ist. «Apostolische Sukzession» nennt man so etwas in der Kirche. Ähnlich der Ämterfolge in früheren erblichen Monarchien werden auch hier nicht nur Amt und Auftrag, sondern auch die dazu notwendigen «Gaben» vererbt; nur eben nicht biologisch, sondern spirituell sublimiert. Mit der Weihe empfangen die Bischöfe gleichzeitig vom Heiligen Geist besondere Gaben, die sie unabhängig von ihrem theologischen Kenntnisstand zur höheren Erkenntnis der göttlichen Wahrheit befähigt und sie in dieser Hinsicht allen anderen gläubigen Christen, auch höchstqualifizierten Theologen, überlegen macht; einfach so: kraft ihres Amtes.

Sie verfügen nun über eine überlegene Kenntnis des Willens Gottes und der göttlichen Offenbarung. Auch in Fragen des moralischen Verhaltens wissen sie, bedeutend besser als alle anderen Menschen, darüber Bescheid, was gut oder schlecht, was gottgefällig oder gottwidrig ist. Eine großartige Sache, dieser «Beistand des Heiligen Geistes»!

Man könnte fast neidisch werden! Als gewöhnlicher Christenmensch steht man meist ratlos vor all diesen Fragen und findet trotz aller geistigen Anstrengungen keine sicheren und endgültigen Antworten. Man tappt hilflos im dunkeln. Und diese Herren bekommen eine höhere Einsicht in die Wahrheit geradezu geschenkt; einfach dadurch, daß ihnen ein Bischof bei der Weihe die Hand auflegt und sie so in das «Lehramt» aufrücken. *Vor diesem Ritus waren sie so dumm wie unsereins auch.*

Das geht mir einfach nicht in den Kopf. *Aber ich habe ja auch nur die einfache Firmung.*

«Anhangen» genügt!

Bei den meisten ihrer Lehren beruft sich die Kirche darauf, daß bei diesem oder jenem *Konzil* die dort versammelten Bischöfe in Gemeinschaft mit dem Papst unter dem Einfluß des Heiligen Geistes so und nicht anders entschieden haben. Basta! Damit wurde ein für allemal festgesetzt, was wahr und richtig und was durch die Jahrtausende als Wahrheit zu glauben ist. Die Konzilsentscheidungen gewinnen dadurch den *Rang unfehlbarer gottgeoffenbarter Wahrheiten.*

Der Weltkatechismus lehrt: «Die der Kirche verheißene Unfehlbarkeit wohnt auch der Körperschaft der Bischöfe inne, wenn sie das oberste Lehramt zusammen mit dem Nachfolger des Petrus ausübt. [...] Wenn die Kirche durch ihr oberstes Lehramt etwas als von Gott geoffenbart und als Lehre Christi zu glauben vorlegt, müssen die Gläubigen solchen Definitionen mit Glaubensgehorsam *anhangen.*» *(*Nr. 891) Also: Hören wir doch endlich auf, nach der Wahrheit des Glaubens zu fragen. *Anhangen genügt!*

Ich muß aber trotzdem nachfragen, ganz konkret. Wie war das damals bei den frühen Konzilien im 4. oder 5. Jahrhundert? Damals ging es um die Gottheit Jesu und um ihr Verhältnis zu seiner Menschlichkeit. Wenn ich einmal, ohne blasphemisch sein zu wollen, konkretisierend vereinfachen darf, ging der Streit darum, ob Jesus als Gott oder als Mensch niesen mußte, ob er seiner menschlichen Natur gemäß reagierte, wenn er mit Frauen aus seinem Gefolge, etwa mit Maria und Martha, am Tisch zusammensaß, oder gemäß seiner göttlichen Natur.

Da saßen einige hundert Männer zusammen, Bischöfe meist. Der Größe ihres Wirkungsbereiches entsprechend könnte man sie heute eher mit Oberpfarrer oder Stadtdechanten vergleichen. Ihre theologische Bildung und ihr religiöses Wissen waren in der Regel gering. Um Bischof zu werden, bedurfte es anderer Qualifikationen. Die Bischöfe damals qualifizierten sich eher durch administrative und politische Fähigkeiten, was ja auch heute noch oft der Fall ist. Die Herkunft aus den «höheren Ständen», bevorzugt aus dem Adel, qualifizierte in ganz besonderer Weise für das Bischofsamt. Und nun saßen sie zusammen und stritten sich darüber, wie sich die Menschheit Jesu zu seiner Gottheit verhielt. Sie mußten sich zwischen den verschiedenen Lehrmeinungen, die von scharfsinnigen und sprachmächtigen Wortführern der einzelnen Gruppen vorgetragen wurden, entscheiden.

Wer häufiger Gelegenheit hatte, bei Konferenzen oder Tagungen an der Erstellung irgendwelcher Beschlüsse und Richtlinien mitzuentscheiden, weiß aus vielen Erfahrungen, wie solche Mehrheitsentscheidungen schließlich zustande kommen. Was am Ende als richtig verabschiedet wird, entspricht in der Regel der Meinung derer, die sich am erfolgreichsten durchsetzen.

Damals, bei den frühen christologischen Konzilien, wird es nicht anders gewesen sein.

Und was damals von etwa dreihundert Männern auf einem Konzil in ähnlicher Weise beschlossen wurde, soll nun für Jahrhunderte, für Jahrtausende, für die ganze zukünftige Menschheitsgeschichte als nicht mehr hinterfragbarer und nicht mehr veränderbarer endgültiger Maßstab gelten, an dem alle Aussagen über Jesus zu messen sind?

Ich kann da meine Zweifel nicht ganz verdrängen.

Erleuchtet vom Heiligen Geist?

Wer sich mit der Geschichte der Definierung der Dogmen in den großen Konzilien etwas näher beschäftigt hat, weiß auch, mit welchen recht fragwürdigen Mitteln die Entscheidungen dort oft zustande kamen; er weiß um Bestechungen und um machtpolitischen Druck.

Das erste Dogma wurde 325 auf dem *Konzil von Nizäa* verkündet. Hier wurde Jesus, der schon bei Paulus und in den Evangelien zu einem göttlichen Christus geworden war, endgültig zum Gott. *Kaiser Konstantin,* obwohl noch nicht getauft, hatte das Konzil zusammengerufen und auch finanziert. Mit politischem Druck setzte er eine Formel durch, wonach Jesus mit dem Vater «wesensgleich» (homousios) ist und «die göttlichen Substanzen in beiden Personen» *identisch* sind. Im Neuen Testament war Jesus noch eindeutig

Gott untergeordnet. Jetzt wurde er selbst Gott, «eines Wesens mit dem Vater».

Die Entscheidung, die Konstantin durchsetzte, war eine politische Entscheidung, keine theologische. Es ging nicht darum, eine tiefere Wahrheit über Jeus Christus ans Licht zu bringen und zu sichern. Es ging um die sattsam bekannte «Einheit von Thron und Altar», um das Zusammenspiel von religiöser und politischer Macht.

Konstantin hatte das Christentum aus machtpolitischem Kalkül zur römischen Staatsreligion erhoben. Als religiöses Pendant zur politischen Macht sollte die Kirche die Herrschaft des Kaisers stützen und von Gott her legitimieren. War ihr Gründer nur ein Mensch, der als Gotteslästerer und Aufrührer erbärmlich an einem Kreuz geendet hatte, konnte die Kirche freilich diese Aufgabe kaum erfüllen. Sie konnte nicht konkurrieren mit den Religionen des Mithras, des Apollo oder der Isis. Ihr Gründer *mußte* ein Gott sein. Nur eine von Gott eingesetzte Kirche konnte die Herrschaft des Kaisers sakralisieren und wirksam stützen. Die Wesensgleichheit Jesu mit Gott lag im politischen Interesse des Kaisers. Also sorgte er dafür, daß sie beschlossen wurde.

Und auch die Kirche hatte keinen Grund, mit der Entscheidung von Nizäa unzufrieden zu sein. Mit Zähnen und Klauen hat sie deshalb die Gottheit Jesu durch die Jahrhunderte verteidigt und jeden verdammt, der an diesem Dogma zu zweifeln wagte. Nur ein Jesus, der ein Gott war, konnte der Kirche einen «göttlichen Ursprung» bescheren und ihr damit die Geltung verschaffen, die sie beanspruchte.

War es der Geist Jesu, der Geist Gottes, der in Nizäa die Kirche leitete? Oder war es der Geist Cäsars?

Die Rechtgläubigkeit sichern

Die kirchliche Dogmatisierung des biblischen Glaubens setzte schon in den ersten christlichen Jahrhunderten ein. Die Gottes-, Sinn- und Wahrheitserfahrungen, welche die Bibel in der offenen Vieldeutigkeit mythisch-bildhafter Sprache artikuliert und überliefert hatte, wandelte sich in eine unanschaulich-begriffliche Sprache, der es um präzise Eindeutigkeit und scharfkantige Abgrenzung gegenüber anderen Lehrmeinungen ging. Meinungen, die jenseits dieser Kante liegen, werden so rasch als «Irrlehren» erkannt und ausgegrenzt.

Während die Bibel der auslegenden Interpretation einen weiten und vielfältigen Spielraum läßt, lassen die dogmatischen Lehrsätze nur eine einzige Auslegung zu, die des kirchlichen Lehramtes. Der haarscharf definierte Lehrsatz wurde zum Gefäß einer unveränderbaren Wahrheit. Und nur die gehorsame Übernahme dieser Lehrdefinition mitsamt ihrer historischen Sprachgestalt sicherte die Rechtgläubigkeit. Die vielen Lehrsätze und Definitionen mußten aufeinander bezogen und in einen Zusammenhang gebracht werden. So entstand im Laufe der Jahrhunderte ein umfassendes *dogmatisches Lehrsystem*, das in sich festgeschlossen, allseitig stimmig und perfekt erscheint.

Das Wagnis des Glaubens wurde durch die Gewährung einer amtlich beglaubigten «Sicherheit» aufgefangen. Wagnis ist gefährlich; Sicherheit ist sicher! Das Bedürfnis nach Absicherung aber wurzelt fast immer in Angst. Jesus lebte seinen Glauben als liebende und vertrauende Hingabe an Gott. Dieser Glaube, zu dem Jesus aufrief, wandelte sich zu einem Glauben als Für-wahr-Halten der kirchenamtlich verwalteten Lehrsätze.

Der Glaube an Gott pervertierte zu einem Glauben an eine Institution.

Der Preis der «Sicherheit»

Die Absicherung des Glaubens in einem System verobjektivierter Lehren mußte jedoch teuer bezahlt werden. Die dogmatischen Lehrformeln sind wie Muschelgehäuse, die abgestorben sind, weil sie ihren lebendigen Inhalt verloren haben.

Lehrformeln werden zu Leerformeln. Sie haben kein Leben in sich; sie können kein Leben weitergeben. Von Gott und von der Wahrheit des Glaubens können wir nur in betroffener Rede sprechen, nur in einer Sprache, die unsere eigene Existenz mit ins Spiel bringt.

Die lebendige Wahrheit, die biblischen Menschen in Geist und Herz einmal aufgeleuchtet ist, von der sie erfaßt, niedergeworfen oder erhoben, überwältigt und verändert worden sind, diese «Gottes-Erfahrung», entzieht sich der verobjektivierenden Definitions- und Verwaltungssprache. Es werden Sprachformeln verteidigt; es werden Worthülsen weitergereicht; aber kein Glaube.

Das ewige Du kann, wie Martin Buber sagt, nicht zu einem Es, zu einem Objekt, gemacht werden. Dann antwortet es nicht mehr.

Das erregendste Thema des Daseins, das «Thema Gott», wird in der Sprache des Lehramtes zu einer höchst langweiligen Angelegenheit, für das sich kaum noch einer interessiert. Denn kaum noch einer kann erkennen, was das mit ihm und seinem Leben zu tun haben könnte. Die Wahrheit, die der Glaube meint, wird existenzfern, erfahrungsarm, formelhaft und deshalb unverständlich.

Gräber des Glaubens

Die Zusammenstellung der kirchlichen Lehren im Weltkatechismus erscheint mir wie ein Katalog eines antiken Gräberfeldes, einer Nekropolis. Alle Gräber wurden säuberlich nach Feldern und Reihen geordnet und durchnumeriert. *Ursprünglich lebendige Gotteserfahrungen* aus Jahrtausenden wurden einbalsamiert und in steinernen Sarkophagen begraben. Lebendige Erfahrungen im Sicheinlassen auf Gott starben, als man sie in «geoffenbarte, unveränderbare, ewige Wahrheiten» verwandelte. Im Laufe der Jahrhunderte erstarrten sie immer mehr zu unkenntlichen Mumien. Mumien bewahren und wecken keinen lebendigen Glauben.

Der Glaube kann auf die Dauer nur lebendig bleiben, wenn er sich immer wieder im Vertrauen auf Gott dem schmerzhaften Durchgang durch die Dunkelheit aussetzt. Wer aus Angst, seine Sicherheiten zu verlieren, sich immerzu nur an seine altgewohnten, amtlich abgesicherten Vorstellungen, an erstarrte Formeln der Überlieferung festklammert, wer sich fürchtet, durch die ständige «Umwandlung» und «Neugestaltung» seines Glaubens hindurchzugehen, bewacht und hütet nur Gräber, in denen alte Knochen liegen.

In *diesen* Gräbern liegt Jesus nicht. Dort kann ich ihn nicht finden. – Er lebt! Das ist die Osterbotschaft: *«Warum sucht ihr den Lebendigen bei den Toten?»*

Soziale Übereinkünfte

Die Glaubensformeln der Konzilien haben – soziologisch gesehen – den Charakter *«sozialer Übereinkünfte»*. Diese sind Bestandteil eines sozialen Mechanismus, durch den sich die eine Gruppe von anderen abgrenzt und dadurch ihre innere Stabilität sichert.

Wer die Formel als gültige Wahrheit anerkennt, fügt sich damit in die Gruppe ein und unterwirft sich ihren Ordnungen und hierarchischen Strukturen. Wer sie anzweifelt, hinterfragt oder gar leugnet, gerät in Gefahr, isoliert und ausgestoßen zu werden.

«Wahrheit» wird hier weniger im *kognitiven* Sinne eines richtigen Verstehens und Erfassens einer Sache oder eines Vorgangs verstanden. «Wahrheit» hat hier mehr eine *sozialisierende Funktion* im Sinne einer *Identifizierung mit der Gemeinschaft*. Was hier «Wahrheit» genannt wird, ist nicht durch einen Verstehens- und Erkenntnisprozeß zustande gekommen, sondern durch *soziale Übereinkunft*. Die individuelle Übernahme einer solchen «Wahrheit» bedeutet Einordnung in die Gruppe und Unterwerfung unter ihren Anspruch auf Wahrheitsbesitz. Damit erfolgten eine Stabilisierung des Zusammenhalts der Gruppe und eine Festigung ihrer Mächtigkeit.

Rupert Riedl, der sich um die Erforschung der biologischen Grundlagen und der evolutiven Entwicklung des Erkenntnisvermögens verdient gemacht hat, spricht von «*kollektiven Wahrheiten*», die «den nicht unbeträchtlichen Rest unserer Überzeugungen bestimmen, sofern sich diese weder auf Logik noch auf Erfahrungsverarbeitung ausreichend stützen können. [...] Es sind soziale Vereinbarungen zur Beruhigung der verbleibenden Unsicherheit.» (25/257)

In *soziologischer* Hinsicht ist auch die Kirche eine «*Gruppe*». In ihr gelten keine anderen soziologischen Gesetzmäßigkeiten als in anderen Gruppen, Vereinen, Clubs, Betrieben, Parteien oder Gesinnungsgruppen. In ihren Lehrformeln geht es weniger um eine «Wahrheit» im objektiven Sinne; es geht mehr um die *Stabilisierung des Zusammenhalts* durch gleichschaltende und disziplinierende Ordnungskriterien.

So ging es auch in den erbitterten, oft feindseligen Kämpfen auf den Konzilien in erster Linie nicht um «Wahrheit», sondern um die Durchsetzung einer einheitlichen Lehrmeinung, also um *Einheitlichkeit, Ordnung, Disziplinierung, Macht*. Andere Lehrmeinungen mußten als «Irrlehren» verurteilt werden, um den eigenen Anspruch auf die allein richtige Lehre zu stabilisieren. Das unbeirrbare, starre Festhalten an solchen *Sprachformeln* über die Jahrhunderte hinweg tradiert zwar nicht unbedingt zeitlose «Wahrheit», dient aber höchst effektiv der Kontinuität und dem Überleben der Institution. Die Definition der einzig richtigen Lehre wurde zum *Prüfstein der Rechtgläubigkeit*. Sie grenzte alle aus dem Glauben aus, die sie anzweifelten.

Aus dem Glauben an Gott wird ein Glauben an Sätze.

Unfehlbar?

In diesem Zusammenhang ist auch das *Unfehlbarkeitsdogma von 1870* einzuordnen. Es dient nicht dem Auffinden, dem tieferen Erkennen und der verläßlichen Bewahrung von Wahrheit. Dazu wären andere Formen der Wahrheitsfindung geeigneter: suchendes Denken, innere Wahrhaftigkeit, Einbringen eigener und fremder Erfahrungen, kritische Überprüfung, wissenschaftliche Erforschung, geistige Auseinandersetzung, Argumentation, Widerspruch, Mut zur Korrektur usw.

Nein, nicht um die Wahrheit des Glaubens geht es in diesem Dogma, sondern um die *Unterwerfung* aller Bischöfe, aller Theologen und aller Gläubigen unter die Autorität des Papstes. Was «Wahrheit» genannt wird, wurde zu einem Mittel, Konformität zu erzwingen. Der Besitz unfehlbarer Wahrheit, nun offiziell durch ein Konzil unter der Erleuchtung des Heiligen Geistes bestätigt, sichert dem Papsttum seine Stellung an der Spitze der Kirche.

Auch für die Kirche schien dies vorteilhaft zu sein. Ein unfehlbarer Papst an der Spitze stabilisiert die Institution Kirche, hält sie zusammen, bewahrt sie vor dem Auseinandergleiten in unüberschaubare Meinungsvielfalt und vor der Aufspaltung in unzählige Gruppen. Das einzig wahre Verhältnis zu Gott und das einzig wahre Verständnis seines Willens werden zu einer Frage der Papsttreue.

Einfacher kann man es nicht haben!

Das Dilemma der Unfehlbarkeit

Was die Kirche durch das Dogma der Unfehlbarkeit zusätzlich an Macht und disziplinierender Ordnung gewann, erkaufte sie für einen zu hohen Preis. Zu teuer! Die Kirche wird einmal daran ersticken. Durch die Unfehlbarkeit des Lehramtes hat die Kirche sich selbst für alle Zeiten zur Lernunfähigkeit verurteilt. Sie kann keine neuen Erkenntnisse aufnehmen und verarbeiten. Wer unfehlbare Wahrheit besitzt, kann andere nur noch belehren, aber nicht mehr von anderen lernen. Der Wahrheit kommt man nur näher, wenn man immer wieder neu sucht und sich korrigiert. Das Lehramt kann sich nicht korrigieren und einen Irrtum eingestehen. *Es ist zur Unfehlbarkeit verdammt.*

Weil die gesamte Wirklichkeit vernetzt ist, können Lehren, die bisher als uneingeschränkt wahr und richtig angesehen wurden, auch durch neue Erkenntnisse in ganz anderen Wirklichkeitsbereichen neu in Frage gestellt werden. Das gilt auch für das Verständnis des Glaubens. Während in allen anderen Lebensbereichen fortschreitende Erkenntnisse ein neues, zukunftsweisendes Verständnis eröffnen und zur Überprüfung des bisherigen Verständnisses zwingen, ist jeder Papst gezwungen, an den Lehren seiner Vorgänger festzuhalten und sie zu verteidigen, auch wenn ihre Unsinnigkeit unübersehbar ist. Das Lehramt ist zum Gefangenen seines eigenen Anspruchs geworden. Die Hybris des Unfehlbarkeitsanspruchs läßt das amtskirchliche Denken immer weiter erstarren und versteinern.

Die Kluft zwischen der Entwicklung des allgemeinen menschlichen Bewußtseins und den Weisungen des kirchlichen Lehramtes wird immer größer werden. Die meisten Menschen, auch die gläubigen, empfinden inzwischen den Anspruch einer kleinen Gruppe von Männern auf irrtumsfreien Wahrheitsbesitz als eine Diffamierung des Denk- und Urteilsvermögens aller anderen Menschen.

Was päpstliche Rundschreiben und Enzykliken lehren, wird deshalb von den meisten Gläubigen kaum noch ernst genommen. Es wird bestenfalls stillschweigend ignoriert, auch von Priestern und Seelsorgern. Und für die denkenden und informierten unter ihnen werden die Lehren und Weisungen des Lehramtes zu Zumutungen, die ihren persönlichen Glauben an die Autorität der Kirchenleitung in Frage stellen.

Viele Gläubige, Laien und Priester, Prälaten und Professoren, haben Strategien entwickelt, das System zu unterlaufen; äußerlich: linientreu und gehorsam; innerlich: eigene Sonderräume des Denkens, Wertens und Verhaltens, die «den Bischof und den Papst nichts angehen».

«Es gibt Unternehmen, die nur dadurch bestehen und überleben, daß sie ignorieren, was der Vorstand beschlossen hat.» So hörte ich gestern abend in einem Fernsehinterview den bekannten Managerberater und Jesuitenpater Rupert Lay. Er wies ergänzend ausdrücklich darauf hin, daß dies auch für die Kirche gelte.

Ich persönlich möchte nicht in einer solchen Gespaltenheit meines Glaubens leben.

Glauben – Gehorsam gegen eine Institution?

Der Glaube, den Jesus vorlebte, bestand in einer liebenden und vertrauenden Hingabe an Gott, in einem offenen Hinhorchen auf seinen Willen, in einem wagenden Hinausschreiten ins Ungesicherte, das sich von Gott gehalten weiß. Der Glaube Jesu war Ermutigung zur Freiheit, zur Liebe und zur Versöhnung.

Das römische Lehramt hat den Glauben zu einer Angelegenheit des Gehorsams gegen eine Institution gemacht. Es versucht, die Freiheit und Offenheit des suchenden Denkens den Dekreten einer Behörde zu unterwerfen. Aus dem vertrauend wagenden Glauben an Gott wurde ein perfektes System von Lehren und Weisungen, die «im Glauben anzunehmen sind».

Es dürfte kein Zufall sein, daß *diktatorische Staatssysteme* in katholischen Ländern besonders gut gedeihen. Die vom Lehramt erwartete unkritische Gehorsamshaltung der Gläubigen und die erstrebte Unterwerfung ihres Denkens und Urteilens unter die Weisungen der kirchlichen Obrigkeit haben in der katholischen Kirche eine Mentalität erzeugt, welche die Unterwerfung von Denken und Gewissen unter autoritäre Obrigkeiten fördert.

Der Glaube Jesu befreit und ermutigt zu eigenem Suchen und Denken. Der Glaube, den das Lehramt von ihren Gläubigen fordert, desavouiert das suchende, freie Denken. Er privilegiert die Unterwerfung des eigenen Urteilens und Denkens unter obrigkeitliche Weisungen. Dieser Glaube entspricht nicht dem Geist und der Gesinnung Jesu.

Ein fester Halt für den Glauben?

Heute las ich beim Frühstück in einer Tageszeitung, daß zur Zeit viele Priester und Laien der anglikanischen Kirche zur katholischen Kirche konvertieren. Der Grund: die Zulassung von Frauen zum Priesterdienst. «Das ist geistiger Verrat an den Dingen, die uns gelehrt wurden», so kommentierte eine Kirchgängerin. Richard Rutt, der ehemalige Bischof von Leicester, begründete seine Konversion damit, daß «nur Rom allein eine klare Sprache in Dingen der Moral spricht».

Ein ehemaliger Kollege schimpfte über «... all die Drewer- und Ranke-Heinemänner, die mit ihrer Kritik den ganzen Glauben kaputtmachen». Er fragte besorgt, «wann denn endlich die Bischöfe einmal auf den Tisch klopfen, um solchen Leuten das Handwerk zu legen». «Die Menschen brauchen einen festen Halt in der Kirche. Den darf man ihnen doch nicht nehmen.» Ich war erschrocken über sein negatives Urteil, besonders über dessen Begründung. Ob diese Autoren sachlich recht hatten oder unrecht, danach fragte er nicht. Er fragte nur nach möglichen «schädlichen *Auswirkungen*». Das machte mich nachdenklich und verunsicherte mich.

Ich beachte vielleicht zu wenig, daß die meisten Gläubigen in der Kirche zunächst gar nicht «Wahrheit» suchen, sondern etwas ganz anderes: einen *festen Halt* und eine *stabile Orientierung* in der Vielfalt der Meinungen und Überzeugungen, *geborgenheitspendende Beheimatung* in einer Gemeinschaft gleicher Gesinnung, *Sicherheit* vor den bedrängenden Ungewißheiten an den Rändern des Lebens und *verläßliche Lebensweisungen,* die sich in Jahrhunderten bewährten. Und damit man sich an diesem *Halt* auch wirklich *festhalten* kann, muß dieser *stabil* sein. Er darf sich nicht verändern. Jede Veränderung wird als gefahrbringende Auflösung erlebt.

Ich erlebe es anders: Wenn mir ein «Halt» unter der Wahrheitsfrage zerbricht, dann wird nur deutlich, oft sehr schmerzhaft, daß ich mich an etwas festgehalten habe, was in Wirklichkeit gar kein Halt war. Ein «Halt», der nicht mehr hält, wenn man ihn nach seiner verläßlichen Gründung in der Wahrheit befragt, ist kein Halt; nur eine Selbsttäuschung.

Ich hätte mich an irgendwelche Vorstellungen geklammert, die ich irgendwann einmal in mich aufgenommen hatte, aber nicht an Gott.

Zweifel unerwünscht

«Und was glauben Sie, Exzellenz, was ich glauben soll?» So fragte Friedrich Dürrenmatt in einem Gespräch, das ich zufällig im Autoradio hörte, den damaligen Wiener Weihbischof Krenz.

Ich erinnere mich, daß noch vor wenigen Jahrzehnten die Gläubigen immer wieder gewarnt wurden, allzuviel über Glaubensfragen nachzudenken. «Es ist eine Form des Hochmuts, den Glauben unter das Gericht der eigenen Vernunft zu stellen», so habe ich es noch aus meinem Religionsunterricht und aus vielen priesterlichen Belehrungen in Erinnerung. «Man muß einfach glauben, was die Kirche lehrt, denn Gott hat ihr die Wahrheit anvertraut. Papst und Bischöfe sagen uns, was wir zu glauben haben. Eigenes Nachdenken führt in die Sünde des Glaubenszweifels.» Wie wahr!

Wer sich daran hält, wird wahrscheinlich von Zweifeln verschont bleiben. Ob das aber wirklich einem tieferen christlichen Glauben dient? Der größte Teil der Gläubigkeit der Gläubigen lebt von der Neigung des Menschen, sich Gruppen anzuschließen und deren Überzeugungen für sich zu übernehmen. Das entlastet zwar das Gehirn, aber ist das schon Glaube, Glaube, wie ihn Jesus meint?

Die disziplinäre Unterdrückung des Zweifels in der Kirche dient nicht der «Wahrheit des Glaubens»; sie dient einzig und allein der Stabilisierung der amtskirchlichen Institution und ihres Anspruchs auf Wahrheitsbesitz. Jede Anzweiflung einer ihrer Lehren wird als Bedrohung ihres Monopols auf unfehlbare Wahrheit empfunden. Wo man meint, bereits die volle Wahrheit zu besitzen, wird der Zweifel nur zum Störfaktor. Schließlich hat Gott dem Papst und den Bischöfen die Wahrheit des Glaubens anvertraut. Wer gehorsam auf sie hört und annimmt, was sie lehren, ist nicht nur vom Zweifel, sondern auch von der Last des eigenen Denkens befreit.

Und dafür sollte man doch dankbar sein!

Was wahr ist, steht bereits fest

Wer wähnt, Wahrheit irrtumsfrei zu besitzen, wird kaum Verständnis haben für suchendes Denken, das sich ins Verstehen vortastet, das zweifelt, wägt und wagt. Für ihn gibt es keine suchende und um Verstehen bemühte Annäherung an die Wahrheit des Glaubens. Es steht ja bereits für alle Zukunft endgültig fest, was die Wahrheit ist.

Jahrhunderte hindurch hat das Lehramt der Kirche deshalb immer wieder neue Erkenntnisse und neue Denkversuche als bedrohlich und glaubensgefährdend empfunden. Es hat sie abgewehrt, ignoriert oder gar verurteilt. Dem Suchenden bleibt nur noch die gehorsame Übernahme der fertig formulierten Lehre. Nur, wenn das Suchen nach Gott und nach Wahrheit zu dem gleichen Ergebnis führt, das in der Kirche bereits vorliegt, wird es gutgeheißen und akzeptiert.

Theologen, die bei ihrem Denken, Fragen und Forschen zu Ergebnissen kommen, die von der lehramtlichen Linie abweichen, müssen damit rechnen, beargwöhnt und mit vielfältig gestuften Maßnahmen diszipliniert zu werden. Sie können Schwierigkeiten nur aus dem Weg gehen, wenn sie ihr abweichendes Verständnis ausreichend tarnen und nicht laut werden lassen.

Vom Geist Jesu geleitet?

Wenige Tage nach dem Überfall Hitlers auf Rußland, der Millionen Menschen das Leben kosten sollte, am 26. 6. 1941, ließen die deutschen Bischöfe einen Hirtenbrief von den Kanzeln verkünden. Darin heißt es: «Geliebte Diözesanen! In schwerer Stunde des Vaterlandes, das auf weiten Fronten einen Krieg von nie gekannten Ausmaßen zu führen hat, mahmen wir Euch zur treuen Pflichterfüllung, tapferem Ausharren, opferwilligem Arbeiten und Kämpfen im Dienste unseres Volkes. Wir senden einen Gruß dankbarer Liebe und innige Segenswünsche. [...] Bei der Erfüllung der schweren Pflicht dieser Zeit, bei den harten Heimsuchungen, die im Gefolge des Krieges über Euch kommen, möge die trostvolle Gewißheit Euch stärken, daß Ihr damit dem heiligen Willen Gottes folgt.» (6/569)

Ich will hier den Bischöfen keinen Vorwurf machen, daß sie damals, ebenso wie Millionen andere Menschen, verblendet waren und irrten. Aber allein die Tatsache, daß ein solcher Aufruf von einer Gemeinschaft von Bischöfen verfaßt und in ihrem Auftrag in den Kirchen verlesen wurde, ist für mich fast *wie ein Beweis*, daß die kirchliche Behauptung, die Bischöfe seien durch den Geist Gottes in besonderer Weise geleitet und dadurch befähigt, den Gläubigen Weisungen zu geben, nicht die Wahrheit sein kann.

Können Bischöfe, die verkündet haben, daß der mörderische Krieg Hitlers gegen Rußland dem *heiligen Willen Gottes* entspricht, noch Anspruch erheben, den Menschen Weisungen im Namen Gottes zu geben, und daß die Gläubigen ihnen auch in solchen Fällen *«religiösen Gehorsam des Willens und des Verstandes ... leisten müssen»*? (vgl. Nr. 892)

Hat je ein Papst Einspruch erhoben gegen diese Äußerung der deutschen Bischöfe, die dem Geist Jesu und dem Evangelium aufs äußerste widerspricht, oder ihnen gar den Entzug der Lehrerlaubnis angedroht? Wurde Hitler, der viele Millionen Menschenleben auf dem Gewissen hat und unsägliches Leid über die Menschen gebracht hat, je exkommuniziert? Im Gegenteil: Ich sehe auf alten Fotos hohe kirchliche Würdenträger neben ihm stehen und die Hand zum «deutschen Gruß» erhoben.

Kann man als «Normal-Gläubiger» wirklich darauf vertrauen, daß Papst und Bischöfe mehr als andere Christen vom Geist Jesu geleitet und erleuchtet sind? Da habe ich doch erhebliche Zweifel bekommen!

Auch da kamen mir Zweifel

Spontane Zweifel, oft viel heftiger und stärker emotional besetzt, drängen sich mir manchmal auch bei vielen Ausdrucksformen des kirchlichen Glaubens auf, die ich eher den Nebensächlichkeiten und Äußerlichkeiten zuzuordnen geneigt bin.

Ich erinnere mich an ein fast eruptives Ausbrechen des Zweifelns. Es war bei einem Festgottesdienst im Kölner Dom und liegt schon längere Zeit zurück. Unter Orgelbrausen und von weihrauchschwingenden Ministranten begleitet, zogen der Kardinal, mehrere Bischöfe, zahlreiche Prälaten und eine Menge Priester in prächtigen Gewändern in den Altarraum ein. «Drr Zoch kütt» (Der Zug kommt), sagte leise mein Kölner Freund neben mir, die Ankunft des Karnevalszuges am Rosenmontag assoziierend.

Ich gebe gerne zu, daß ich mich dem magischen Bann des liturgischen Schauspiels, das ich in den nächsten anderthalb Stunden erlebte, nicht ganz entziehen konnte. Aber immer bohrte in meinem Gehirn die Frage: *Was hat das alles noch mit Jesus zu tun?* Ich hörte zwar immer wieder die Worte: «Christus hat bestimmt, hat eingesetzt, ist unter uns gegenwärtig, hat uns mit seinem Blut gereinigt, herrscht über alles, wir, seine Diener ...», aber dieser Christus, der hier als oberster Schirmherr der Veranstaltung fungierte, hatte für mich wenig Ähnlichkeit mit dem Jesus der Evangelien, an den ich glaubte.

Was ich sah, hörte und erlebte, hatte eher Ähnlichkeit mit den Ritualen der Priesterkasten in ägyptischen oder assyrischen Tempeln oder auch mit dem Priesterchor des Sarastro in der Oper. Aber Jesus konnte ich in diesem Schauspiel nicht entdecken. Er spielte nur eine Nebenrolle. Was hier aufgeführt wurde, war eher dazu geeignet, ihn zu verdecken und unerkenntlich zu machen. Was hier geschah, war die pompöse selbstgefällige Selbstdarstellung und Selbstbeweihräucherung einer Priesterkaste, war blendendes Imponiergehabe mit beeindruckender Magie. Was hat man nur aus Jesus und seiner Botschaft gemacht! Und das, was hier geschieht, soll von Jesus gewollt und eingesetzt worden sein? Dafür soll Gott Mensch geworden sein? Dafür soll Jesus sein Leben eingesetzt haben, daß nun diese Leute in ihren pomphaften Imponiergewändern, von Gott persönlich erwählt, beauftragt und bevollmächtigt, solche Zeremonien und Riten als «Gottes-Dienst» verrichten? Muß das ein komischer Gott sein, der an solchen «Diensten» Wohlgefallen hat!

Welches Bild von Gott ist da wirksam, wenn man glaubt, ihn in solcher Weise ehren zu können? Selten bin ich so voller Zweifel und Unbehagen aus einem Gottesdienst nach Hause gegangen.

Die gleichen Zweifel tauchen immer wieder bei mir auf, wenn ich im Fernsehen Bilder vom Auftreten des Papstes und seines episkopalen Hofstaates sehe. Auch hier überfällt mich spontan Unbehagen. Ich spüre, wie hier allein schon durch die visuelle Präsentation der Kirche vielen heutigen Menschen der Zugang zu Jesus, zu seiner Person und seiner Lehre und auch zu seiner Kirche verbaut und verstellt wird. Das, was hier dargestellt und vorgeführt wird, das soll ein sichtbarer Ausdruck der Offenbarung einer letztverbindlichen Wahrheit über Gott, Welt und Mensch sein?

Da kommen mir auch heute noch immer wieder Zweifel.

Geduldeter Aberglaube

Was ich bis heute nicht begreife: *einerseits* die rigorose Unerbittlichkeit, mit der das kirchliche Lehramt gegen einzelne Theologen vorgeht, die bei solchen anzweifelbaren Lehren wie Unfehlbarkeit oder Jungfrauengeburt wahrheitssuchend kritisch nachfragen, und *andererseits* die schweigende Duldung, sogar Förderung des schlimmsten Aberglaubens in der Marien-, Heiligen- und Reliquienverehrung an Wallfahrtsorten oder in der Volksfrömmigkeit.

Das kirchliche Lehrsystem bleibt für die meisten der Gläubigen unverständlich, fremd und lebensfern. Unterhalb dieses amtlichen Glaubenssystems hat sich die Volksfrömmigkeit ihre eigene Glaubenswelt geschaffen, durchzogen von magisch-abergläubischen und sentimental-gefühlshaften religiösen Elementen, die weit in archaisch-heidnische Religiosität zurückreichen.

Ich habe den Eindruck, daß die kirchliche Verkündigung und Pastoral, besonders in ländlich-traditionsgläubigen Regionen, nicht sonderlich interessiert ist, viel zu ändern. Dies wird um so auffälliger, je weiter man geographisch in den Süden kommt. Je mehr das «einfache Volk» in dieser Weise an die Kirche, ihre magische Zaubermacht und ihre priesterliche Magier gebunden ist, so scheint es, um so weniger denkt es über den Glauben nach. Um so «fester» bleibt der Glaube, auch wenn es nur Aberglaube ist. Hier scheint die Kirche die Notwendigkeit der Durchsetzung eines Wahrheitsanspruches nicht für so wichtig zu erachten.

Allzuviel Aufklärung könnte den Glauben in Gefahr bringen. Theologie ist nur für Theologen da. Nicht für das Volk. Unwissende Menschen sind besser zu leiten und zu lenken. Die tiefere Einsicht in die Geheimnisse des Glaubens bleibt so den Priestern vorbehalten. Das wahrt ihre Überlegenheit gegenüber der Herde und sichert das respektvolle Aufblicken der einfachen Gläubigen zu ihren priesterlichen Hirten.

Die Gemeinschaft der Glaubenden

Gestern abend, es war schon ziemlich spät, habe ich mir noch einmal die letzten Notizen durchgelesen. Dabei ist mir bewußt geworden, daß ich hier das Wort «Kirche» *einseitig* im Sinne von «kirchlicher Hierarchie» und von «Amtskirche» gebraucht habe.

Wenn ich «Kirche» schrieb, hatte ich fast immer nur jene Institution vor Augen, die *sich selbst* von den übrigen Gläubigen, dem Kirchenvolk, mit dem Anspruch *abhebt,* in besonderer Weise von Christus zu deren Leitung bevollmächtigt und dazu vom Heiligen Geist mit besonderen Gaben ausgestattet zu sein. Mit «Kirche» meinte ich jene Kirche, die sich bevorzugt in der Gestalt des Papstes personhaft repräsentiert.

Doch ist das die eigentliche Kirche? Kirche, das ist für mich zuerst die Gemeinschaft *aller* Glaubenden; die Gemeinschaft, in deren Mitte die Person Jesu steht. Kirche, das ist das ganze Volk Gottes; das sind die vielen, vielen Millionen Menschen, nicht nur die katholischen, die an Jesus Christus und an seinen Gott glauben. In ihnen wirkt und lebt der Geist Jesu weiter. Zu dieser Kirche zähle ich in aller Bescheidenheit auch mich hinzu. Ich darf es, weil ich an Jesus glaube. Die Kirche hilft mir, mit Jesus verbunden zu bleiben.

Auch Papst und Bischöfe gehören als glaubende Menschen dazu. Sie haben eine wichtige dienende Funktion in der Kirche, aber auch sie bleiben wie die übrigen Gläubigen – trotz Glaubens und guten Willens – irrende und fehlende Menschen mit begrenzter person- und zeitgebundener Einsicht in die Wahrheit, auch in Glaubens- und Sittenfragen. Ihr Anspruch, allein aufgrund ihres Amtes vom Heiligen Geist in besonderer Weise erleuchtet und geleitet zu sein und dadurch tiefere und richtigere Einsicht in die Wahrheit zu besitzen und besser als andere Gläubigen zu wissen, was richtig oder falsch, was gut oder verwerflich ist, weckt die Frage, ob sie sich dabei zu Recht auf Jesus Christus und seinen Heiligen Geist berufen können.

Die geheimnisvolle Rose

Maria

Durch die ganze Zeit meiner persönlichen Glaubensgeschichte hindurch hatte ich immer ein zwiespältiges und kritisches Verhältnis zur Marienfrömmigkeit. Auch noch in der Zeit meiner Arbeit im kirchlichen Bereich stand ich der kirchenüblichen Marienverehrung und vor allem den marianischen Dogmen ziemlich ratlos gegenüber.

Ich habe die kirchlichen Lehren über Maria nie so richtig in meinen christlichen Glauben einfügen können. Was ich beobachtete, wahrnahm, hörte, sei es bei dem sogenannten «einfachen Volk» oder bei den geistlichen Würdenträgern aller Stufen der Hierarchie, was ich in der kirchlirchen Literatur las, erzeugte in mir immer mehr skeptische Distanzierung als gläubige Akzeptanz.

Die Offenheit für eine letzte Wirklichkeit, Gott genannt: *Ja!* Eine tiefe persönliche Bindung an Person und Lehre Jesu: *Ja!* – Daraus folgernd eine Verbundenheit mit der Gemeinschaft der Christgläubigen, Kirche genannt: *Ja, auch das!* Aber der Kult um Maria, die unbefleckt Empfangene, die ohne Sünde war, die *vor, nach* und *in* der Geburt Jesu Jungfrau blieb, die nach ihrem Tod mit Leib und Seele in den Himmel aufgenommen wurde, dort Mittlerin aller Gnaden ist und bei ihrem Sohn Fürbitte einlegt, damit er unsere Gebete erhöht, Maria, die gelegentlich auf Erden jungen Mädchen erscheint, Botschaften an die Menschheit vermittelt und Wasserquellen wundertätige Heilkraft verleiht: *Nein!*

Das alles waren für mich immer unglaubwürdige theologische Konstruktionen, die meinen christlichen Glauben mehr verunsicherten als stützten. Sie standen für mich an der Grenze des Aberglaubens, und sie überschritten diese Grenze nicht selten. Ich habe mich nie entschließen können, diese Ausdrucksform des christlichen Glaubens nachzuvollziehen.

Doch! Das stimmt nicht ganz. Daran erinnere ich mich jetzt. Ich war erkrankt; nicht lebensgefährlich, aber stark lebensbehindernd. Da habe ich tatsächlich einmal in einer Wallfahrtskirche vor einem Marienbild gebetet und um Heilung gebeten. Ein atavistischer Rückfall in magisch-mythische Urformen der Religiosität in einem Zustand existentieller Bedrohtheit und verminderter rationaler Kritikfähigkeit? Oder? Auf jeden Fall schwang ich hier existentiell ein in ein Ur-Verhalten der Menschheit, das in allen Religionen dieser Erde und zu allen geschichtlichen Zeiten im Menschen wirksam war und auch heute noch wirksam ist.

Liegt die *existentielle* Wahrheit des Marienkultes vielleicht *jenseits* aller unglaubwürdigen marianischen Dogmen der Kirche und *jenseits* aller entstellenden Frömmigkeitspraktiken, *jenseits* von Kitsch und Kunst, *jenseits* des «typisch Katholischen», *jenseits* des allgemein Christlichen, *jenseits* von Glauben und Unglauben, *jenseits* von Aberglauben und Irrglauben in einer viel tieferen Schicht menschlicher Existenz? Stammt diese «Wahrheit» vielleicht aus der Tiefe der menschlichen Seele selbst?

Ich will versuchen, mich mit kritischem Bewußtsein durch alle Hindernisse, die mir der Marienkult der Kirche entgegensetzt, hindurchzufragen bis hin zu einem tieferen Grund, wo ein akzeptationsfähiger Sinn der Marienverehrung erkennbar, zumindest erahnbar wird.

Die Ur-Ur-Ur-Urgroßmutter

An der Donau, dort, wo die weinreiche Wachau beginnt, liegt inmitten von Marillenbäumen und Weinhängen ein Ort, der zwar klein ist, aber einen bekannten Namen hat: Willendorf. Seine Bekanntheit verdankt der Ort einer kleinen Steinfigur, die nur wenige Zentimeter groß ist und dort beim Bau einer Eisenbahn zu Beginn unseres Jahrhunderts gefunden wurde: die berühmte *Venus von Willendorf*.

Brüste, Schoß und Gesäß sind überproportional herausgearbeitet, während Kopf, Gesicht und Hände nur angedeutet sind. Die Figur der Muttergottheit stammt von steinzeitlichen Menschen, die vor etwa fünfundzwanzigtausend Jahren im Donautal siedelten. Die kleine Kultfigur einer archaischen Fruchtbarkeitsgöttin ist heute im Naturhistorischen Museum von Wien zu bewundern.

Doch lohnt es sich, bei Willendorf kurz von der Donau-Uferstraße ins Dorf abzubiegen, denn an der Fundstelle steht heute eine vergrößerte Kopie dieser Venus. Wenn ich Freunde dorthin führe, sage ich immer: «Das ist die Ur-Ur-Ur-Urgroßmutter der heiligen Maria.» Meist schauen sie mich verdutzt und irritiert lächelnd an. Im Gasthof «Zur Venus» unweit der Fundstelle erkläre ich ihnen später bei einer herzhaften Brettljause mit einem vorzüglichen trockenen Wein, was ich mit der Ur-Ur-Ur-Urgroßmutter der christlichen Maria meinte.

Die Große Mutter

In der Tat: Weibliche Fruchtbarkeitsgottheiten stehen am dunklen Anfang der zahllosen Generationen von Gottheiten, die von Menschen verehrt, angebetet und angerufen wurden. Im Schoß der Frau entsteht das Leben; aus ihrem Schoß tritt es hervor. Von der Fruchtbarkeit der Frau hing in Urzeiten das Überleben der Familie, der Sippe und des Volkes ab. *Die naturhafte Fruchtbarkeit der Frau fand in den Fruchtbarkeits- und Muttergottheiten ihre mythische Sakralisierung.*

Muttergottheiten spielen deshalb in den Religionen der Frühzeit neben den männlich gedachten Gottheiten eine große Rolle. In archaischen Religionen dürfte ihr Kult sogar vorherrschend gewesen sein. Die «magna mater», die Große Mutter, ist die huldvoll Gewährende, die lebenspendend Gebärende, die Schenkende und Bergende. Sie gleicht der fruchtbaren «Mutter Erde», die aus ihrem dunklen Schoß die Nahrung der Menschen hervorbringt. Schon früh verbinden sich daher in der Gestalt der «magna mater» Fruchtbarkeits- und Vegetationsgottheiten.

In den Urzeiten der Menschheit oblagen das Sammeln und Ernten der Früchte der Erde den Frauen, während die Männer auf die Jagd gingen. Die Frauen «kannten» das «Geheimnis» der Fruchtbarkeit, das ihres Leibes und das der Erde. Und dieses war ein sakral-religiöses Geheimnis, weil es den Ursprung des Lebens, seine Nahrung und seinen Tod und auch seine Wiedergeburt umschloß. Durch Jahrtausende hindurch war es für die frühe Menschheit die «Mutter Erde», die ganz allein aus ihrem Schoß die lebenserhaltenden Früchte gebar, und zwar in der Weise einer «Parthenogenese», einer Jungfrauengeburt. (vgl. II/47 f.)

Hier dürften vielleicht die allerersten Anfänge der religiösen Vorstellungen einer jungfräulich-mütterlichen Gottheit zu suchen sein, die später in zahlreichen antiken Mythen auftauchen und in der Gestalt der Jungfrau-Mutter Maria ihre christliche Ausprägung fand.

Ein Bild aus heidnischen Mythen

Die Vorstellung *jungfräulicher Mutterschaft* taucht tatsächlich in vielen Religionen auf, auch unabhängig voneinander. In vielen Mythen wird von Gottessöhnen, gottgesandten Erlösern und Heilbringern, von gottähnlichen Königen, von Heroen, aber auch von anderen bedeutenden Menschen erzählt, daß sie aus der Vereinigung eines Gottes mit einer Jungfrau hervorgegangen seien.

Schon *Buddha* wurde von der jungfräulichen Mutter Maya um 500 v. Chr. geboren. Sie hatte durch einen weißen Elefanten empfangen. *Hera,* die Gattin des griechischen Zeus, war ursprünglich eine allgemeine Fruchtbarkeitsgöttin. Ihre Vereinigung mit dem Gott Zeus ist – nach Mircea Eliade – «das typische Bild der Vereinigung zwischen einem befruchtenden Wettergott und der Erdmutter». (11/257) Sie gebar jedoch ihren Sohn Hephaistos aus sich selbst, ohne Mann.

Artemis, die große Göttin von Ephesus, war Jungfrau, «immerwährende Jungfrau» (11/258) sogar. Zugleich wurde sie, wie die gefundenen Kultfiguren mit den vielen Brüsten zeigen, als Fruchtbarkeits- und Muttergottheit verehrt. Auch *Pallas Athena*, die der Stirn des Zeus entsprang, war eine Jungfrau.

Die Göttersöhne *Perseus* und *Herakles* wurden von einem Gott im Schoße einer Jungfrau gezeugt. Auch von *Platon*, von Alexander dem Großen und vom römischen *Kaiser Augustus* wurde erzählt, daß sie aus der Verbindung eines Gottes mit einer Jungfrau hervorgegangen seien. In Persien verehrte man Zarathustra als Jungfrauensohn. Bei der Feier der Geburt des Sonnengottes *Mithras* in der Nacht zum 25. Dezember, dem Datum des heutigen christlichen Weihnachtsfestes, verkündeten die Mithras-Priester: «Die Jungfrau hat geboren. Es kommt das Licht.»

Auch der ägyptische *Pharao*, der als eine Inkarnation der Gottheit galt und von dem «Heil und Leben» für das Volk ausgingen, wurde von dem Wind- und Geistgott Amon-Re in der jungfräulichen Königin gezeugt, indem er sie «anhauchte». Wind, Hauch, Geist sind in der Sprache des Mythos fast synonyme Begriffe. – Die Parallele zur Darstellung der Empfängnis Jesu drängt sich hier geradezu auf.

So unterschiedlich die Gestalt der jungfräulichen Muttergöttin in den verschiedenen einzelnen Religionen auch gezeichnet wurde, immer ist schon hier mit dem Bild der Jungfrau mehr, Tieferes und anderes gemeint als bloße simple körperlich-biologische Unberührtheit, Intaktheit der Hymen oder eine moralisch verstandene «Reinheit».

Die Vorstellung einer jungfräulichen Mutter, aus deren Schoß ein göttlicher Heilbringer hervorgeht, ist, wie sich religionsgeschichtlich leicht erkennen läßt, keine einmalige Besonderheit der christlichen Religion und auch keine christliche Erfindung. Sie reicht viele Jahrtausende über das Neue

Testament hinaus weit zurück in die Frühzeiten der Menschheit. Das Bild der Jungfrau-Mutter gehört zu den Archetypen des religiösen Bewußtseins und ist tief in der menschlichen Seele verwurzelt. Maria ist nicht die erste Jungfrau-Mutter. Nicht nur die archaischen Fruchtbarkeitsgöttinnen, auch die hellenistischen Jungfrauen-Göttinnen gehören sicher zu ihren Ahnfrauen. Die Ähnlichkeiten sind nicht zu übersehen.

Ein wichtiger Unterschied

Doch gibt es – trotz aller Ähnlichkeiten – einen *wichtigen Unterschied* zwischen der Jungfrau-Mutter Maria und ihren heidnischen Ahnen. Und diesen stellen die christlichen Theologen immer wieder heraus:

In der Darstellung der Bibel vereinigt sich kein Gott mit einer menschlichen Jungfrau in geschlechtlicher Weise. Der biblische Gott ist nicht der zeugende Partner Mariens; auch nicht in der Gestalt des Heiligen Geistes. Dem Denken der jüdischen Religion war die Vorstellung einer «hieros gamos», einer Heiligen Hochzeit zwischen einem Gott und einer irdischen Jungfrau, völlig fremd, ja sogar zuwider und mit dem Gottesbild unvereinbar.

Denn die Gottesvorstellung des Alten Testamentes hat sich im jahrhundertelangen Kampf Israels gegen die Fruchtbarkeits-Religionen seiner Umwelt entwickelt. Israels Gott war keine vergöttlichte Naturmacht. Die Natur, auch die Sexualität und die Fruchtbarkeit, wurde in der jüdischen Religion entsakralisiert. Die Natur war nicht göttlich; Sexualität und Fruchtbarkeit keine göttlichen Kräfte. Göttlich war nur der eine Gott, der Ganz-Andere. Er war der Herr der Natur, nicht ihr Teil.

Das Bild einer Jungfrau, die einen gottgezeugten göttlichen Heilbringer zur Welt bringt, hat im Alten Testament, der Bibel Jesu, keinen ausreichenden Hintergrund. Auch in der jüdischen Heilserwartung spielt eine jungfräuliche Geburt des Messias keine Rolle. Die Vorstellung einer Jungfrauengeburt – und das geben heute fast alle christlichen Exegeten zu – entstammt tatsächlich den außerbiblischen Göttermythen.

Jungfrauengeburt – eine Legende?

Die hellenistischen Mythen von göttergezeugten Jungfrauensöhnen waren zur Zeit der Entstehung des Neuen Testamentes im religiösen und geographischen Umfeld der frühen Christen weit verbreitet. Dieses in der Umwelt bereitliegende Bild- und Vorstellungsmodell – die Fachleute sagen «Topos» – wurde besonders in den heidenchristlichen Gemeinden aufgegriffen und umgeformt, um den nachösterlichen Glauben an den Gottessohn Jesus auszudrücken und zu begründen.

Die Geschichten von der jungfräulichen Geburt Jesu, die wir in der Weihnachtszeit hören, sind also keine Schilderungen von wunderhaften historischen Geschehnissen, die sich am Anfang des Lebens Jesu zugetragen haben. Sie sind *mythosnahe Ausdrucksmittel,* die dazu dienten, den schon jahrzehntelang vorhandenen Glauben, daß Jesus der Messias ist, nachträglich zu begründen, darzustellen und zu veranschaulichen. Die Theologen sprechen deshalb hier von «ätiologischen Legenden», das heißt von Legenden, die im nachhinein eine «Begründung» (griech. aitía) liefern sollen; in diesem Falle: für die Messianität Jesu. (vgl. 15/63)

Für kundige Theologen ist dieses Verständnis der Geburtsgeschichte Jesu mittlerweile eine selbstverständliche Voraussetzung ihrer Arbeit. Nur der Papst in Rom scheint sich noch hartnäckig gegen diese Einsicht seiner Theologen zu sperren und argumentiert so, als seien die wunderhaften Ereignisse bei der Geburt Jesu historisch wirklich so geschehen. Ob er um seinen Marienkult fürchtet?

Geboren aus der Frau

In den älteren Schriften des Neuen Testamentes weiß man anscheinend noch nichts von einer jungfräulichen Geburt Jesu. Paulus, der in seinen Briefen Jesus schon in einem göttlichen Glanz als einen vom Himmel herabgestiegenen ewigen Gottessohn zeichnet, sagt nichts über eine wunderbare Geburt Jesu. Er sagt nur schlicht und einfach «geboren aus der Frau». (Gal 4,4) Auch in den anderen Schriften des Neuen Testamentes, weder bei Markus und Johannes noch in der Apostelgeschichte oder den Apostelbriefen, lesen wir an keiner Stelle, daß Jesus von einer Jungfrau geboren wurde. An keiner Stelle der Evangelien beruft sich Jesus auf seine wunderbare Geburt aus einer Jungfrau.

Nur ganz am Rande wird im Neuen Testament von der Jungfrauengeburt gesprochen; nur bei Mattäus und Lukas. Sie stellen ihren Evangelien gleichsam als Vorbau eine «Kindheitsgeschichte Jesu» voran, in der von einer jungfräulichen Geburt erzählt wird. Diese Kindheitsgeschichte steht in diesen Evangelien wie etwas, was ursprünglich nicht dazugehörte; wie etwas, was nachträglich hinzugefügt wurde und deshalb auch schwer mit dem dort Erzählten vereinbar ist. Sie entstammen tatsächlich einer späteren Zeit.

Im Glauben und in der Verkündigung der Urkirche spielte die Geburt Jesu aus einer Jungfrau zunächst wohl keine Rolle.

Verflochten mit Bildern aus dem Alten Testament

Nach Auskunft vieler Exegeten sprechen manche Gründe dafür, daß die Geburtslegenden in heidenchristlichen Gemeinden entstanden sind, denn die hellenistischen Mythen von gottgezeugten und jungfräulich geborenen Göttersöhnen waren dort zu Hause und noch immer wirksam. Die Legende von der Geburt des Messias aus einer Jungfrau kam der hellenistischen Umwelt entgegen und entsprach ihren Vorstellungen.

Für Christen, die aus der jüdischen Tradition kamen, war es jedoch schwieriger, an eine Geburt des Messias aus einer Jungfrau zu glauben. In der Welt des jüdischen Glaubens gab es keine Jungfrauengeburten. Mattäus und Lukas mußten deshalb den ursprünglich heidnischen Topos «Jungfrauengeburt», der dem jüdischen Denken fremd ist, in die Vorstellungswelt der Juden einfügen. Und dies tun sie, indem sie ihn mit Textstellen und Erzählungen aus der jüdischen Bibel, dem Alten Testament, verflechten.

Maria wird zum Beispiel in einen Zusammenhang mit großen Frauengestalten des Alten Testamentes gestellt, die durch das Eingreifen Gottes fruchtbar wurden. Deren Worte wurden ebenso wie andere Worte aus dem Alten Testament nun Maria in den Mund gelegt. So ist das bekannte Magnifikat, der Lobgesang, mit dem Maria auf die Botschaft des Engels antwortet, fast wörtlich einem Preislied aus dem alttestamentlichen Buch Samuel nachgebildet, mit dem Hanna, die lange unfruchtbar gebliebene Mutter Samuels, Gott für die Geburt ihres Sohnes dankt. (vgl. Lk 1,47 ff. mit 1. Sam 2,1–10) Überdies ist das Magnifikat vollgepackt mit Zitaten aus dem Alten Testament. Nie dürfte die historische Maria, die wahrscheinlich weder lesen noch schreiben konnte, diese Worte gesprochen haben. Ihre Zusammenstellung aus alttestamentlichen Zitaten ist erst später in judenchristlichen Gemeinden entstanden. Die Exegeten nennen dies eine *Gemeindebildung*.

Auch die Worte des Engels «Du bist gepriesen unter den Frauen» stammen aus dem Alten Testament. (vgl. 23/63 f.) Mit diesen Worten preist ein Engel ursprünglich eine Frau namens Jael, die den feindlichen Feldherrn Sisera, der auf der Flucht in ihrem Zelt Hilfe suchte, grausam tötete. «Jael sei gepriesen unter den Frauen. Ihre Hand greift nach dem Zeltpflock, ihre Rechte nach dem Hammer. Sie zerhämmert Sisera, zerschlägt sein Haupt, zerschmettert, durchbohrt seine Schläfe.» (Ri 5,24 f.) Eine recht makabere Herkunft der Marienpreisung!

«*Eine Jungfrau wird gebären*»

Gebärende Jungfrauen gibt es nicht in der Religion der Juden. Aber Mattäus sucht trotzdem im Alten Testament, und er wird auch fündig, und zwar beim Propheten Jesaja. Dort steht ein Satz, der heute in katholischen Bibeln meist mit den Worten «Siehe, eine Jungfrau wird empfangen und einen Sohn gebären» übersetzt wird. (Jes 7,14)

So steht es aber nicht in der hebräischen Bibel, dem Original. Dort steht nicht «Jungfrau», sondern *«junge Frau»* (hebräisch: *alma)*. Und eine junge Frau, das wußte man auch schon damals, war nicht unbedingt eine Jungfrau. In der griechischen Übersetzung der hebräischen Bibel, der sogenannten «Septuaginta», wurde später *alma,* mit dem griechischen Wort *parthenos,* das heißt Jungfrau, übersetzt. Aus der «jungen Frau», die in ganz normaler Weise ein Kind bekommen sollte, wurde eine hellenistisch gedachte «Jungfrau». (vgl. 15/55)

Und mit diesen Worten wurde auch nicht – wie das Kirchenvolk durchweg belehrt wird – durch einen weissagenden Propheten ein rettender Gottessohn verheißen, der fast siebenhundertfünfzig Jahre später aus einer Jungfrau geboren würde. Mattäus hat diese Worte aus dem ursprünglichen Zusammenhang herausgerissen. Dort ist von keinem wunderhaften Ereignis der fernen Zukunft die Rede, sondern von einer ganz gegenwärtigen Bedrohung Israels durch seine Feinde, die Assyrer. Bevor – so ermutigt Jesaja den König Achaz – der Knabe erwachsen wird, «wird zur Öde das Land, vor dessen Königen dir graut». (Jes 7,16)

Das auf einer unrichtigen Übersetzung beruhende Fehlverständnis des Prophetenwortes wurde bei Mattäus zu einem «Schriftbeweis» für die jungfräuliche Geburt Jesu ausgeformt: «Dies alles ist geschehen, damit in Erfüllung gehe, was vom Herrn durch den Propheten gesagt wurde.» So wurde aus einem heidnischen Mythos auf dem Umweg über ein aus dem Zusammenhang gerissenes alttestamentliches Schriftzitat ein historisches Wunderereignis. Und in diesem Verständnis ist es später auch im Dogma verankert worden. Aus der jungen jüdischen Frau Mirjam, die Jesus geboren hatte, wurde so eine immerwährend reine und unbefleckte Jungfrau Maria.

Ein biologisches Wunder?

In der kirchlichen Tradition werden die jungfräuliche Empfängnis und Geburt Jesu durchweg physikalisch-biologisch verstanden: Maria ist in wunderhafter Weise schwanger geworden, ohne Umgang mit einem Mann gehabt zu haben, und ist auch in und nach der Geburt Jesu Jungfrau geblieben. So lehrt es die Kirche auch heute noch.

In der Zeit der Herausbildung dieser Tradition, im Altertum und im Mittelalter, hatte man keine besonders großen Schwierigkeiten, sich vorzustellen, Gott habe durch ein Wunder bewirkt, daß der Schoß der Jungfrau Maria fruchtbar wurde. Die Kenntnis, wie neues Leben entstand, war damals noch recht ungenau. Man wußte noch nichts von der notwendigen Befruchtung einer weiblichen Eizelle durch eine männliche Samenzelle. Erst im frühen 19. Jahrhundert wurde das weibliche Ei entdeckt. Im Altertum sah man den Schoß der Frau meist nur als eine leere Höhle an, in die der Samen des Mannes hineingelegt wurde, um dort zur Frucht zu reifen.

Weil über die Vorgänge um Schwangerschaft und Geburt so wenig bekannt war, standen Empfängnis und Geburt ebenso wie Krankheit und Tod immer in der Nähe des Wunderhaften. In der Bibel wird mehrmals von unfruchtbaren Frauen berichtet, die durch ein wunderhaftes Eingreifen Gottes unerwartet schwanger wurden. Warum sollte Gott nicht auch durch ein Wunder bewirkt haben, daß Maria schwanger wurde?

Unser heutiges Wissen um Ei- und Samenzellen, um Gene und Chromosomen, um die biologischen Vorgänge bei der Zeugung und Entwicklung eines Kindes im Mutterleib macht es uns jedoch sehr schwer, die tradierte Lehre im bisher üblichen Verständnis als eine biologische Aussage über eine jungfräuliche Empfängnis Jesu nachzuvollziehen.

In der Tat: Eine biologisch-mirakelhaft verstandene Lehre von der Jungfrauengeburt ist für viele Menschen heute zu einem gravierenden Glaubenshindernis geworden. Für immer mehr Menschen ist diese Lehre ein Grund, den ganzen christlichen Glauben als Märchen, als unglaubwürdig abzutun und sich aus ihm zu verabschieden. Auch von vielen kirchlich gläubigen Katholiken wird die traditionelle Lehre in dieser Weise nicht mehr mitgetragen. Aus vielen persönlichen Gesprächen mit Priestern und bekannten Theologen weiß ich, daß auch sie die Jungfrauengeburt heute anders sehen und deuten als das römische Lehramt. Und auch für mich persönlich muß ich ganz ehrlich bekennen, daß ich die Lehre von der jungfräulichen Geburt Jesu – so, wie sie heute noch zumindest offiziell von Papst und Bischöfen vertreten wird – in diesem biologisch-mirakelhaften Verständnis nicht mehr mitglauben kann.

Die Wahrheit liegt tiefer

Obwohl ich persönlich das lehramtliche Verständnis von der jungfräulichen Empfängnis nicht mehr im herkömmlichen Sinne nachvollziehen kann, spreche ich den Satz «... *geboren aus Maria, der Jungfrau*» beim Credo der Messe meist bewußt mit. Weil ich glaube, daß in dieser Formel hinter dem vordergründig Mirakelhaften eine tiefere Wahrheit verborgen ist, eine Wahrheit, der ich mich auch heute noch öffnen kann.

Die meisten Schwierigkeiten mit der Jungfrauengeburt verschwinden schon fast wie von selbst, wenn ich die Erzählungen aus der Geburtsgeschichte nicht als Tatsachenbeschreibung lese, sondern als ein tiefes und schönes poetisches Bild sehe, das auf einen vielschichtigen Hintergrund gemalt ist. Den Hintergrund bilden hellenistische Mythen und alttestamentliche Darstellungen, und im Vordergrund steht der Glaube an Jesus Christus. Literarisch gesehen ist die Geburtsgeschichte eine Legende, und eine Legende muß anders gelesen und verstanden werden als ein Tatsachenbericht. Auch eine Legende kann Wahrheit enthüllen.

Die «Wahrheit» der biblischen Geburtslegende liegt mit Sicherheit nicht bei den wunderhaft geschilderten Geschehnissen. Diese sind nur Darstellungmittel für etwas ganz anderes und viel Wichtigeres. Sie wollen den Glauben, daß Jesus der erwartete Messias ist, den Juden und den Heiden verkündigen. Dort liegt die «Wahrheit» der Geburtslegenden. Sie wollen keine Information geben über geheimnisvolle Vorgänge im Leib Marias, die zur Geburt Jesu führten. Sie sind keine Dokumentation eines gynäkologischen Befundes.

Schon Jahrzehnte bevor die Weihnachtsgeschichten entstanden, wurde in juden- und heidenchristlichen Gemeinden geglaubt, daß Jesus «Sohn Gottes», das heißt der Messias, der Christus, war. Dieser Glaube berief sich auf die Oster-Erfahrung; nicht auf eine Geburt aus einer Jungfrau. Die Erzählung von der Jungfrauengeburt ist *eine spätere legendenhafte Entfaltung und Veranschaulichung* dieses schon vorhandenen und gelebten Glaubens. Die Glaubensformel «... *geboren aus Maria, der Jungfrau*» ist keine Aussage über Maria, sondern eine Aussage über Jesus, der Gott in ganz neuer Weise der Menschheit vermittelt hat.

Ist es für das Lehramt wirklich unumgänglich notwendig, aus *Traditonstreue* an einem Verständnis der Jungfrauengeburt festzuhalten, das auf antiker Wundergläubigkeit und auf mangelnder Kenntnis der Eigentümlichkeit biblischer Sprechweisen beruht? Verpflichtet die Überlieferungstreue Papst und Bischöfe nicht viel mehr, die eigentliche Wahrheit, die in dieser legendenhaften Darstellungsweise verborgen ist, wieder neu sichtbar zu machen, indem sie zugeben, daß die Wahrheit nicht im Wunderhaften der legendären Darstellungsweise liegt, sondern in dem, was diese Legende verkünden will: den Glauben an Jesus Christus.

Damit würde man zugleich ein Verständnis der jungfräuliche Geburt Jesu freilegen, das es auch heute noch denkenden Menschen möglich macht zu glauben.

«Ein Rätsel ist Reinentsprungenes»

Diese Worte sind von Hölderlin: «Ein Rätsel ist Reinentsprungenes. Auch der Gesang kaum darf es enthüllen.» Mir fielen diese Worte ein, als ich heute noch einmal über das Bild der «reinen Jungfrau» nachdachte. Ich könnte die Worte Hölderlins weiterführen: Auch ein Gedicht, ein Hymnus, eine Preisung, eine Legende, ein Bild, eine Musik, ein Gebet «kaum darf es enthüllen». Das Bild des Jungfräulichen, das die biblisch-kirchliche Tradition bewahrt hat, wenn sie vom Kommen Gottes spricht, liegt wie unter einem Schleier, wie alles Bräutliche, so daß es selbst diesen ihm adäquaten Ausdrucksformen «kaum» gelingen kann, seine Wahrheit zu enthüllen und offenbar zu machen.

Ich will versuchen, wenigstens die Richtung anzudeuten, in der ich dieses Bild heute sehe: «Reine Jungfrau» steht hier nicht für gynäkologisch feststellbare Intaktheit der Hymen. «Reine Jungfrau» steht hier nicht für sexuelle Unberührtheit, auch nicht für eine moralische Leistung der Triebbeherrschung. «Reine Jungfrau» ist hier in diesem Zusammenhang überhaupt keine Kategorie sexueller Befindlichkeit.

Die Worte «Reinheit» und «Jungfräulichkeit» sind vielmehr Worte, die zeichenhaft einen Neubeginn andeuten. Sie weisen auf den Beginn eines neuen Lebens, einer neuen Hoffnung. Sie weisen auf die Chance eines ganz neuen Anfangs, der noch nicht belastet ist durch Vorangegangenes. Sie stehen für etwas, was noch nicht verdorben ist durch Niedrigkeit, Banalität und Gemeinheit der Gesinnung.

Sie lassen einen neuen Horizont des Lebens sichtbar werden und deuten auf eine ganz neue Möglichkeit zu leben. Jungfräulichkeit ist immer auch hoffnungsfrohe Erwartung kommender Erfüllung. Jungfräulichkeit steht für Offenheit; Offenheit für Neues, Kommendes, Größeres, Besseres. *Jungfräulichkeit steht für das, was noch nicht erstarrt, verhärtet und verkrustet ist in des Menschen Seele.*

Wenn die Sprache des Glaubens von der «reinen Jungfräulichkeit» Mariens spricht, meint sie damit nichts anderes als den Anfang einer ganz neuen Möglichkeit, wahrhaftiger, liebender und gottnaher zu leben; einer Möglichkeit, die sich der Menschheit durch Jesus, ihren Sohn, erschlossen hat.

Wie grobschlächtig, unsensibel und unangemessen erscheint demgegenüber die objektivistisch definierende Sprache lehramtlicher Äußerungen, die den Blick auf Genitales und Gynäkologisches, auf physische Fakten, auf Vordergründiges und Unwesentliches verengen! Sie entstellen und verzerren die eigentliche Wahrheit des Bildes von der Jungfräulichkeit.

Die «geheimnisvolle Rose» wird von tapsig groben Händen zerdrückt.

Reinheit?

Die «Reinheit» ist von ihren frommen Verehrern zu einem der wichtigsten Merkmale der Jungfrau-Mutter Maria gemacht worden. Sie ist nicht nur die «reinste Jungfrau», sondern sogar die «allerreinste Jungfrau». In immer neuen Variationen werden ihre «Reinheit» und «Unberührtheit» gepriesen.

Reinheit! – Was ist eigentlich damit gemeint? – Wenn von einem Menschen gesagt wird, daß er ein «reiner Mensch» sei, dann ist damit eine hohe Auszeichnung seiner Menschlichkeit verknüpft. Sie weist auf die Lauterkeit seiner persönlichen Gesinnung und Handlungsmotivation. Eine solche «Reinheit» hat aber gewiß nichts mit einer körperlich-sexuell verstandenen Unberührtheit zu tun und ist nicht mit dieser zu identifizieren.

Eine Frau, die fünf oder gar zehn Kinder geboren hat, ist dadurch nicht «unrein» geworden. Von ihr könnte man durchaus mit denselben Worten sprechen, die im Weihnachtslied von Maria gesagt werden: «Sie hat ein Kind geboren und blieb doch reine Magd.» Anderes zu behaupten wäre eine erniedrigende Beleidigung aller Mütter. Durch die Geburt eines Kindes wird keine Frau verunreinigt.

Und «Reinheit» hat auch nichts mit sexueller Enthaltsamkeit oder Prüderie zu tun. Auch eine Frau, die sich lustvoll und sinnenfroh an ihren geliebten Mann hingibt und sich dabei phantasievoll ihrer eigenen Sexualität erfreut, braucht *dadurch* nichts von der Reinheit ihrer Liebe und ihres Herzens zu verlieren. Anderes zu behaupten wäre eine Diffamierung der in der Schöpfung angelegten Liebe zwischen Mann und Frau.

Jesus preist jene *«selig, die reinen Herzens sind»*. Wenn aber in der kirchlichen Sprache die «Reinheit» der Jungfrau Maria gepriesen wird, ist nicht die Reinheit gemeint, von der Jesus spricht. Im allgemein üblichen kirchlichen Sprachgebrauch ist tatsächlich – ich muß es so hart ausdrücken – in primitiv vergröbernder Weise die fast ausschließlich körperlich verstandene Tatsache gemeint, daß das Geschlecht der Frau von keines Mannes Hand berührt, durch keines Mannes Kraft «versehrt» und durch keines Mannes Samen «befleckt» wurde.

Ein solches Verständnis von «Reinheit» kann sich nicht auf Jesus berufen, auch nicht auf göttliche Offenbarung, eher schon auf archaisch-dumpfes männliches Denken, das heute noch besonders in den romanisch-iberischen Ländern des Mittelmeeres und Südamerikas weit verbreitet ist. Das «reine, unberührte Mädchen», das noch kein anderer besessen hat, ist dort, aber nicht nur dort, auch heute noch bevorzugtes Objekt männlicher Wünsche.

Jungfräulichkeit – stammesgeschichtlich gesehen

Die Wurzeln einer solchen Bevorzugung «reiner, unberührter Jungfrauen» dürften in der biologischen Stammesgeschichte des Menschen liegen. Sie gründen in einer biologischen Steuerung des Verhaltens, die weit über die Steinzeit hinaus zurückreicht, in archaische Frühformen des menschlichen Fortpflanzungsverhaltens.

Die evolutive Verhaltensforschung erklärt dieses Verhalten

durch den Hinweis auf den sogenannten «Egoismus der Gene». Jedes männliche Wesen – auch bei Tieren ist das schon der Fall – ist durch angeborene genetische Verhaltenssteuerung dazu gedrängt, die Reproduktion seiner eigenen Gene gegenüber den Genen konkurrierender Artgenossen möglichst erfolgreich durchzusetzen. Der Mann – hier würde ich besser sagen: das Männchen im Mann – will deshalb sicher sein, daß kein anderes Männchen seine Gene bereits in den Schoß des «Weibchens» eingebettet hat. Und dessen kann der Mann nur bei einer «unberührten, reinen Jungfrau» sicher sein. Deshalb müssen sich in manchen Kulturen heute noch junge Frauen vor ihrer Heirat einer Überprüfung ihrer Virginität unterziehen.

In der religiösen Verehrung der «unberührten, reinen Jungfrau» Maria, auch in ihrer geistigsten Ausprägung, schwingt diese stammesgeschichtlich erworbene archaische Verhaltenssteuerung biologisch-sexueller Art, die der «unberührten Jungfräulichkeit» eine ganz besondere Faszination verleiht, im Hintergrund immer noch mit. Sie ist seit Zehntausenden von Jahren im Gehirn genetisch gespeichert und beeinflußt das Denken, Werten und Verhalten, auch wenn der Mensch im konkreten Einzelfall keine Ahnung davon hat und meint, aus «rein religiösen» Gründen zu denken und zu handeln.

Marienkult und Zölibat

Religiös motivierte Männer und Frauen, die ganz frei sein wollen für den Dienst an der Sache Gottes und für den Dienst am Menschen und deshalb auf die körperliche Erfüllung ihrer Geschlechtlichkeit in Ehe und Familie verzichten, finden in der überhöht gemalten Gestalt der unberührten Jungfrau Maria eine Möglichkeit der Identifizierung. Aus der Verehrung der Maria, die «vor, in und nach der Geburt» Jungfrau geblieben ist, kann ihnen Kraft für ihren Verzicht und für ihren Dienst zuwachsen. Ich gestehe vielen Klerikern, weiblichen und männlichen, Ordensleuten, Priestern und Bischöfen eine solche hoch zu achtende religiöse Motivation gerne zu.

Doch ist das alles, was besonders zölibatär lebende Männer in eine so inbrünstige Marienverehrung hineinführt? Ich frage jetzt nicht theologisch; ich frage psychologisch. (Die theologische Begründung ist meist nur eine nachträglich vollzogene rationale Rechtfertigung von Strebungen, die in den Tiefenschichten der menschlichen Seele wirksam sind.) Ich frage nach einer psychogenen Motivation, die unterhalb des bewußten Denkens aus einer tieferen Schicht des Unbewußten kommt.

Ein Zusammenhang zwischen Zölibat und Marienkult ist nur schwerlich zu übersehen. Nicht zufällig ist in der evangelischen Kirche, die ihren Glauben aus den gleichen biblischen Quellen nährt, die Marienverehrung in den Hintergrund getreten. Auch im Judentum und im Islam hat sich kein vergleichbarer Kult um die Gestalt einer «reinen Jungfrau» entwickeln können.

Das katholische Marienbild wurde vorwiegend von Zölibatären gemalt. Man hat die Gestalt der Maria hoch erhoben über alles Naturhaft-Weibliche, um ihre Gestalt von allem zu «reinigen», was dem Weib verführerische Mächtigkeit über Männer gibt und sie in die «Niederungen der Sünde» hinabziehen kann. Eine in dieser Weise «gereinigte» Frau kann nicht mehr gefährlich werden. Ihr kann man sich unbesorgt nähern. Sie zieht nur noch «empor».

Unterdrückte männliche Sexualität schafft sich kompensatorisch das Bild der allzeit reinen Frau, der man sich in glühender Verehrung hingeben kann, ohne selbst «unrein» zu werden. Vor allem für zölibatär lebende Kleriker wird der Marienkult zu einem Rettungsanker, an dem sie sich festseilen können, um nicht von den drängenden Fluten, die dem naturhaften Verlangen des Männlichen entströmen, davongerissen zu werden.

Wenn man den Papst und manche andere Kleriker reden hört, scheint es beinahe, als habe sich Jesu Botschaft um nichts anderes gedreht als um «jungfräuliche Reinheit», als um das sexuelle Verhalten der Menschen. Dabei hat er darüber kein einziges Wort verloren. Nicht die Lehre Jesu, sondern gnostisch-dualistische heidnische Philosophie steht am Anfang der klerikalen Reinheitsideologie.

Wenn ich die Hochstilisierung Marias zur «allzeit reinen» Jungfrau aus psychologischem Aspekt betrachte, kann ich das manchmal geradezu peinliche Minnegebaren ihrer klerikalen Verehrer in allen Ebenen der kirchlichen Hierarchien verstehen. Die Lyrik der zölibatären Marienpreisung unterscheidet sich in ihrer hingebungsvollen Innigkeit kaum von feinsinniger erotischer Poesie. Sie benutzt dieselbe Sprache und dieselben Bilder.

Die Mutter der Mütter

Was aber bringt Frauen, ganz normale Frauen mit Mann und Kindern, dazu, sich zwar anders, aber dennoch nicht minder inbrünstig der Marienverehrung hinzugeben?

Ich habe oft mit Frauen über ihre Marienverehrung gesprochen und sie nach dem Grund gefragt. Die vielen unterschiedlichen Antworten, mit denen sie ihre Marienfrömmigkeit begründeten, sammelten sich jedoch fast immer in Begründungen wie diese: «Sie ist eine Mutter wie ich. Sie versteht mich. Sie ist eine Frau. Ihr kann ich alles sagen.»

Gewiß keine theologischen Antworten, aber Antworten aus dem Herzen, Antworten aus der Tiefe der Seele, in der das Bild der helfenden und verstehenden Mutter eingezeichnet ist! Nicht nur individuelle Erfahrungen und Erinnerungen aus der eigenen Kindheit haben dieses Bild in die Seele gezeichnet; es ist älter und universeller; es ist ein Bild, das sich in einer langen Menschheitsgeschichte archetypisch dem Unterbewußten einprägte.

Aus der Tiefe der Seele steigt das Bild der hilfreichen und verstehenden Mutter immer wieder empor, besonders in Zeiten der Not und der Bedrängnis. Im Raum der christlichen Tradition verbindet es sich auf dem Weg der Projektion mit der verklärend und überhöhend gezeichneten Gestalt der Mutter Jesu. Die einfache jüdische Hausfrau und Mutter Mirjam aus Nazaret wurde so für unzählige Menschen christlichen Glaubens zu einer neuen Großen Mutter, zu einer christlichen «magna mater».

Maria steht für Mütterlichkeit schlechthin. Gerade in der Volksfrömmigkeit hat sie eine so große Bedeutung bekommen, weil ihre Gestalt genau der «magna mater» entsprach. Sie trat im christlichen Raum die Erbschaft der alten Muttergottheiten an und wurde so wirklich zu einer «Trösterin der Betrübten», zu einem «Ort der Zuflucht», zu einer «Mutter der immerwährenden Hilfe».

Während ich dies schreibe, denke ich immer wieder an meine eigene Mutter, die alljährlich nach Kevelaer wallfahrte und inbrünstig zu Maria betete.

Die Madonna

Ich erinnere mich an den großen Hindutempel in Neu-Delhi. Vor der Figur einer weiblichen Gottheit, die ein Kind auf dem Arm trug, zündeten indische Frauen Kerzen an und verneigten sich betend vor ihr. Ich war tief beeindruckt von der Ähnlichkeit dieses Bildes mit den Madonnenbildern, die ich aus meinen heimatlichen katholischen Kirchen kannte. Nur die indischen Gewänder unterschieden diese mütterliche Gottheit von den Marienfiguren in unseren Kirchen. Alles andere war gleich.

Und es *geschieht* wohl auch dasselbe, hier und dort; es ist dasselbe allgemeinmenschliche Tun, das aus der Tiefe des menschlichen Herzens fließt; hier bei uns, dort bei den Hindus. In der Gestalt der Madonna, der ins Heilige erhöhten Mutter mit dem Kind, spiegelt sich kein spezifisch christliches oder gar katholisches Thema. Es ist ein *Grundthema der ganzen Menschheit*: die Mutter und das Kind.

Neben der christlichen Madonna stehen zahlreiche mütterliche Gottheiten aus anderen Religionen, die in gleicher Weise wie Maria die elementare menschliche Grunderfahrungen der Mutter-Kind-Beziehung im Glanz göttlicher Mütterlichkeit widerspiegeln. Wir finden das Bild der Madonna deshalb in vielen Varianten immer wieder in den religiösen Mythen der Menschheit. Auch die ägyptische Isis wurde mit ihrem göttlichen Sohn Horus als Madonna mit Kind dargestellt.

Wie gut, daß es Maria gibt!

Des Menschen Seele verlangt nach dem bergend Mütterlichen. Aus dieser Sehnsucht des Herzens wurden alle mütterlichen Gottheiten geboren. Das Weibliche, auch das Weibliche im Mann, drängt danach, sich ebenso wie das Männliche am Horizont des Göttlichen personhaft zu spiegeln. Die großen Göttinnen der alten Welt erfüllten diesen Dienst und zogen in ihren Heiligtümern die Sehnsucht unzähliger Menschen an sich.

Die monotheistischen Religionen, Judentum, Christentum und Islam, haben in ihren Wirkungsräumen die weiblichen Gottheiten verdrängt. Der Gott dieser Religionen ist ein Mann. Er wurde nach dem Bild des Männlichen gezeichnet, und er duldete neben sich nichts anderes Göttliches. Doch die Vertreibung der heidnischen Göttinnen hat in der Seele der Menschheit eine Lücke aufgerissen und offengelassen. Und in dieser Lücke hat der christliche Marienkult neu Wohnung nehmen können. In dieser Lücke ist Maria herangewachsen zu einer neuen Großen Mutter.

Maria ist das einzige weibliche Wesen, das an herausragender Stelle innerhalb einer vom männlichen Denken geprägten Religion steht. In den katholischen Ländern des Mittelmeerraumes und Südamerikas, aber auch in Polen und Irland hat sie vielfach Jesus, ihren Sohn, und sogar Gott selbst aus dem Mittelpunkt der Frömmigkeit verdrängen können. Maria ist mächtig geworden. Zwar wird von der offiziellen kirchlichen Theologie immer wieder betont, daß Maria keine Göttin ist, aber in der praktischen Frömmigkeit, vom «einfachen Mütterchen» bis hin zum Papst, unterscheidet sich der Kult der Maria kaum vom Kult einer weiblichen Gottheit.

Im Islam und im Judentum hat sich keine vergleichbare Herausbildung eines weiblich geprägten Kultes vollzogen. Zu ihrem Vorteil? Vielleicht hat das Christentum durch die Marienverehrung gegenüber diesen Religionen auch etwas gewonnen. Ich meine etwas Weicheres, Wärmeres, Innigeres, Zärtlicheres, Poetischeres, Freundlicheres, Fraulicheres, Versöhnlicheres, Menschlicheres. (Vielleicht irre ich mich hier aber auch, denn das Bild der Maria wurde auch wie das einer Kriegsgöttin mordenden, brandschatzenden und plündernden Heeren vorangetragen.)

Unzählige Menschen haben jedoch der Jungfrau-Mutter Maria die Nöte und Ängste ihres Lebens anvertraut und haben dadurch Trost, Stärkung und Verständnis gefunden. Sie ist wirklich zu einer «Trösterin der Betrübten» geworden. Unzählige haben bei ihr Hilfe und Heilung gesucht und in irgendeiner Weise auch gefunden.

Der Marienkult mindert und mildert zumindest die einseitige männlich-patriarchalische Ausprägung der monotheistischen Religionen. Deshalb kann auch ich durchaus mit dem Titel einer bekannten Fernsehserie sagen: Wie gut, daß es Maria gibt!

Aufgenommen in den Himmel

Das kleine galiläische Mädchen Mirjam, lateinisch Maria genannt, ist tatsächlich «in den Himmel aufgestiegen»; jedoch in einem anderen Sinne, als es das Dogma von 1950 versteht.

Maria hat den Platz eingenommen, den einst die großen Göttinnen innehatten. Sie wohnt in den Räumen, in denen diese einst wohnten. Sie sitzt auf dem Thron, von dem aus jene einst herrschten. Man hat ihr Gewänder umgehängt, die jene einst trugen. Man legte ihr den Schmuck um den Hals, der einst die Göttinnen schmückte. Aus der einfachen Handwerkersgattin, der Hausfrau und Mutter, wurde eine «*Himmelskönigin*».

Schon die ägyptische Göttin *Isis* wurde so genannt: Königin des Himmels, Sankta Regina, Meereskönigin, Unbefleckte, Retterin, Gnadenspenderin, hilfreiche Mutter. Sogar Gottesgebärerin und Gottesmutter wurde sie genannt. Auch Isis gebar ihren Sohn Horus als Jungfrau. Aus dem Kleiderschrank der Isis stammt der blaue sternengeschmückte Mantel, den Maria heute noch trägt. (vgl. 10/399 ff.) Und auch die Mondsichel mit dem Stern unter den Füßen, den wir bei vielen Mariendarstellungen sehen, stammt ursprünglich aus dem Isis-Kult, der in Ephesus mit dem Kult der Fruchtbarkeitsgöttin Artemis und der Mondgöttin Kybele verschmolzen war.

Der Kult der Isis war noch in den ersten christlichen Jahrhunderten im römischen Imperium weit verbreitet. Erst allmählich löste das Christentum die Isis-Religion ab. Nicht nur die Titel der Isis wurden dabei auf Maria übertragen, auch die Kultstätten der Isis wurden zu Heiligtümern der Maria. Die bekannte römische Marienkirche Maria Supra Minerva steht auf den Fundamenten eines Isis-Tempels.

Unzählige Menschen des Mittelmeerraumes wallfahrten damals nach Ephesus zu einem wundertätigen Bild der Fruchtbarkeitsgöttin Artemis. Nach der erzählten Legende war es vom Himmel herabgefallen. Wird nicht auch an manchen christlichen Wallfahrtsorten ähnliches von einem Bild Marias erzählt? Es waren Isis und Artemis, die 431 auf dem Konzil zu Ephesus in einer neuen Gestalt, in der Gestalt der christlichen Maria, wiederauferstanden. Sie sind nur getauft worden.

Sogar die alte Fruchtbarkeitsgöttin lebt in Maria weiter. Als meine Frau nach fast einjähriger Ehe noch immer nicht schwanger geworden und schon in Sorge war, sie könne kein Kind bekommen, drängte meine Mutter sie, mit ihr nach Kevelaer zu fahren und dort bei Maria zu beten. Die beiden Frauen fuhren dorthin. Und neun Monate später wurde unser erstes Kind geboren. Da sage mal einer, Maria hätte nicht geholfen!

Im oberösterreichischen Ohlsdorf nahe am Traunsee schmückt ein Bild der schwangeren Maria den Hochaltar. Von weit her wallfahren alljährlich viele Frauen, die bislang vergeblich Mutterschaft erhofft haben, hilfesuchend zu diesem Bild. Artemis lebt weiter.

Marianismus und Papalismus

Von der historischen Maria wissen wir nur wenig. Wir kennen nicht die Namen ihrer Eltern, wissen nicht, wo und wann sie geboren wurde, und auch nicht, wann und wo sie gestorben ist. Das meiste von dem, was über ihr Leben erzählt wird, ist frommer Phantasie entsprungen.

Im Neuen Testament spielt sie nur eine Nebenrolle. Sie ist eine Randfigur. Es wird nicht erkennbar, daß sie zu Lebzeiten in der Urgemeinde eine besonders herausgehobene Stellung innehatte. Sie scheint auch nicht viel davon verstanden zu haben, was ihr Sohn sagte und tat. Trotz der Belehrung durch den Engel beim Beginn ihrer Schwangerschaft steht sie den späteren Ereignissen um Jesus ziemlich verständnislos gegenüber. Ja, es scheint sogar ein gespanntes Verhältnis zwischen Jesus und Maria bestanden zu haben.

Auch theologisch gesehen ist die Lehre von der Jungfrau Maria kein zentraler Inhalt des christlichen Glaubens. Innerhalb der sogenannten «Hierarchie der Wahrheiten» steht sie an untergeordneter Stelle. In den ersten christlichen Jahrhunderten gab es in der Kirche keine ausgeprägte Verehrung der Mutter Jesu. Diese entstand im 3. bis 5. Jahrhundert im Orient und setzte sich erst im Mittelalter stärker in der abendländischen Kirche durch.

Inzwischen ist Maria in der kirchlichen Frömmigkeit von der «Nebenrolle» fast in eine «Hauptrolle» hineingewachsen; zumindest in der päpstlich-katholischen Ausprägung des christlichen Glaubens.

Seit der Gegenreformation ist der Marienkult zum unterscheidenden Merkmal katholischer «Rechtgläubigkeit» geworden. Marienfrömmigkeit gehört zum Stallgeruch des Katholischen. Wer Vorbehalte hat gegenüber den kirchlichen Lehren über Maria, wer die marianischen Dogmen nicht lehramtsgetreu mitglaubt und auch den Marienkult in seinen oft abergläubischen Formen nur begrenzt nachvollziehen kann, steht eben nicht voll im «wahren Glauben». Er gerät in die Nähe der Irrlehrer. Eifrige Marienfrömmigkeit dagegen sichert die Karriere in der kirchlichen Hierarchie und gilt als wichtiges Auswahlkriterium für die Ernennung von Bischöfen.

Hinter der päpstlichen Förderung des Marienkultes in seinen vielen Formen – von der Verkündigung marianischer Dogmen bis hin zur Duldung des schlimmsten Aberglaubens an marianischen Wallfahrtsstätten – stehen weniger theologische als mehr machtpolitische Gründe der Kirche. Der katholische Marienkult diente der Abgrenzung gegenüber dem Protestantismus und der Stärkung des Papsttums. In Maria glorifiziert sich die römische Kirche selber.

Marianismus und Papalismus fördern einander.

Die zwei Marien

Die *historische Maria* wurde wahrscheinlich in Nazaret geboren, wir wissen es nicht genau; die *kultische Maria* aber, die «Maria des Glaubens», wurde in Ephesus geboren, fast vierhundertfünfzig Jahre später. Sie ist ein «synthetisches» Gebilde; zusammengewachsen aus den Erinnerungen an die historische Person der Mutter Jesu, aus neutestamentlichen Legenden und alttestamentlichen Schriftworten. Ihr Bild wurde gemalt nach dem Bild uralter Muttergottheiten und jungfräulicher Göttinnen. Die «allerreinste Jungfrau Maria» wurde gezeugt aus theologischen Spekulationen, aus reiner Sehnsucht des Herzens und aus sublimierenden Triebverdrängungen. Sie wurde geboren aus Glauben und Aberglauben, aus kirchenpolitischem Machtkalkül und aus naiven

Bedürfnissen der Volksfrömmigkeit. Diese «Maria des Glaubens» hat allerdings nur noch wenig mit der Frau zu tun, die Jesus geboren hat.

Manchmal habe ich schon gedacht, wenn die historische Maria, die Mutter Jesu, erführe, was man nach ihrem Tod aus ihr gemacht hat, würde sie wohl recht verwundert und völlig verständnislos die geistlichen Diener ihres Sohnes anschauen. Wenn sie Humor hätte, Realitätssinn und einen Schuß Burschikosität, würde sie vielleicht lachend sagen: «Was ihr mir da alles angedichtet habt! Ihr spinnt ja! Das bin ich doch gar nicht.» Oder sie könnte auch ärgerlich reagieren und unwirsch sagen: «Wenn ihr euch schon aus irgendwelchen Gründen, die ich nicht verstehe, eine idealisierte Frauengestalt zurechtbasteln müßt, dann sucht euch gefälligst eine andere dafür aus, nicht mich!»

«Du geheimnisvolle Rose»

«Ich sehe Dich in tausend Bildern, Maria, lieblich ausgedrückt. Doch keines kann Dich schildern, wie meine Seele Dich erblickt», singt Novalis, der Dichter der deutschen Romantik. Ich habe heute noch einmal die Lauretanische Litanei durchgelesen und war dabei berührt von der Schönheit der Bilder, in denen Maria dort gepriesen wird: Du geheimnisvolle Rose, Du Ursache unserer Freude, Du ehrwürdiger Kelch, Du goldenes Haus, Heilige Gottesgebärerin, Du unversehrte Mutter, Du wunderbare Mutter, Du weise Jungfrau, Du mächtige Jungfrau, Du Thron der Weisheit, Du Pforte des Himmels, Du Morgenstern, Du Zuflucht der Sünder, Du Trösterin der Betrübten, Du Königin, aufgenommen in den Himmel.

Bilder haben Macht. Und ich spüre, daß etwas in mir bereit ist, dem Zauber dieser Bilder nachzugeben und ihrer Schönheit zu erliegen; trotz aller kritischen Rationalität. Wenn ich die Worte, in denen die Kirche von Maria spricht, als Bilder sehe, die aus der menschlichen Seele heraus in die

Mutter Jesu überhöhend hineinprojiziert wurden, als Bilder, die symbolhaft das Sehnen des menschlichen Herzens nach dem huldvoll Weiblichen, dem bergend Mütterlichen, dem helfend Mächtigen ausdrücken, kann ich sie verstehen. Wenn ich diese Worte als Bilder verstehe, die das Verlangen nach dem ganz Guten, dem ganz Reinen, dem ganz Wahren widerspiegeln, dann erkenne ich, daß sie auf die Gestalt *Jesu* hinweisen. Dann kann ich sogar *Ja* dazu sagen.

Ich ehre Maria als die Mutter Jesu.

«Wie das Gras, das am Morgen noch blühte»

Liebe, die den Tod überdauern möchte

Wir hatten einen jungen Mann zu Grabe getragen, um die vierzig, Autounfall. Seine Eltern waren mit uns befreundet. Er und seine Frau waren vor Jahren aus der Kirche ausgetreten. Wir hatten diese Entscheidung respektiert, weil wir wußten, daß sich beide diesen Schritt nicht leichtgemacht hatten.

Als wir nach der Beerdigung den Friedhof verließen, kam die junge Witwe zu mir, faßte mich am Arm und sah mich eindringlich fragend an: «*Nicht wahr, du glaubst doch auch, daß ich ihn wiedersehe?*» Das fragte mich, Zustimmung erflehend, eine nichtglaubende, emanzipierte und intelligente junge Frau angesichts des endgültigen Abschieds von ihrem Mann. In ihrer notvollen Frage brach der Anspruch einer Liebe auf, die den Tod des Geliebten überdauern möchte. Auch in der *Trauer* um den Tod eines geliebten Menschen stemmt sich die Liebe gegen den Tod. Sie will die Trennung durch den Tod nicht hinnehmen und hofft auf ein Wiedersehen, auf eine Wiedervereinigung.

Ich habe ihr geantwortet: «*Ja, das glaube ich auch.*» Was konnte ich ihr in dieser Stunde anderes sagen? Kann man ein Ethos sachlich nüchterner Wahrhaftigkeit aufrechterhalten gegenüber dem Schrei der Liebe nach Ewigkeit? Hätte ich ihr sagen sollen, daß ich Zweifel daran habe, ob wir nach unserem Tod geliebte Verstorbene wiedersehen?

Die Hoffnung des Menschen auf ein Weiterleben nach dem Tod und auf ein Wiedersehen geliebter Menschen wurzelt wahrscheinlich zu einem großen Teil in dem *Verlangen der Liebe nach Ewigkeit.*

Eine Frage ohne Antwort?

Es dürfte kaum einen denkenden Menschen geben, dem sich die Frage nach dem, was nach dem Tod kommt, nicht stellt, gleich, ob er Christ, Moslem oder Hindu ist; egal, ob er gläubig oder nicht gläubig ist. Es ist keine Frage nur der Frommen; es ist eine Frage des Menschen schlechthin, eine Frage aller denkenden Menschen. Es ist keine Frage intellektueller Neugier; es ist eine Frage existientieller Bedrängtheit.

Immer wieder ist es Ratlosigkeit, Hilflosigkeit, Antwortlosigkeit, die uns überfällt, wenn wir dem Tod gegenüberstehen, wenn ein Mensch, der uns nahe ist, im Sterben liegt, wenn wir einen Verstorbenen begraben und Abschied nehmen müssen, wenn wir selbst, alt geworden oder von schwerer Krankheit bedroht, dem Tod ins Auge sehen müssen! Die vielen Phrasen, die an den offenen Gräbern ertönen, sind wahrscheinlich nur Ausdruck dieser Hilflosigkeit.

Nirgendwo ist die Frage nach Gott und einem Jenseits bedrängender als an der hauchdünnen Grenze, die unser Leben von dem *Unbekannten* trennt, das danach auf uns zukommt. Und wir wissen keine Antwort auf diese Frage, keine Antwort, die unumstößlich sicher ist. Ein sicheres Wissen über das, was unserem Tode folgt, ist uns verwehrt. Jedem von uns; gleich, was er glaubt!

Ungewißheit

Wer sagt, *daß mit dem Tode alles aus ist,* wird sicher viele überzeugende und ernst zu nehmende Gründe für diese Überzeugung aufführen können, und er wird kaum mit sicheren Beweisen rational zu widerlegen sein. Aber auch ihm bleibt die Ungewißheit, daß es anders sein könne. Und diese Ungewißheit bricht immer wieder in Situationen existientieller Ausgesetztheit aus ihm hervor. Heute morgen noch las ich in der Zeitung, daß der schwer erkrankte französische Staatspräsident Mitterrand, der – soviel ich weiß – kein gläubiger

Christ ist, den Philosophen Jean Guitton aufgesucht habe, um mit ihm «über das Jenseits» zu sprechen.

Auch wer sagt, daß er an *ein neues Leben nach dem Tod* glaubt, wird Gründe nennen können für seinen Glauben, gute und ernst zu nehmende Gründe sogar. Aber auch er wird uns dafür keine Beweise auf den Tisch legen können, die uns absolute Sicherheit geben. Die Gewißheit eines gewandelten Daseins jenseits des Todes ist uns *in der Form eines sicheren Wissens* nicht erreichbar. Sie kann nur erhofft und geglaubt werden.

Ein fünfundzwanzigjähriger Student der Elektrotechnik, den ich immer zur Hilfe rufe, wenn ich mit meinem Computer nicht mehr klarkomme, sagte mir, daß er fest an ein Weiterleben nach dem Tod glaube. Als ich ihn nach dem Grund seiner Sicherheit fragte, sagte er: «Sonst könnte ich dieses Leben nicht aushalten.»

Hoimar von Ditfurth, der großen Kenner und Vermittler moderner Naturwissenschaften, dem ich einen großen Teil meiner Kenntnis des heutigen Weltbildes verdanke, sprach in seinem letzten Interview kurz vor seinem Tod davon, daß er ja bald Antwort auf alle seine Fragen bekommen würde. (33/100) Er sagte das, obwohl er nach eigenen Angaben keiner Religionsgemeinschaft zugehörte. Das hat mich nachdenklich gemacht.

«Ihr sterbt mit allen Tieren»

«Laßt euch nicht verführen! Es gibt keine Wiederkehr. Ihr sterbt mit allen Tieren. Und es kommt nichts nachher», singt *Bert Brecht*. Eine bittere und für viele schwer zu akzeptierende illusionslose Aussage! – Ist das die Wahrheit über unseren Tod, über unser Leben? – Ich will versuchen, mich sachlich und nüchtern der Frage zu nähern.

In der Tat! Ob wir uns dagegen sträuben oder nicht, den Tod teilen wir mit den Tieren, das Vergehen mit den Pflanzen. «Wie das Gras, das am Morgen noch blühte, so welken wir dahin», sagt schon der 90. Psalm. *Der Tod ist mit der Entwicklung des Lebens in die Welt hineingekommen; er ist ein Kind der Evolution.* Ohne den Tod hätte sich das Leben nicht weiterentwickeln, entfalten und höher strukturieren können. Ohne den Tod wäre nie der Mensch entstanden.

Die Entfaltung des organischen Lebens auf dieser Erde beginnt mit der ungeschlechtlichen Selbstreproduktion recht einfacher Lebensformen. Jede Generation ist – bis auf gelegentliche Kopierfehler, den *Mutanten* – eine genaue Kopie der vorhergehenden. Es gibt keine Weiterentwicklung, keine Anpassung an veränderte Umweltbedingungen. Ändern sich diese, kann die ganze Art zugrunde gehen.

Aus den *Mutanten* jedoch ergeben sich gelegentlich *Varianten* in der erbmäßigen Ausstattung der Art, die zu Verbesserungen der Überlebensfähigkeit der Art führen, besonders dort, wo eine Art die Fähigkeit entwickelt, andere lebende Organismen in sich aufzunehmen, das heißt konkret: *andere Lebewesen zu fressen.* Die Konkurrenz der Arten macht die eine Art zum Bedroher und auch zum Vernichter des Lebens einer anderen Art: Der Tod ist geboren. Seitdem kann das Leben nur überleben, wenn es anderes Leben vernichtet. Ein grausames Prinzip, das der Schöpfung eines «liebenden Gottes» zugrunde liegt!

Die ungeschlechtliche Fortpflanzung durch Selbstreproduktion gab schon den Weg frei zum «Artentod». Am Anfang des *individuellen* Todes steht die «Erfindung» der geschlechtlichen Fortpflanzung, der *Sexualität*. Sie mischt die Erbanlagen verschiedener Individuen zu immer neuen Kombinationen und Varianten und bringt so auf dem Weg der *Selektion* immer wieder neue Spielarten des Lebens hervor, die besser an sich ändernde Lebensbedingungen angepaßt sind und auch eine höhere Ausstrukturierung des Lebens ermöglichen. Die geschlechtliche Vermehrung wurde zum eigentlichen Motor der Evolution. Sie trieb die Entwicklung des Lebens und seine Auffaltung bis in die Ebene des Menschlichen voran. Die Weiterentwicklung der Art machte eine Begrenzung der Lebensdauer ihrer einzelnen Individuen notwendig.

Der Tod: der Preis des Lebens! Wie wir das Leben mit den Tieren teilen, so teilen wir auch den Tod mit ihnen. (vgl. 6/480 f.)

«*Wahrlich, das Los des Menschen und das Los des Viehs – ein und dasselbe Los haben sie. Wie jenes stirbt, so sterben auch diese*», so stellt auch schon das Alte Testament ganz nüchtern und realistisch fest. (Pred 3,19)

Der Tod – Folge der Sünde?

Angesichts des heutigen Wissens über die Entstehung des Lebens und des Todes, das ich hier nur ganz kurz und vereinfachend skizzieren konnte, erscheint mir das Verständnis des Todes, wie es heute noch im päpstlichen Weltkatechismus gelehrt wird, doch höchst bezweifelbar. «Der Tod ist Folge der Sünde», so heißt es dort. «*Als authentischer Ausleger der Aussagen der Heiligen Schrift und der Überlieferung lehrt das Lehramt der Kirche, daß der Tod in die Welt gekommen ist, weil der Mensch gesündigt hat.*» (Nr. 1008)

Die Deutung des Todes als Folge eines schuldhaften Bruches zwischen dem Menschen und der Gottheit finden wir in vielen urtümlichen Mythen. Sie ist *eine mythische Deutung*. Auch die biblische Deutung, auf die sich das kirchliche Lehramt beruft, ist eingeflochten in dieses mythische Denken. Wie alle Menschen stand auch der Mensch der biblischen Zeit fragend und ratlos vor der alles beendenden Macht des Todes. Wer hat ihm solche Macht gegeben? Woher kommt er? Der Tod wurde immer als eine gegengöttliche Macht empfunden, als etwas, was Gott, der Quelle des Lebens, entgegenstand. Konnte der Tod also von Gott kommen? Nein, er mußte aus einem *Bruch* mit Gott, aus einer schuldhaften Entfremdung zwischen den Menschen und Gott, hervorgegangen sein. Nicht Gott, sondern die Sünde des Menschen mußte Ursache des Todes sein. Und diese Antwort, die gläubiges Nachdenken gefunden hatte, konnten die biblischen Autoren damals nur in der Sprache des Mythos ausdrücken:

Der Tod ist in die Welt gekommen, weil die ersten Menschen, Adam und Eva, im Paradies sündigten.

Ist es wirklich eine «authentische» Auslegung, wenn das kirchliche Lehramt einen Mythos wie eine Tatsachenschilderung interpretiert? Ich habe berechtigte Zweifel.

Das Nein zum Tod

Nicht nur den Tod, auch den machtvollen Drang zum Leben haben wir mit den Tieren gemeinsam. Und darum wehren wir uns gegen den Tod. Schon die Tiere versuchen ihm zu entgehen, indem sie ein waches Witterungsvermögen für Bedrohungen, rasch reagierende Fluchtinstinkte und Schnelligkeit entwickelten. Sie tarnen sich durch Mimikry, binden sich in Herden, Rudeln und Schwärmen zusammen, warnen einander, haben sich Panzer und Stacheln, Krallen und Giftzähne zugelegt, und sie benutzen ihre Waffen nicht nur zum Beutemachen, sondern auch als gefährliche Verteidigungswerkzeuge. Ihr Leben ist ständig durchzogen von der Abwehr des Todes, obwohl sie nicht bewußt um diesen wissen. – Ich bin allerdings nicht so ganz sicher, ob es nicht doch vielleicht schon bei hochentwickelten Tieren wie Schimpansen, Delphinen, vielleicht auch bei Hunden, dennoch Vorstufen eines «Wissens» um den drohenden Tod gibt; zumindest in der aktuellen Bedrohung.

Doch ist es wohl dem Menschen vorbehalten, um den Tod zu *wissen*. Wir wissen um die Unausweichlichkeit unseres eigenen Todes. Und dieses Wissen gebiert die *Angst vor dem Tod*. Wir können die Angst überspielen und verdrängen; aber immer lauert sie im Hintergrund und bricht auf, wenn wir dem Tod begegnen. Die Angst vor der Endgültigkeit des Nicht-mehr-da-Seins wirkt heimlich und meist unbewußt im Hintergrund, wenn wir hoffen, in unseren Kindern weiterzuleben oder in den Werken, die wir schufen, oder im achtenden Gedenken unserer Mitmenschen oder gar im Nachruhm.

Weiterleben nach dem Tod?

Die Bereitschaft, sich angesichts der Unausweichlichkeit des Todes an eine Hoffnung zu klammern, die Aussicht gewährt, irgendwie in einer jenseitigen Welt dennoch der Endgültigkeit des Sterbens zu entkommen und in irgendeiner Weise weiterzuleben, scheint bei den meisten Menschen tief im Herzen verwurzelt zu sein.

Wen wundert es da, wenn Vorstellungen eines Weiterlebens nach dem Tod die ganze Menschheitsgeschichte durchziehen, angefangen schon bei urzeitlichen Toten- und Ahnenkulten mit Grabbeilagen für das Leben im Jenseits? Die Pyramiden der alten Ägypter sind monumentale steingewordene Dokumente des Glaubens an ein Weiterleben. In fast allen Religionen, die es auf der Erde gab und gibt, taucht der Gedanke eines Lebens nach dem Tod auf. Die prachtvollen Tempel, Pagoden, Kathedralen und Dome, der Armut und dem Elend der Menschen abgerungen, wurden errichtet auf dem Fundament menschlicher Angst vor dem Sterben und aus der Hoffnung auf neues, besseres Leben in einer jenseitigen Welt.

Ernst Bloch, der Philosoph des Prinzips «Hoffnung», sagte, daß der Sieg des Christentums über die heidnischen Religionen der Antike nicht etwa dem Ruf der Bergpredigt zu verdanken sei, sondern dem Ruf Christi: «Ich bin die Auferstehung und das Leben.» Durch die Taufe, so hoffte man ganz konkret, werde man ebenso wie Jesus nicht bei den Toten bleiben, sondern mit ihm zu einem neuen Leben auferstehen. (vgl. 18/65)

Hineinsterben ins Nichts?

In meinem eigenen Glaubensleben hat der Gedanke an ein Weiterleben nach dem Tod eigentlich nie eine besonders wichtige Rolle gespielt. Gut, ich habe zusammen mit dem gesamten christlichen Glauben auch den Glauben an ein ewiges

Leben für mich übernommen und auch so gelehrt. Aber christliches Glauben war für mich, ebenso wie kirchlich-sakramentales Leben und auch moralisches Verhalten, nie mit der Erwartung verknüpft, dadurch einmal nach meinem Tod eines ewigen Lebens teilhaftig zu werden. Mein Blick war – auch im Glauben – mehr auf das *Leben vor dem Tod* gerichtet als auf ein «Leben *nach* dem Tod». Die Grundorientierung an Lehre und Person Jesu war mir Weisung für das Leben auf der Erde, nie «*Mittel* zur Erlangung ewiger Seligkeit».

Die *Möglichkeit,* daß es mit dem Tod für mich endgültig aussein könnte, daß ich wirklich in ein Nichts hineinsterbe und dann nie wieder etwas von meiner eigenen Existenz weiß, bedrängt mich deshalb nicht besonders. Ich würde mich dann wohl nicht anders fühlen, als ich mich in der Jungsteinzeit fühlte, nicht anders als in der Zeit der Pharaonen oder des Perikles, nicht anders als in dem Jahr, in dem Jesus gekreuzigt wurde, nicht anders als im Jahre 800, als Karl der Große gekrönt wurde, nicht anders als im Jahre 1756, als Mozart geboren wurde: Ich würde nichts von mir spüren und nichts von mir wissen. «Nach dem Tod wirst du seyn», sagt Schopenhauer, «was du vor deiner Geburt warst.»

Vor dem *Tot-Sein* habe ich weniger Angst als vor dem Elend des Sterbens, vor quälendem Siechtum, vor andauernden Schmerzen und vor entmündigendem Abhängigsein. Ich habe noch die seit Kindheit vertraute und oft gesprochene Gebetsformel im Ohr: ‹Vor einem plötzlichen und unerwarteten Tod bewahre uns gnädig der Herr.› Heute würde ich ihn bitten, mir einen raschen Tod ohne langes Leiden zu schenken. Wenn ich dann einmal tot bin, würde ich nichts mehr spüren, keine Schmerzen, keine Angst, keine Not. Frieden wird sein und Ruhe, «ewige Ruhe».

Aber das Herz des Menschen verlangt nach mehr. Und dieses *Mehr* erwartet es von Gott: *neues Leben, gewandeltes Leben, ewiges Leben.*

Hineinsterben in das Alles?

Die christliche Hoffnung auf ein Leben jenseits des Todes stützt sich auf den Glauben an die Auferstehung Jesu. Bei Hans Küng fand ich ein Verständnis der Auferstehung Jesu, das mir etwas weiterhilft: «Jesus ist nicht ins Nichts hineingestorben, sondern ist im Tod und aus dem Tod in jene unfaßbare und umfassende letzte und erste Wirklichkeit hineingestorben, von jener wirklichsten Wirklichkeit aufgenommen worden, die wir mit dem Namen Gott bezeichnen.» (18/148)

Auferstehung meint, daß Jesus in eine «Wirklichkeit» hineingestorben ist, die jenseits von Raum und Zeit, jenseits von Leben und Tod, das Ganze der Welt umfaßt, hervorbringt und trägt, eine nicht faßbare Wirklichkeit, die wir uns gewöhnlich unter dem Bild einer handelnden Person vorstellen und «Gott» nennen. Jesus ist, so sagt der Glaube, nicht in das Nichts hineingestorben, sondern in das *Alles*, in das *Ganze*, in *Gott*. Die Dimension «Ewigkeit» ist keine Wirklichkeit, die bestimmt ist durch ein «Vor» oder «Nach» dem Tod; sie umgreift das Ganze von Raum und Zeit, von Materie und Geist, von Leben und Tod.

Doch gibt es diese Wirklichkeit? Wir können sie nicht beweisen. Ich erinnere mich an Hoimar von Ditfurth, der immer wieder gelehrt hat, daß die Wirklichkeit nicht da endet, wo unser Erkenntnisvermögen an seine Grenzen stößt. Besonders der von Konrad Lorenz aufgedeckte evolutionsgeschichtliche Hintergrund macht eines sicher: «... *die Einsicht, daß die objektiv existierende Welt nicht identisch ist mit dem, was wir als unsere Wirklichkeit erleben.*» (31/383)

Ist es also doch, wie Küng sagt, «*vernünftig*», darauf zu vertrauen, daß jenseits der von uns erlebten Wirklichkeit eine neue, größere umfassendere Wirklichkeit vorhanden ist?

In Gott hinein sterben

Wenn es jene letzte (und erste) Wirklichkeit, die das Ganze der Welt, des Universums, des Lebens auf der Erdkugel einschließlich meines kleinen Lebens hervorbringt, durchdringt, trägt und umfaßt, jene Wirklichkeit, die wir «Gott» nennen, wirklich geben sollte, dann könnte ich «... in einem vernünftigen Vertrauen, in aufgeklärtem Glauben» auch mein eigenes Sterben als ein «*In-Gott-hinein-Sterben*» verstehen und auch annehmen. (vgl. 20/187)

Wenn alles in dieser Welt in jener letzten Wirklichkeit sein Ziel und seine Vollendung erfahren sollte, dann kann ich mich nicht der Hoffnung verschließen, daß auch mein eigenes Leben dort sein *Ziel*, seine *Lösung*, seine *Befreiung*, seinen Punkt Omega erfahren könnte: Gott nicht nur der Ursprung des Ganzen; Gott auch sein letztes Ziel; Gott nicht nur die Quelle allen Lebens, auch der Ozean, in den es einmündet. «Denn aus ihm und durch ihn und zu ihm hin ist alles.» (Röm 11/36)

Wenn ich darauf vertraue, fügt sich mein persönliches Sterben in das Ganze ein. Es läßt mich meinen Tod nicht nur als ein sinnloses Schicksal erscheinen; es verbindet ihn mit dem *Sinn* des Ganzen: mit Gott. Meine Existenz ist von ihm umschlossen. Ich werde *mit allem, was ist,* in den lebendigen, alles umfassenden *Grund* zurückkehren, aus dem alles hervorgegangen ist.

Ein Sonderprivileg des Menschen?

Es liegt schon fast dreißig Jahre zurück, aber ich erinnere mich noch genau daran. Meine damals etwa zehnjährige Tochter kam verstört aus der Schule nach Hause und erklärte, daß sie auf keinen Fall in den Himmel kommen wolle. Auf meine erstaunte Frage, warum sie denn nicht in den Himmel kommen wolle, erzählte sie, der Religionslehrer habe im Unterricht erklärt, daß die Menschen einmal im Himmel zusammen mit vielen Engeln ganz nahe bei Gott wohnen dürfen. «Sind im Himmel denn keine Tiere?» hatte sie gefragt und darauf die Antwort bekommen: «Nein, Tiere können nicht in den Himmel kommen. Sie haben ja keine unsterbliche Seele.» – «Wenn es im Himmel keine Tiere gibt», sagte sie dann zu mir, «dann will ich auch nicht in den Himmel kommen.»

Kein Verbleiben im Tode, Auferweckung, neues Leben in verwandelter Form, bleibende Glückseligkeit; das sind die Verheißungen, welche die christliche Überlieferung den Glaubenden zuspricht. Aber gilt diese Verheißung nur den Menschen? Ich habe in der Kirche noch nie gehört, daß man von einer Auferweckung von Schimpansen, Hunden, Rindern oder gar von Kröten und Schlangen gesprochen hätte. Ja doch, bei *einem* habe ich einen solchen Gedanken schon einmal gelesen, bei Eugen Drewermann in einem kleinen Büchlein über die «Unsterblichkeit der Tiere». Ich zolle ihm schon allein wegen dieses Büchleins meinen Respekt.

Doch den meisten vom traditionellen kirchlichen Denken geprägten Gläubigen, und ebensolchen Theologen, wird die Vorstellung von einer «Auferweckung der Tiere zum ewigen Leben» absurd erscheinen, spontan Abwehr, wenn nicht gar Empörung auslösen, zumindest verständnislos-nachsichtiges Lächeln hervorbringen. Die Frage stellt sich den meisten gar nicht.

Dennoch frage ich: Ist die Zusage kommenden ewigen Lebens ein Privileg des Menschen? Ist sie eine Sonderausstattung jener Spezies, die es in der heutigen Entwicklungsform des homo sapiens erst seit etwa hunderttausend Jahren gibt, die sich auf der kleinen Erdkugel zufallsgesteuert aus Lebensformen entwickelt hat, die wir heute den Tieren zuordnen?

Wie weit dürfen wir stammesgeschichtlich zurückgehen, um von einer Berufung des Menschen zum ewigen Leben sprechen zu können? Bis zur Steinzeit oder gar bis zum *Neandertaler* oder noch etwa 1,6 Millionen Jahre weiter zurück bis zum *homo erectus* oder etwa 2 Millionen Jahre zurück bis zum *homo habilis*? War schon das Lebewesen, das sich vor einigen Millionen Jahren irgendwo am Rande der afrikanischen Steppe vom Baum herunterfand, den aufrechten Gang erlernte, Werkzeuggebrauch, Denken und Sprache entwickelte, des Glücks teilhaftig, nach seinem Sterben wieder einmal auferweckt zu werden?

Und *wo* ist da die Grenze etwa zum *Australopithecus anamensis*, den man heute als gemeinsamen Ahnen von Menschen und Schimpansen ansieht? Er lebte vor vier bis fünf Millionen Jahren. *Wo* ist die über die Unsterblichkeit entscheidende *Grenze vom Tier zum Menschen?* Mit den Schimpansen, unseren Vettern, haben wir – so erinnere ich mich, irgendwo einmal gelesen zu haben – 98,4 Prozent unserer Gene gemeinsam. Sind es die lächerlich geringen 1,6 Prozent Eigenkapital, die uns eine unsterbliche Seele verleihen und uns ein Weiterleben nach dem Tod verheißen?

Obwohl unbestreitbar ist, daß sich Geist, Bewußtsein, Denken und einige andere Fähigkeiten beim Menschen am weitesten entwickelt haben, können wir heute nicht mehr von einer absoluten Andersheit des Menschen gegenüber den anderen dreißig Millionen Lebensformen ausgehen, so wie man es in früheren Zeiten noch konnte. Die Grenze zwischen Mensch und Tier kann nach unserer heutigen Kenntnis der Entwicklung des Menschen nicht eindeutig bestimmt werden. Die stammesgeschichtlichen Übergänge sind fließend.

Auch wir Heutigen sind noch Übergangswesen. Wo wäre dann die Grenze der Teilhabe an der «Auferstehung des Fleisches» festzulegen? Sind es nur einige Windungen und einige Milliarden Neuronen und Synapsen im Gehirn mehr, die uns die Hoffnung auf ewiges Leben bescheren? Oder ist es die vielzitierte *«unsterbliche Seele»*, die von der griechischen Philosophie in die kirchliche Lehre eingewandert ist? Aber auch da müßte man fragen, ab welcher Entwicklungsstufe dem Menschen eine unsterbliche Seele zugesprochen werden kann.

... zu anthropozentrisch gedacht

Ich vermute, daß die übliche Einschränkung des Auferweckungsglaubens auf den Menschen weniger einer «göttlichen Offenbarung» entspringt als vielmehr einer angeborenen entwicklungsbedingten Eigentümlichkeit des Gehirns, die Wirklichkeit fast ausschließlich aus dem Blickwinkel der eigenen Spezies aufzunehmen, zu bewerten und zu verarbeiten. Die verbreitete religiöse Vorstellung, daß nur der Mensch als «Gottes Ebenbild» zur Unsterblichkeit berufen ist, dürfte in einer angeborenen *Anthropozentrik* des Denkens wurzeln, die dem so Denkenden selbst gar nicht bewußt ist.

Die selbstüberschätzende Überbetonung des Unterschiedes zwischen dem mit einer «unsterblichen Seele» ausgerüsteten Menschen und den «seelenlosen» Tieren ist besonders in den Ländern des Mittelmeerraumes und des Orients, den Ursprungsländern der christlichen Religion, weit verbreitet. Sie hat Mitleid- und Gefühllosigkeit gegenüber Tieren verstärkt und ist zur Ursache vieler Qualen und Leiden der «unbeweinten Kreatur» (Josef Bernhard) geworden.

Es geht mir hier nicht darum, den Tieren unbedingt ein Leben nach dem Tod zusprechen zu wollen; es geht mir um den Menschen. Aber wenn es keine «Auferstehung des Fleisches» bei der übrigen Schöpfung geben sollte, dann ist es heute schwer einzusehen, daß sie nur den Menschen erwartet. Wenn es ein Leben nach dem Tod für den Menschen geben sollte, dann ist es nach unserem heutigen Wissen um die Stellung des Menschen innerhalb der Entwicklungsgeschichte des Lebens ebenso schwierig, überzeugende Gründe zu nennen, das übrige Leben davon auszuschließen.

«Denselben Odem haben sie alle, und einen Vorrang des Menschen vor dem Vieh gibt es nicht», lehrt schon Kohelet im Alten Testament.

Voll-Endung des Ganzen?

Wenn es schon eine Wirklichkeit des Lebens jenseits dieser irdischen geben sollte, dann müßte diese andere Wirklichkeit neuen vollendeten Daseins etwas sein, was dem *Ganzen der Welt* zukommt, nicht nur den Menschen, auch den Tieren und Pflanzen. Diese neu aufbrechende Wirklichkeit müßte etwas sein, in dem *alles in der Welt* sein Ziel und seine Vollendung findet; *alles*, von den Elementarteilchen der Materie angefangen bis hin zum Menschen.

In der Bibel wird tatsächlich in dieser universellen Weise die Vision einer «*neuen Schöpfung*» ausgesprochen. Es ist die Rede von «*einem neuen Himmel und einer neuen Erde*», in der *alles* seine Vollendung und Erfüllung findet. «Seht, Gott wird bei den Menschen wohnen. Das Alte ist vergangen. Und Gott sprach: *Neu mache ich alles.*» (Off 21,2–5)

Der Evolutionsgedanke in den Naturwissenschaften, der das Universum und das Leben in einer Bewegung auf eine noch offene, unbekannte Zukunft sieht, kommt dieser biblischen Vision entgegen, eröffnet zumindest Zugänge zum Verständnis ihrer Verheißung.

Allzu menschliche Vorstellungen

Heißt das also, daß ich glaube, nach meinem persönlichen Tod einmal *persönlich* neu lebendig zu werden, wenn auch in ganz anderer Weise? Heißt das, daß ich dann meiner selbst bewußt sein werde, daß ich weiß, daß ich da bin, daß ich lebe, ich ganz persönlich? Heißt das, daß ich erwarten kann, dort – ich hoffe im Himmel – meine verstorbenen Eltern und die vielen Lieben wiederzusehen, die ich mit begraben habe? Glaube ich, daß ich mich dann in einem Zustand bleibender Glückhaftigkeit befinde und dieses Glück auch persönlich erlebe? Glaube ich, daß dann Recht wiederhergestellt, Unrecht erkannt und Lüge entlarvt wird?

Es fällt mir schwer, aber ich muß hier zunächst einmal ehrlich sagen: *Nein!* – Nein, in *dieser* Vorstellungsform glaube ich das nicht. Und mit diesem Nein, glaube ich mich in guter Gesellschaft zu wissen, in bester sogar: Jesus selbst hat solchen naiv-realistischen Übertragungen allzu menschlicher Erwartungen und Vorstellungen auf die Auferweckung widersprochen. Er wies die Frage der Sadduzäer, mit wem die Frau von sieben nacheinander verstorbenen Brüdern denn nach der Auferstehung verheiratet sei, zurück: «Ihr seid im Irrtum, weil ihr die Schrift nicht kennt und auch nicht die Macht Gottes. Denn bei der Auferstehung heiraten sie nicht, und sie lassen sich auch nicht heiraten.» (Mt 22,29)

Wir müssen davon ausgehen, daß auch unsere Vorstellungen von einem Leben nach dem Tod ebenso unzureichend sind wie die der Sadduzäer. Auch unsere Vorstellungen sind nur *Verlängerungen irdisch-realer Bedeutsamkeiten* in eine jenseitige Welt hinein. Sie sind menschlich, allzumenschlich, aber doch auch unangemessen. Auferstehung meint ja keine Verlängerung unseres jetzigen Lebens, sondern den Übertritt in eine *ganz andere* Dimension der Wirklichkeit.

Hoffnungsbilder

Für die «ganz andere» Wirklichkeit, die wir mit «Auferstehung» bezeichnen, hat unser Vorstellungsvermögen, das sich in vielen hunderttausend Jahren unter den raumzeitlichen Bedingungen auf der Erdkugel entwickelt hat, keine angemessenen Kategorien hervorgebracht. Wir *können* uns deshalb diese *«ganz andere»* Wirklichkeit nicht vorstellen. Sie liegt tatsächlich «jenseits» unseres Vorstellungsvermögens.

Wenn wir dennoch von dieser erhofften «ganz anderen» Wirklichkeit sprechen, dann bleiben wir angewiesen auf *Bilder,* die unserer menschlichen Erfahrungswelt entstammen. Schon das Wort «Auferstehung» ist ein solches Bild und beschreibt keinen realen Vorgang. Es ist ein Bild für das Sicheröffnen einer neuen Dimension der Wirklichkeit, die wir nicht benennen können.

Auch die Worte, mit denen die Bibel ihre Hoffnung auf ein kommendes «In-Gott-Sein» der Kreatur auszudrücken versucht, sind Bilder: «Gott wird bei den Menschen wohnen. Er wird jede Träne aus ihren Augen wischen. Der Tod wird nicht mehr sein. Und keine Trauer mehr und keine Klagen und keine Mühsal.» (Off 21,3 f.) Ein wunderschönes Bild, das uns das verheißt, was wir ersehnen: keine Schmerzen mehr, kein Elend mehr, keinen Hunger mehr, keine Krankheiten mehr, keinen Streit mehr, keine Entzweiung, keinen Haß, keine grausamen Kriege mehr, keine sinnlosen Leiden der Kreatur; nur noch Frieden, Freude, Glück, Liebe.

Wir kennen auch das Bild vom himmlischen Hochzeitsmahl, das Bild vom himmlischen Jerusalem, das Bild vom Jüngsten Gericht, einer letztgültigen Richtigstellung, das Bild von der Herrlichkeit des *Himmels*. Alles Bilder, die der unstillbaren Sehnsucht des menschlichen Herzens nach Erfüllung, nach bleibendem Glück entspringen, dem Verlangen nach einer Befreiung von all dem, was uns in diesem Leben quält! Es sind Bilder der Hoffnung, Gemälde der Sehnsucht, Visionen erhoffter Erfüllung.

Auch das auf Negativfolie gemalte dunkle Gegenbild des Himmels, die *Hölle,* ist eine menschliche Erwartungs-Projektion. Sie entspringt der menschlichen Natur, die sich nicht damit abfinden kann, daß Unrecht für immer ungesühnt bleiben soll, daß es denen, die in ihrer Bosheit unendlich viel Leid über andere gebracht haben, ebenso ergehen soll wie ihren unschuldigen Opfern. Die Flammen der Hölle werden entfacht in den Herzen der Menschen.

Wir füllen die *unvorstellbare* Wirklichkeit jenseits der Todesgrenze mit *vorstellbaren* Inhalten; wir können nicht anders. – Sind diese Bilder deshalb abzuweisen?

Gemalt von menschlichen Erwartungen

Die Bilder, in denen die Hoffnung kommende Erfüllung ausmalt, sind *menschlichen Ursprungs*. Sie sind Projektionen aus der menschlichen Erfahrungswelt, unterschiedlich gezeichnet aus dem jeweils anderen Lebenshorizont, den jeweils anderen Bedürfnissen, den jeweils anderen Kulturen.

Hindus malen das Bild des Friedens, in dem Gier, Haß und Verblendung erloschen sind und alle Leiden ein Ende gefunden haben. Indianer reiten durch die ewigen Jagdgründe. Der *moslemische Koran* malt das Jenseits in kräftigen Farben irdischer Freuden: Inmitten von Gärten mit klaren Bächen ruhen die Gerechten auf edelsteingeschmückten Betten. Paradiesjungfrauen bedienen sie mit köstlichen Speisen, kostbarem Wein und Milch von geklärtem Honig und verwöhnen sie auch mit den Freuden der Liebe. (vgl. 15/238)

Weniger sinnenfreudig malen die *christlichen* Theologen ihre Bilder. Sie sind mehr fürs Geistige, fürs Geistliche. Sie sehen ewiges Glück vor allem in einer «visio beatifica», einer «beseligenden Schau Gottes». Im christlichen Himmel gibt es nichts zum Essen, keinen Wein zum Trinken, auch keine anderen sinnlichen Freuden, kein Liebesleben, keine Tiere und keine Pflanzen; aber viele Heilige mit Glorienschein und Engel zum Hallelujasingen. – Da wäre ich schon lieber im Paradies der Moslems.

Gefallen würde es mir aber auch in der Welt, die uns die *Propheten des Alten Testamentes* mit ihren Bildern ausmalen: «Dann wird der Wolf beim Lamme wohnen; der Leopard lagert beim Böcklein. Kalb und Löwe weiden zusammen; ein Knabe kann sie hüten. Kuh und Bärin freunden sich an; ihre Jungen lagern beieinander. Der Säugling spielt vor dem Schlupfloch der Natter; ein Kind streckt seine Hand in die Höhle der Schlange. Man tut nichts Böses mehr im Lande.» (Jes 11,6–9)

Sicher! Alles Bilder, die gemalt wurden aus den Hoffnungen und Erwartungen irdischer Menschen. *Menschenwerk!* Vielleicht aber schimmert in diesen Bildern das Licht einer Wirklichkeit durch, die zwar ganz anders ist, aber dennoch da ist und auf uns wartet: die Welt Gottes.

Persönlich weiterleben?

Ich weiß es natürlich nicht. Wer sollte es schon wissen? Aber ich neige zu der Annahme, daß auch die Vorstellung eines persönlichen Weiterlebens nach dem Tod nur ein Bild ist, ein anschauliches zwar und auch ein schönes, aber doch eben «nur» ein Bild wie die vielen anderen auch, durch die wir Menschen das Nicht-Vorstellbare mit vorstellbaren Inhalten füllen und ausmalen, um das Unbenennbare zu benennen, um das Unbeschreibbare zu beschreiben. Wie alle anderen Bilder entstammt auch dieses unserer menschlichen Erfahrungs- und Erlebniswelt.

Wir können deshalb kaum anders, als uns ein Dasein nach dem Tod auch als ein *persönliches Leben* vorzustellen, mit persönlicher Identität, mit persönlichem Bewußtsein von uns selbst, mit persönlichem Denken und Handeln und persönlich erfahrenem Glück. Es ist vielleicht das einzige Bild, unter dem sich Menschen ein Dasein in einer künftig sich offenbarenden Wirklichkeit vorstellen können. *Deshalb kann ich das Bild von einem persönlichen Leben nach dem Tod ruhig so stehenlassen; auch für mich.* Aber ich muß mir im Bewußsein halten: Die Wirklichkeit ist anders als das Bild, das wir uns nach irdisch-menschlichen Vorstellungen ausmalen.

«Jetzt schauen wir wie durch einen Spiegel, unklar und rätselhaft; dann aber von Angesicht zu Angesicht. Jetzt erkenne ich stückweise; dann aber werde ich erkennen, wie auch ich erkannt bin.» So drückt Paulus das aus.

Keine Zweifel mehr

Nach so viel kritischem und «aufgeklärtem» Nachdenken möge es mir am Schluß erlaubt sein, auch einmal *in ganz naiver Weise*, in einer vielleicht postkritischen zweiten Naivität, ein ganz persönliches *Bild* meiner Hoffnung auszumalen.

Wenn das, was wir «Gott» nennen, wirklich dasein sollte,

dann bin ich sicher, daß ich eines Tages bei ihm ankommen werde. Einen, der ihn ein ganzes Leben lang gesucht hat, den wird er nicht abweisen; auch dann nicht, wenn dieser sich viel geirrt und vieles falsch gemacht hat in seinem Leben.

Und wenn ich – auch das möge mir erlaubt sein – mir Gott in einer ebenso *naiven* Weise als eine freundliche Person vorstelle, die da irgendwo in dem Land jenseits meines Todes, vielleicht bei einem Hochzeitsmahl, auf mich wartet, dann stelle ich mir vor, daß er zu mir sagen wird: «Da freue ich mich aber, daß du doch endlich zu mir gefunden hast. Ich habe gesehen, daß du mich immer gesucht hast. Du hast ja manchen unnötigen Umweg gemacht. Du hättest es leichter haben können. Du siehst müde aus. Jetzt komm, setz dich hin, trink ein Glas Wein mit mir.» – Ja, dann werde ich mich freuen und glücklich sein. Dann werden vielleicht auch *keine Zweifel* mehr da sein.

Ein schönes Bild, aber eben nur ein Bild! – Vielleicht doch etwas mehr: ein kleines «*Credo*», das die Zweifel, mit denen ich mich in diesem Buch herumgeplagt habe, zwar nicht aufhebt, aber doch *umfängt*.

Bis es soweit sein wird, daß ich IHN «von Angesicht zu Angesicht» sehe, wird es wohl so bleiben, wie es jetzt ist: *Ich glaube, ich zweifle.*

Literatur,
auf die Bezug genommen oder aus der zitiert wurde.

1. Katechismus der katholischen Kirche, München/Wien 1993.
2. Baumann, Rolf, und Haug, Hellmut (Hrsg.): Thema Gott, Stuttgart 1970.
3. Bösen, W.: Galiläa – Lebensraum und Wirkungsfeld Jesu, Freiburg 1985.
4. Breuer, Reinhard: Mensch und Kosmos, Hamburg 1900.
5. Drewermann, Eugen: Giordano Bruno, München 1992.
6. – Glauben in Freiheit, Dogma, Angst und Symbolismus, Solothurn 1993.
7. – Über die Unsterblichkeit der Tiere, Olten und Freiburg 1990.
8. Eibl-Eibesfeldt, Irenäus: Der Mensch – das riskierte Wesen, München 1988.
9. – Liebe und Haß, München/Zürich 1984.
10. Deschner, Karlheinz: Abermals krähte der Hahn, Rastatt 1990.
11. Eliade, Mircea: Geschichte der religiösen Ideen, Bd. 1, Freiburg 1978.
12. Haag/Drewermann: Laßt Euch die Freiheit nicht nehmen, Zürich 1993.
13. Hawking, Stephen W.: Eine kurze Geschichte der Zeit, Reinbek 1989.
14. Katholischer Katechismus für die Bistümer Deutschlands, 1955.
15. Küng, Hans: Credo, München/Zürich 1992.
16. – Christ sein, München 1974.
17. – Existiert Gott?, München 1978.
18. – Ewiges Leben, München 1982.
19. – Mozart, Spuren der Transzendenz, München 1991.
20. – Denkwege, München 1992.
21. Lapide, Pinchas: Ist das nicht Josefs Sohn?, Siebenstern Nr. 1408.
22. Lehmann, Karl: Jesus Christus ist auferstanden, Freiburg 1975.
23. Ranke-Heinemann, Uta: Nein und Amen, Hamburg 1992.
24. Ratzinger, Josef: Einführung in das Christentum, München 1968.
25. Riedl, Rupert: Kultur – Spätzündung der Evolution, München/Zürich 1987.
26. Ben Chorin, Schalom: Bruder Jesus, München 1987.
27. Schultz, H. J. (Hrsg.): Wer ist das eigentlich – Gott?, München 1969.
28. Schwer, Thomas (Hrsg.): Drewermann und die Folgen, München 1992.
29. von Ditfurth, Hoimar: Kinder des Weltalls, Hamburg 1970.
30. – Unbegreifliche Realität, Hamburg 1987.
31. – Innenansichten eines Artgenossen, Düsseldorf 1989.
32. – Der Geist fiel nicht vom Himmel, Hamburg 1976.
33. – und Zilligen, Dieter: Das Gespräch, Düsseldorf 1990.
34. von Mendelsohn, H.: Jesus, Rebell oder Erlöser?, München 1987.
35. Wilson, A. N.: Der geteilte Jesus, München 1992.

Bei Hinweisen im Text bezieht sich die Zahl vor dem Schrägstrich auf die Nummer des Buchtitels in diesem Verzeichnis; die Zahl dahinter auf die Seitenzahl, nur beim Katechismus (1) auf die Nummer des Abschnittes.